21世纪高职高专经济贸易专业"十二五"规划教材

U0829713

国际贸易理论

主　编◎王力军　张莉娜

副主编◎史　岩　李健宏

袭宝仁　雷　娟

参　编◎李冰洁　张　良

刘　柳

天津大学出版社

TIANJIN UNIVERSITY PRESS

内容提要

本书系统阐述了国际贸易的基本理论、基本政策和国际贸易实践的最新发展。全书共分12章，大致分为三个部分，第一部分为国际贸易基本理论，介绍了国际贸易导论、国际分工、国际贸易理论的发展、国际市场与国际市场价格。第二部分为对外贸易政策与措施，介绍了国际服务贸易、国际贸易政策、各种对外贸易措施（包括关税壁垒、非关税壁垒和鼓励出口措施等）。第三部分为国际贸易实践与发展趋势，介绍了国际资本移动与跨国公司、地区经济一体化、贸易条约与协定、世界贸组织、当代世界主要国家和地区的对外贸易。

本书可作为高职高专院校国际贸易、国际经济、市场营销、电子商务、经济管理、商务英语等专业的教学用书，也可作为相关从业人员的参考用书和培训教材。

图书在版编目（CIP）数据

国际贸易理论/王力军，张莉娜主编.—天津：天津大学出版社，2010.7（2015.8重印）
21世纪高职高专经济贸易专业“十二五”规划教材
ISBN 978-7-5618-3549-4

Ⅰ.①国… Ⅱ.①王… ②张… Ⅲ.①国际贸易—经济理论 Ⅳ.①F740

中国版本图书馆CIP数据核字（2010）第121493号

出版发行　天津大学出版社
地　　址　天津市卫津路92号天津大学内（邮编：300072）
电　　话　发行部：022-27403647
网　　址　www.tjup.com
印　　刷　北京紫瑞利印刷有限公司
经　　销　全国各地新华书店
开　　本　185mm×260mm
印　　张　16
字　　数　369千
版　　次　2010年7月第1版
印　　次　2015年8月第3次
定　　价　30.00元

21世纪高职高专经济贸易专业“十二五”规划教材

编审委员会

出版说明

我国的高等职业教育按照“以服务为宗旨，以就业为导向，以能力培养为主线”的高职教育理念，已经走出一条产学结合、有中国特色的高职教育发展之路。高等职业教育已成为我国培养高技能型人才的主要形式。高等职业教育的全面深化改革，急需高质量、彰显高职特色、真正实现高职人才培养目标的新型系列优秀教材。

天津大学出版社为适应社会对高技能型经济管理类人才的迫切需求，贯彻落实《教育规划纲要》（2010—2020年）的精神，按照教育部要求，组织一批知名专家学者编写了21世纪高职高专经济管理类“十二五”规划教材，覆盖财务会计、市场营销、电子商务、物流管理、连锁经营、财政金融、经济贸易、旅游管理、餐饮管理与服务等专业。

为确保高质量教材进课堂，天津大学出版社积极践行先进的高职教育理念，努力提升教材开发的科学性、针对性和实效性，重在学生专业技能及职业素质的培养，提升学生的职场竞争力。本套教材有以下特点：

1. 定位准确，理念先进

根据高职教育培养目标准确进行教材定位，以学生为中心，体现“够用为度、注重实践”的原则，秉承围绕工作过程、以就业为导向、以能力本位为核心、注重校企合作的高职教材开发理念，以“突出实用性”作为本套教材的编写宗旨。

2. 内容实用，课证融合

以职业能力需求主导教材内容的选择，最大限度地创设职场环境，实现教学和专业工作的近距离对接；与时俱进，吸收专业领域的最新知识、技术和方法，注重学生的可持续发展；紧密结合国家职业资格考试和职业技能等级认定对知识、技能的要求，与学生顺利获得相应的专业等级技能证书有效衔接。

3. 体例新颖，形式活泼

以目标、任务、问题为驱动，以流程图、实际案例、实训及活动设计相结合的方式组织教材的编写，图文并茂、版式灵活，集实用性、科学性、易学性为一体。

4. 校企合作，打造精品

院校专业带头人及骨干教师基于对实际工作岗位的调研分析，与企业一线专家共同研编教材。重点支持品牌专业、特色专业以及国家示范院校教材的建设，争创精品教材。

本套教材适用于高职高专院校经济管理类相关专业。我们竭诚希望广大读者给予支持和指导，以使其日臻完善，共同为繁荣我国的高职教育事业尽绵薄之力。

天津大学出版社

前言

PREFACE

21 世纪我国经济持续快速稳定发展，对外贸易额也迅速增长，已经成为一个名副其实的贸易大国，在世界贸易中占据重要地位。随着我国对外贸易的高速发展，所面临的环境也越来越复杂，我国与主要贸易伙伴的摩擦不断，严重地影响了我国的对外贸易。此外，科技的进步，新产品的不断开发，新的营销形式不断涌现以及通信技术的突飞猛进，使得国际市场竞争更为激烈。这就要求企业能够对市场的变化作出快速反应，以求得长期的稳定和发展。

为培养适应市场需要、实践能力强、具有良好职业道德的国际经济与贸易专业领域的高素质技能型专门人才，我们在广泛吸收国内外国际贸易教材成果的基础上，结合多年国际贸易的教学实践，编写了本书，目的是使学生掌握和学会运用国际贸易中的基本理论、基本知识和基本技能，培养学生分析和解决国际贸易问题的能力。

本书全面介绍了国际贸易理论与政策。在编写过程中参阅了大量国内外优秀的国际贸易教材和研究文献，同时根据高职高专授课内容“实用”和“够用”的原则，对章节内容进行了整合，使体系更加完善，内容更加紧凑，重点更加突出。

本书在编写过程中注重理论联系实际，在每一章都穿插有资料卡，力求反映国内外学者运用国际贸易理论研究实际贸易问题的最新动向，同时选取国际贸易中与我国有关的文献或报道作为案例，引发学生联系我国对外贸易的现实进行思考。

此外，为了体现以学生为主体，实现教学一体化，在编写教材时除了必要的基础理论内容外，还根据教学内容和进度，结合国内外经贸形势以及理论研究前沿问题，精心设计了课后思考与练习、技能实训、案例讨论等栏目内容。

本书编写工作的具体分工如下：王力军编写第 1 章、第 7 章；张莉娜编写第 2 章、第 6 章；史岩编写第 3 章、第 11 章；李健宏编写第 4 章、第 10 章；袭宝仁、雷娟编写第 5 章、第 9 章；袭宝仁、李冰洁编写第 8 章、第 12 章；张良、刘柳参与教材资料的收集工作。全书由王力军统稿。

本书的编写得到了有关院校和许多同行的大力支持与协助，在编写过程中参考了国内外有关学者的著述和研究成果，在此一并表示谢意。

由于编者水平有限，书中难免有疏漏之处，恳请广大读者提出宝贵建议，以使本书不断完善。

编　者

目录

CONTENTS

第 1 章　导论 / 1

1. 1　国际贸易的产生与发展 / 2
1. 2　国际贸易的基本概念与分类 / 7
1. 3　国际贸易与国内贸易的关系 / 12

第 2 章　国际分工 / 17

2. 1　国际分工概述 / 19
2. 2　国际分工的影响因素 / 22
2. 3　国际贸易的动机 / 24

第 3 章　国际贸易理论的发展 / 29

3. 1　古典国际贸易理论 / 30
3. 2　现代国际贸易理论 / 38
3. 3　国际贸易新理论 / 47

第 4 章　国际市场与国际市场价格 / 59

4. 1　国际市场 / 60
4. 2　国际市场价格 / 67

第 5 章　国际服务贸易 / 83

5. 1　国际服务贸易概述 / 84
5. 2　国际服务贸易的发展 / 88
5. 3　《服务贸易总协定》 / 94
5. 4　《与贸易有关的知识产权协定》 / 96

第 6 章　国际贸易政策 / 101

6. 1　国际贸易政策概述 / 102
6. 2　保护贸易政策 / 104
6. 3　自由贸易政策 / 113

第 7 章　对外贸易措施 / 119

7. 1　关税壁垒 / 120

CONTENTS

7.2 非关税壁垒 / 134

7.3 鼓励出口措施和出口管制 / 142

7.4 促进对外贸易发展的经济特区措施 / 148

第 8 章 国际资本移动与跨国公司 / 155

8.1 国际资本移动 / 156

8.2 跨国公司与国际贸易 / 160

8.3 跨国公司理论 / 168

第 9 章 地区经济一体化 / 174

9.1 地区经济一体化概述 / 175

9.2 地区经济一体化理论 / 176

9.3 地区经济一体化发展 / 180

第 10 章 贸易条约和协定 / 189

10.1 贸易条约和协定概述 / 190

10.2 贸易条约和协定的主要种类 / 193

第 11 章 世界贸易组织 / 202

11.1 关贸总协定 / 203

11.2 世界贸易组织 / 208

11.3 中国和世界贸易组织 / 223

第 12 章 当代世界主要国家和地区的对外贸易 / 231

12.1 发达国家的经济与对外贸易 / 233

12.2 发展中国家的对外贸易政策 / 239

参考文献 / 245

第1章 导 论

学习目标

掌握国际贸易的基本概念及常用指标的含义；熟悉国际贸易的划分方法；理解各类划分方法之间的不同；了解国际贸易与对外贸易的区别及国际贸易产生和发展的过程。

案例导入

中国对原产于欧盟的进口碳钢紧固件进行反倾销调查

根据《中华人民共和国反倾销条例》的规定，商务部（以下称调查机关）于2008年12月29日发布公告，决定对原产于欧盟的进口碳钢紧固件（以下称被调查产品）进行反倾销调查。被调查产品归在《中华人民共和国进出口税则》，税则号：73181200、73181400、73181500、73182100和73182200。调查机关对被调查产品是否存在倾销和倾销幅度、是否对中国国内碳钢紧固件产业造成损害及损害程度、倾销与损害之间的因果关系进行了调查。调查机关初步裁定，在调查期内，原产于欧盟的进口碳钢紧固件存在倾销，中国国内碳钢紧固件产业受到了实质损害，而且倾销与实质损害之间存在因果关系。根据《中华人民共和国反倾销条例》第28条和第29条的规定，商务部决定采用保证金形式实施临时反倾销措施。自2009年12月28日起，进口经营者在进口原产于欧盟的碳钢紧固件时，应依据本初裁决定所确定的各公司的倾销幅度向中华人民共和国海关提供相应的保证金。

（资料来源：中国商务部网站）

分析：国际贸易是各个国家在国际分工的基础上经济、科技相互联系和相互依赖的主要形式，也是国际经济关系的基本形式，是当今各国经济发展的重要内容。随着世界经济高速发展，对外贸易的高速增长已成为各国经济发展的重要推动力，各国之间的联系日渐加强，同时贸易摩擦也不断发生。

1.1 国际贸易的产生与发展

国际贸易（International Trade）亦称世界贸易，泛指国际间的货物和服务的交换。国际贸易由各国（地区）的对外贸易构成，是世界各国对外贸易的总和。国际贸易在奴隶社会就已发生，并随生产的发展而逐渐扩大，到资本主义社会，规模空前扩大，具有世界性。

对外贸易（Foreign Trade）亦称国外贸易，是指一个国家（地区）与另一个国家（地区）之间的货物和服务的交换。海岛国家，如英国、日本等，也常用海外贸易表示对外贸易。

国际贸易和对外贸易有广义和狭义之分。包括货物与服务的国际贸易和对外贸易称为广义的国际贸易和对外贸易。不把服务包括在内的国际贸易和对外贸易，则称为狭义的国际贸易和对外贸易。

1.1.1 国际贸易的产生

国际贸易属于历史范畴，它是人类社会发展到一定历史阶段的产物。它的产生必须具备以下两个条件：一是有剩余产品可以作为商品进行交换；二是国家的形成。

在原始社会初期，生产力水平很低，人们在共同劳动的基础上获取有限的生活资料，没有剩余产品，没有私有制，没有阶级和国家，也没有对外贸易。

原始社会末期，随着社会生产力的发展，人类历史上出现了第一次社会大分工，畜牧部落从其他部落中分离出来，专门从事牲畜的驯养和繁殖，产品开始有了少量剩余，于是在氏族公社之间、部落之间出现了剩余产品的交换。这是最早发生的极其原始的偶然的物物交换。随着生产力的继续发展，手工业从农业中分离出来，人类社会出现了第二次大分工。手工业的出现，产生了直接以交换为目的的商品生产。商品生产和商品交换的不断扩大，产生了货币，商品交换逐渐变成了以货币为媒介的商品流通。随着商品货币关系的发展，出现了专门从事贸易的商人，于是，出现了第三次社会大分工。而生产力的发展，交换关系的扩大，加速了私有制的产生，原始社会日趋瓦解，这就为过渡到奴隶社会打下了基础。随着商品交换的发展和国家的形成，商品交换超越国界，产生了对外贸易。由此可见，社会生产力的发展和社会分工的扩大引起了商品生产和商品交换的扩大，商人和商业资本的出现，以及国家的形成，这是国际贸易产生和发展的基础。

1.1.2 奴隶社会和封建社会的国际贸易

在奴隶社会，自然经济占统治地位，生产的目的主要是为了消费。商品生产在整个社会生产中是微不足道的，因而进入交换领域的商品是有限的。同时，由于生产技术落后，交通运输工具简陋，对外贸易的范围受到了很大限制。在奴隶社会，对外贸易的主要商品是奴隶和奢侈品，如宝石、装饰品、各种织物、香料等。当时欧洲兴起的主要贸易域邦是腓尼基、希腊、罗马等。我国在夏商时代已进入奴隶社会，贸易集中在黄河流域。

封建社会的经济仍然是自然经济，农业在各国经济中占据主导地位，商品生产仍处于从属地位，因而当时国际贸易的规模仍十分有限，但比奴隶社会有了进一步发展。特别在封建社会晚期，随着城市手工业的发展，商品经济和对外贸易都有了较大的发展。在封建社会，奢侈品仍然是国际贸易中的主要商品，西方国家以呢绒、酒等换取东方国家的丝绸、茶叶、瓷器、香料、珠宝等。

在封建社会，贸易范围不断扩大。中国、埃及、印度、伊朗等亚非国家的对外贸易发展比较迅速。我国早在秦汉以前，便与外国发生了贸易关系。到公元前 2 世纪的西汉时代，我国就开辟了从新疆经中亚通往中东和欧洲的“丝绸之路”。明朝郑和七次下“西洋”，向亚洲等许多国家传播了我国的火药、指南针和手工业等技术，同时，也把这些国家的土产、优良种子等输入我国，促进了我国人民与世界人民的友好往来和文化技术交流。

不过，在奴隶社会和封建社会，由于自然经济占统治地位和交通条件的限制，国际贸易在当时的社会经济中都不占主要地位，贸易的范围和交换的商品都有很大的局限性，贸易活动也不频繁。直到资本主义社会，大规模机器工业建立以后，国际贸易才获得广泛的发展。

1.1.3 资本主义时期的国际贸易

资本主义时期的国际贸易发展很快，但在各个时期发展情况又不尽相同。

16 世纪到 18 世纪中叶是资本主义生产方式准备时期，这是资本原始积累和工场手工业大发展时期，也是新航线发现和世界市场开始产生的时期。在这个时期，工场手工业的发展促进了商品生产和商品交换的扩大，因而需要扩大市场为商品寻找销路。新航线的开辟把各大洲联结在一起，这大大扩大了国际贸易的范围，促进了国际贸易的发展，交换的商品的品种和数量也比以前增多了，并且出现了一些新的品种，主要是工业原料和城市居民的消费品。这一时期，大西洋沿岸的诸城市，阿姆斯特丹、巴黎、马赛和伦敦等先后成为国际贸易中心。这个时期的国际贸易，同奴隶社会和封建社会相比，有了很大的发展。但是由于资本主义大机器工业尚未建立，交通工具还不完善，国际贸易的规模、范围和商品品种都受到一定的限制。

18 世纪后期至 19 世纪中叶是资本主义的自由竞争时期。在这期间，欧洲国家先后发生了产业革命和资产阶级革命，建立了资本主义的大机器工业。大机器工业建立以后，生产力迅速提高，社会产品大大增加，为国际贸易的发展提供了空前丰富的物质基础，国际分工开始形成。同时，交通运输和通信联络工具的巨大发展和广泛使用，缩短了国际间的距离，推动了国际贸易的发展。这时，国际贸易才真正体现了世界性质。这一时期，英国、法国、德国和美国在国际贸易中占主要地位。随着资本主义生产的巨大发展，国际贸易的商品结构也发生了显著变化，商品种类越来越多，工业品特别是纺织品的贸易迅速增长。谷物成为国际贸易中的大宗商品，钢铁、石油制品和其他原料的贸易也不断发展。

19 世纪末 20 世纪初，自由竞争的资本主义过渡到垄断资本主义即帝国主义，欧洲和美国发生了第二次工业革命。这次工业革命以“钢和电的革命”作为标志，使钢铁工业、石油工业、汽车工业、化学工业、电气工业等许多新工业部门的发展成为可能。同时，铁路得到发展，1869 年苏伊士运河建成通航，1914 年又建成了巴拿马运河。运输工具不仅在数量上有了增加，而且在质量上也发生了显著变化。这一切都促进了国际贸易的发展。但这个时期，国际贸易明显带有垄断的特点。由于生产和资本的高度积聚和集中，垄断组织在经济生活中起着决定性的作用，它们不仅控制了国内贸易，而且控制了国际贸易，国际贸易成了垄断组织追求利润最大化的重要手段。垄断组织通过垄断价格，不断扩大不等价交换；同时把资本输出同商品输出联系起来，加重了对殖民地的剥削和掠夺，殖民地、附属国被彻底卷进了复杂的国际关系中；各主要资本主义国家间的竞争日益激烈，关税壁垒和非关税壁垒等措施进一步加深了帝国主义国家之间的矛盾，帝国主义国家为重新瓜分世界市场进行了更为尖锐的斗争，最终爆发了世界大战。

1.1.4 第二次世界大战后国际贸易的发展

1. 国际贸易发展迅速，但不稳定

第二次世界大战后，发生了第三次科技革命，在投资国际化和贸易自由化的推动下，国际贸易取得了重大发展。世界货物贸易额从 1950 年的 607 亿美元增加到 2000 年的 63 265亿美元，增加了 103 倍，年均增长率达到 11%；国际服务贸易额从 1985 年的 3 775 亿美元增加到 2000 年的 13 306 亿美元。但随着世界经济增长的放慢和美国“9·11”恐怖事件的冲击，2001 年货物贸易出现 5%的负增长，服务贸易出现 1%的负增长。同时全球资金流动急剧下落，2001 年世界外国直接投资流入量从 2000 年的 14 913 亿美元剧降到 7 351亿美元，流出量从 2000 年的 13 795 亿美元剧降到 6 207 亿美元。

2. 国际贸易发展不平衡

1950 年发达国家出口在世界货物贸易出口中的比重为 60.7%，2001 年为 64.12%。与此同时，发展中国家和地区的比重分别为 31.5%和 32.1%，东欧国家为 6.4%和 4.4%。

在 20 世纪 80 年代以后兴起的国际服务贸易中，发达国家也占绝大比重，高于它们在世界货物出口贸易中的比重。2000 年，发达国家在世界商业服务出口贸易中的比重为 73.3%，同年，发展中国家和地区的相应比重为 23.4%，东欧国家相应比重为 3.3%。

3. 国际分工向纵深发展

国际贸易是国际分工的表现，国际分工是国际贸易的基础。第二次世界大战后，国际分工向纵深发展，其特点如下。

(1) 参与国际分工的国家遍及世界各国，形成了世界性的分工。

(2) 国际分工中的水平型分工成为国际分工的主要形式。在三大类国家货物出口中，制成品均占一半以上。

(3) 国际分工从产业间分工向产业内部发展，出现了产业内部的分工。

（4）国际分工从货物分工向服务业领域发展。

（5）二战前，发达国家处于国际分工中心，而殖民地、落后国家处于国际分工的外围；二战后，随着殖民体系的瓦解和经济的发展，发展中国家中的新兴工业化国家和地区开始向中心地区发展。

（6）国际分工主要通过跨国公司全球生产体系和资本国际化进行。

4. 国际贸易结构发生重大变化

（1）在世界货物贸易中，工业制成品贸易所占比重 1953 年首次超过初级产品后，不断攀升。制成品在世界货物贸易中的比重 1953 年为 50.3%，2001 年达到 75.4%。

（2）技术密集型产品在国际贸易商品结构中发展最快，所占比重不断提高。在世界贸易的 17 种主要商品中，办公和电信设备、服装和其他消费品（满足消费者追求新的和改进型产品的期望，具有高新技术特点的产品，如个人和商用电脑与相关设备、半导体、各种电话设备、传真机、收音机、广播电视和电子消费产品）增长最快。

（3）国际服务贸易在整个世界贸易中的比重不断加大。1985 年，服务贸易出口额占整个世界出口贸易额的比重为 16.1%，2001 年提高到 19.6%。

（4）在世界服务业出口中，旅游、通信、计算机、信息、保险和金融服务所占比重呈上升趋势，而运输呈下降趋势。从 1980 年到 1997 年，运输在世界服务业中的比重从 33.6%下降到 23.2%，旅游从 26.2%上升到 31.7%，通信、计算机和信息从 37.8%上升到 40.7%，保险和金融服务从 2.9%上升到 5.0%。

5. 世界各国对外贸易依存度不断提高

世界银行《1999 年世界发展指标》公布，1965 至 1997 年间，全世界的国内生产总值年均增长率为 3.2%，而同期世界商品和服务出口年均增长率为 5.7%。其结果，世界贸易占世界国民生产总值的比重从 1970 年的 28%提高到 42%，其中低收入国家从 18%提高到 40%，中等收入国家从 25%提高到 50%，高收入国家从 29%提高到 41%。

世界贸易组织在《2001 年度报告》中指出，1990 年到 2000 年间世界货物出口量年均增长率为 6.8%，而世界国内生产总值年均增长率为 2.3%，贸易依存度进一步提高。

随着世界各国对外贸易依存度的不断提高，世界各国国内市场与国际市场的融合度在加深。其结果，贸易对经济的传递作用加大，世界各国的经济互动性加强。

6. 跨国公司成为世界贸易的主要力量

跨国公司在世界生产、贸易和投资中居于主要地位。2001 年跨国公司总数从 1993 年的 35 000 家增加到 65 000 家，在全球的子公司达到 850 000 家；国外子公司的职工从 1990 年的 2 400 万增加到 5 400 万；跨国公司子公司生产总值达到34 950亿美元，占当年世界国内生产总值的 1/10；国外子公司的销售额为 185 170 亿美元，相当于当年世界出口贸易额的两倍；跨国公司子公司出口额 26 000 亿美元，相当于当年世界出口贸易额的 1/3；跨国公司对外直接投资从 1990 年的 17 000 亿美元增加到 65 820 亿美元。

世界最大的跨国公司的母国几乎全是发达国家。2000 年按国外资产排名的世界最大的 25 家跨国公司中，除一家来自中国的香港，其余 24 家均来自发达国家。其中，美国最多，拥有6家，英国和法国各拥有4家，其余分别属于日本、西班牙、法国、意大利、瑞士和荷兰。同时，跨国公司把发展中国家和经济转型国家纳入其全球生产和营销体系，客观上帮助它们提高了出口竞争力。

7. 科学技术在国际贸易中的作用日益加强

国际贸易产生和发展的基础是生产力的发展，科技作为第一生产力已经得到各国的共识，尤其是发达国家经济增长的70%是依靠科技进步实现的，因此科学技术已经成为发展对外贸易的基础和关键。在当代世界经济贸易中占据主导地位的跨国公司，把掌握技术优势作为全球战略的基础；科学技术使国际贸易商品结构向高级、优化方向发展，如超导技术大大降低了对能源的消耗，光纤通信的普及使金属材料价值不断降低；科研使拥有劳动力优势的国家的竞争力下降，在新的以知识为基础的财富创造系统中，劳动力的成本在生产总成本中的比例不断缩小；发达国家因拥有世界科技成果的绝大部分，竞争能力不断加强；科学技术促进了国际服务贸易和技术贸易的发展。

同时随着科技的发展与需求的扩大，计算机网络、电视媒体和电话通信空前繁荣，经济信息的及时传输加强了世界市场的一体化和企业营销的国际化，促进了国际贸易的进一步发展。国际物流和电子商务成为为国际贸易架构的更为顺畅的运输和通信的桥梁。

8. 世界市场竞争向综合化、集团化方向发展

在国家存在的前提下，为了能以对外贸易带动经济发展，贸易各国和企业在世界市场上进行着激烈的竞争，在竞争中呈现了综合化的特点：货物、服务与知识产权有机地结合起来；贸易自由化与允许的保护结合起来；关税措施与非关税措施综合使用；跨国公司的发展与提高中小企业竞争力结合起来；价格竞争与非价格竞争有机地结合起来。

同时，在世界范围内出现了各种类型不同、大小不一、内容各异的区域性贸易集团，竞争日益集团化。目前贸易集团已从20世纪80年代的80多个增加到21世纪初的150多个，贸易集团内部通过贸易和投资等方面的自由化，统一市场，使内部贸易不断扩大，经贸集团内部贸易占其整个对外贸易的比重均在提高。从1980年到2000年，经贸集团内部贸易占整个集团对外贸易的比重：亚太经合组织从57.6%提高到72.6%；北美自由贸易区从33.6%提高到54.9%；东盟从17.4%提高到22.7%；欧盟从1980年的60.8%提高到1999年的62.6%。发展中的区域性贸易集团类型更加多样化，在已有的经贸集团类型（自由贸易区、关税同盟和共同市场、经济同盟）的基础上，出现了自我承诺类型的经贸集团，如亚太经合组织。个别经贸集团已从经贸集团向政治集团发展，如欧盟。地区经贸集团形成的基础也在发生着结构性的变化，由相邻国家组成经贸集团走向跨州和地区的国家组成经贸集团；从社会制度相同国家组成经贸集团到社会制度不同国家融于一个经贸集团；从经济发展水平相近国家组成经贸集团到经济发展水平相差很大的国家组成经贸集团。

9. 国际贸易管理化制度趋势加强

20世纪80年代以来，在贸易自由化和新贸易保护主义的基础上，出现了管理贸易制度。管理贸易制度是以国内贸易法规、法令和国际贸易条约与协定来约束贸易行为。对内，各国管理贸易通过以下方式进行：设立外贸管理机构、制定外贸管理法规、进出口许可证和配额、强化外汇、税收、信贷管理和海关管理、进出口商品质量管理等。

1.2 国际贸易的基本概念与分类

1.2.1 国际贸易的基本概念

国际贸易内容丰富，涉及面广，贸易方式多样，贸易关系错综复杂。因此，要首先学习国际贸易的基本概念。

1. 出口与进口

对外贸易由出口与进口两个部分组成。对运进商品和劳务的国家（地区）来说，就是进口；对运出商品或劳务的国家（地区）来说，就是出口。此外，输入本国的货物未经加工制造再输出时，称为“复出口”(Re-export Trade)，也称再出口。复出口在很大程度上同经营转口贸易有关。反之，输出国外货物未经加工再输入本国时，称为“复进口”(Re-import Trade)。复进口多因偶然原因，如出口退货等原因所造成。一国往往在同类产品上既有出口也有进口，如一定时期该商品出口量大于进口量，叫做净出口（Net Export)；反之，出口量小于进口量时叫做净进口（Net Import)。这两个指标反映了一国某种商品在国际贸易中的地位。

2. 贸易额与贸易量

贸易额（Value of Trade）是以货币金额表示的用来反映贸易规模的指标，又称贸易值。分为对外贸易额和国际贸易额。

一定时期内一国从国外进口的商品的全部价值，称为进口贸易总额或进口总额；一定时期内一国向国外出口的商品的全部价值，称为出口贸易总额或出口总额。两者相加为进出口贸易总额或进出口总额，是反映一个国家对外贸易规模的重要指标。一般用本国货币表示，也有的用国际上习惯使用的货币表示，如联合国编制和发表的世界各国对外贸易值的统计资料，是以美元表示的。

国际贸易额是把世界上所有国家的进口总额或出口总额用同一种货币换算后相加。就国际贸易来看，一国的出口就是另一国的进口，如果把各国进出口值相加作为国际贸易总值就是重复计算。因此，一般是把各国的出口值相加，作为国际贸易值。由于各国一般都是按FOB（即装运港船上交货价，只计成本，不包括运费和保险费）计算出口额，按CIF（即成本加保险费、运费）计算进口额，因此世界出口总额略小于世界进口总额。

对外贸易量（Quantum of Foreign Trade）是以一定时期的不变价格为标准来计算的对外贸易值，它也是用来反映贸易规模的指标。

由于以货币所表示的对外贸易值经常受到价格变动的影响，因而不能准确地反映一国对外贸易的实际规模，更不能使不同时期的对外贸易值直接比较。为了反映进出口贸易的实际规模，通常以贸易指数表示，其办法是以固定年份为基期计算的进口或出口价格指数去除当期的进口额或出口额，便得出按不变价格计算的贸易值，此贸易值剔除了价格变动因素，仅反映对外贸易的量，所以称为对外贸易量。然后以当期贸易量除以基期贸易量就可以得出比较准确地反映贸易规模实际变动情况的贸易指数。

西方国家和联合国通常采用下列办法来计算对外贸易量。

首先，以一定时期的不变价格为标准，来计算各个时期的对外贸易量。也即用进出口值除以价格指数，得出对外贸易的实际规模的近似值，即对外贸易量。具体见表 1-1。

表 1-1　1980—1995 年世界出口贸易值与出口价格指数

年　份	1980 年	1985 年	1990 年	1994 年	1995 年
世界出口值（百万美元）	2 022 448	1 958 675	3 486 140	4 264 555	5 075 125
世界出口价格指数（以 1980 年为基期）	100	113	152	183	199

1995 年世界贸易量为

$$\frac{5\ 075\ 125}{199}\times 100=2\ 550\ 314\text{（百万美元）}$$

其次，以各个时期的贸易量和基期的贸易量相比，就得出贸易量的指数，它反映当期在剔除了价格变动因素以后和基期的贸易规模的实际对比情况。即

$$\frac{2\ 550\ 314}{2\ 022\ 448}\times 100=127$$

也就是剔除价格的变动因素后，1995 年世界贸易量比 1980 年世界贸易量增长了 27%。

3. 贸易差额

贸易差额（Balance of Trade）是一国在一定时期内出口总值与进口总值之间的差额。当出口总值大于进口总值时，出现贸易盈余，称“贸易顺差”或“出超”。当进口总值小于出口总值时，出现贸易赤字，称“贸易逆差”或“入超”。当出口总值与进口总值相等时，称为“贸易平衡”。通常，贸易顺差以正数表示，贸易逆差以负数表示。

一国的进出口贸易收支是其国际收支中经常项目的重要组成部分，是衡量一国对外贸易状况的重要标志。

4. 对外贸易与国际贸易商品结构

广义的对外贸易与国际贸易商品构成，是指货物、服务在一国（地区）进出口或世界贸易中所占的比重。如 2002 年，世界贸易总额为 79 640 亿美元，其中，货物贸易出口额为 64 240 亿美元，所占比重为 80.66%；服务贸易出口额为 15 400 亿美元，所占比重为 19.34%。狭义的对外贸易与国际贸易商品构成，是指货物贸易在一国（地区）进出口或世界贸易中所占的比重。

① 资料来源：联合国贸易和发展会议《国际贸易和发展统计手册 1995 年》表 1-1 和表 2-1。

对外贸易商品结构（Composition of Foreign Trade）是指一定时期内一国（地区）进出口贸易中各类货物的构成，反映了该国的经济发展水平、产业结构状况、科技发展水平。一国的对外贸易商品结构是由该国的经济发展水平、产业结构状况、自然资源状况和贸易政策决定的。

国际贸易商品结构（Composition of International Trade）是指一定时期内各大类货物或某种货物在整个国际贸易中的构成，即各大类货物或某种货物贸易额占整个世界出口贸易额的比重。为便于分析比较，世界各国均按《联合国国际贸易标准分类》（SITC）公布国际贸易和对外贸易货物结构。一般来说，发展中国家通常是以出口初级产品为主，而发达国家则是进口初级产品、出口制成品。

5. 对外贸易与国际贸易地理方向

对外贸易地理方向（Foreign Trade by Region）又称对外贸易地区分布或国别结构，是指一定时期内各个国家或区域集团在一国（地区）对外贸易中所占的地位。对外贸易地理方向指明一国（地区）出口商品的去向和进口商的来源，从而反映一国（地区）与其他国家或区域集团之间经济贸易联系的程度。一国（地区）的对外贸易地理方向通常受经济互补性、国际分工的形式与贸易政策的影响。

国际贸易地理方向亦称“国际贸易地区分布”（International Trade by Region），指世界贸易额的国别分布或洲际分布，用以表明世界各洲、各国或各个区域集团在国际贸易中所占的地位。

▶资料卡◀

2009年1—10月中国前十位贸易伙伴

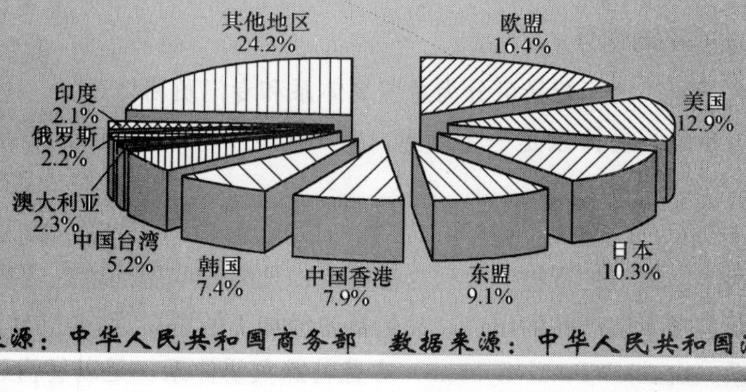

资料来源：中华人民共和国商务部　数据来源：中华人民共和国海关总署

6. 贸易条件

贸易条件（Terms of Trade）又称交换比价或贸易比价，即出口价格与进口价格之间的比率。一般以贸易条件系数表示，即以出口价格指数与进口价格指数来计算。计算公式为

$$贸易条件系数=\frac{出口价格指数}{进口价格指数}\times 100$$

即以一定时期为基数，用比较期的出口价格指数与进口价格指数相比，然后以之与基期相比，如大于100，表明贸易条件比基期有利；如小于100，表明贸易条件劣于基期。

7. 对外贸易系数

对外贸易系数也称为对外贸易依存度，是指一国货物与服务进出口额在该国国民生产总值（或国内生产总值）中所占的比重。传统的对外贸易系数指一国货物进出口额与其国内生产总值或国民生产总值之比。根据研究对象的不同，对外贸易系数可以分为出口系数及进口系数。随着国际分工的发展，各国对外贸易依存度不断提高。我国的总外贸依存度从1980年的12.61%提高到2001年的44.72%，2003年达到60.37%，2004年进一步上升到69.80%，达到历史最高值，2007年也接近70%；出口依存度也从1980年的6%提高2007年的39.19%，远远超过美、日等发达国家和印度、巴西等发展中国家。

1.2.2 国际贸易的分类

1. 按商品流动方向划分

按商品的流动方向，国际贸易可分为出口贸易、进口贸易和过境贸易。

出口贸易（Export Trade）是指将本国生产或加工的商品（包括劳务）输往国外市场进行销售的商品交换活动，又可称为输出贸易。

进口贸易（Import Trade）是指将外国商品（包括劳务）输入本国市场进行销售的贸易活动，又称为输入贸易。

商品生产国与商品消费国之间进行商品买卖活动，商品运输过程中必须要通过第三国的国境，第三国对此批货物收取一定的费用，这对于第三国而言就构成了该国的过境贸易（Transit Trade）。

2. 按统计标准的不同划分

按统计标准的不同，国际贸易可分为总贸易体系和专门贸易体系。

总贸易体系与专门贸易体系是一个国家（地区）记录和编制进出口货物统计的一种方法。

总贸易体系（General Trade System）亦称一般贸易体系，是以国境为标准统计进出口货物的：凡进入本国国境的货物一律列为总进口；凡离开本国国境的货物一律列为总出口。在总出口中既包括本国产品的出口，又包括未经加工的进口货物的出口。

专门贸易体系（Special Trade System）亦称特殊贸易体系，是以货物经过海关办理结关手续作为统计进出口的标准。列入专门进口的货物一般有三种：为国内消费和使用而直接进入的进口货物；进入海关保税工厂的进口货物；为国内消费和使用而从海关保税仓库中提出的货物以及从自由贸易区进口的货物。专门出口货物包括：从国内运出关境的货物；进口后未经加工又运出关境的货物。

总贸易和专门贸易说明的是不同的问题。前者说明一国在国际货物流通中所处的地位和所起的作用；后者说明一国作为生产者和消费者在国际货物贸易中具有的意义。

由于各国在统计时采用的方法不同，所以联合国发表的各国对外贸易额的资料，一般均注明是按何种贸易体系编制的。目前采用总贸易体系的有美国、日本、英国、加拿大、澳大利亚等国；采用专门贸易体系的有德国、意大利、法国等国。我国采用的是总贸易体系。

3. 按交易过程是否涉及第三方划分

按交易过程中是否涉及第三方，国际贸易可以分为直接贸易、间接贸易与转口贸易。

直接贸易（Direct Trade）是指货物生产国与货物消费国不通过第三国直接进行货物买卖的行为。

间接贸易（Indirect Trade）是直接贸易的对称，是指货物生产国与货物消费国通过第三国进行货物买卖的行为。

货物生产国与货物消费国通过第三国进行的贸易，对第三国来说，则是转口贸易(Entrepot Trade)。即使货物直接从生产国运到消费国去，只要两者之间并未直接发生交易关系，而是由第三国转口商分别同生产国与消费国发生交易关系，仍属于转口贸易。国际上从事转口贸易的往往是地理位置优越、运输便利、贸易限制较少的国家和地区，如伦敦、鹿特丹、新加坡、中国香港等。

4. 按交易对象形式与内容划分

按交易对象形式与内容不同，国际贸易可以分为有形贸易与无形贸易。

有形贸易（Tangible Goods Trade）指那些有形的、可以看得见的物质性商品的进出口贸易活动。《联合国国际贸易标准分类》将种类繁多的有形商品共分为 10 大类、63 章、233 组、786 个分组和 1 924 个基本项目。这 10 大类商品分别为：食品及主要供食用的活动物（0）；饮料及烟类（1）；燃料以外的非食用粗原料（2）；矿物燃料、润滑油及有关原料（3）；动植物油脂及油脂（4）；未列名化学品及有关产品（5）；主要按原料分类的制成品（6）；机械及运输设备（7）；杂项制品（8）；没有分类的其他商品（9）。在国际贸易统计中，一般把 0 到 4 类商品称为初级产品，把 5 到 8 类商品称为制成品。有形贸易的进出口额要经过海关手续，并体现在海关贸易统计上，是国际收支的主要构成部分。

无形贸易（Intangible Goods Trade）是指不具备物质自然属性的商品或称无形商品的国际交易活动，又称服务贸易，例如运输、金融、保险、国际旅游、技术转让、通信等。世界贸易组织《服务贸易总协定》把国际服务贸易分为如下几类。

（1）过境交付。从一成员国境内向任何其他成员国境内提供服务。

（2）境外消费。从一成员国境内向任何其他成员国的服务消费者提供服务。

（3）自然人流动。一成员国的服务提供者以自然人的存在在任何其他成员国境内提供服务。

（4）商业存在。一成员国的服务提供者在任何其他成员国境内以商业性存在提供服务。无形贸易不经过海关手续，一般不体现在海关贸易统计上，但也是国际收支的主要构成部分。

5. 按交易方式的性质划分

按交易方式的性质划分，国际贸易可以分为商品贸易、加工贸易、补偿贸易和租赁贸易。

商品贸易（Goods Trade），是指以商品买卖为目的所进行的贸易活动。此种性质的交易方式又包含着一些具体的交易方式，如经销（总经销、独家经销、一般经销）、代理（总代理、独家代理、一般代理）、寄结、拍卖、投标及展卖等。

加工贸易（Process Trade），是指利用本国的人力、物力或技术优势，从国外输入原材料、半成品、样品或图纸，在本国内加工制造或装配成成品后再向国外输出的，以生产加工性质为主的一种贸易方式。加工贸易可分为来料加工、来样加工和来件装配。

补偿贸易（Compensation Trade），是指参与两国间贸易的双方，一方用对方提供的贷款购进机器、设备或其他技术，或者用对方提供的机器、设备或技术进行加工和生产活动，待一定时期后，该方是用该项目下的产品或产品销售后的收入去偿还对方的贷款或设备技术款项的一种贸易方式。此种方式对于解决买方的资金暂时不足，帮助卖方推销商品均有一定的作用。

租赁贸易（Renting Trade），是指由租赁公司以租赁的方式将商品出租给国外的用户使用，国外租户不交付商品贷款而交付商品租金的一种交易方式。这种贸易方式的特点是出租的商品一般都是价格较为高昂的设备或交通工具等；租赁公司享有该商品的所有权，并可按期收回稳定的资金；租户可避免积压大量的设备资金，并可及时更新、使用新技术。

1.3 国际贸易与国内贸易的关系

国际贸易是指国际间的商品和劳务的交换，同国内贸易相比，既有一定的共性，又存在一定程度的差别。其共性表现如下：

（1）在社会再生产中的地位相同。两者虽然活动的范围不同，但从事的都是商品和劳务的交换，都属于商业活动，都处在社会再生产过程中的交换环节。

（2）有共同的商品运动方式。国际贸易和国内贸易的交易过程和货物流向大致相同，而商品流通运动的方式却完全相同，即G—W—G′，经营目的都是通过交换活动取得经济利益和利润。

（3）基本职能相同，都受商品经济规律的影响和制约。国际贸易和国内贸易的基本职能都是媒介商品交换，其他活动如报关、运输、融资等都为之服务；同时都必须遵循商品经济的基本规律，如供求规律、价值规律等，这些规律都会在一定时间和程度上影响到国际和国内的贸易活动。

作为国际间的商品交换，国际贸易相对于国内贸易又有许多新特点：

（1）困难大。由于各国语言、风俗、文化、宗教信仰、法律和贸易法规等不同，世界市场上贸易障碍多，交易技术困难多，交易接洽不方便，贸易对手资信调查不易，所以国际贸易的困难大于国内贸易。

（2）复杂。各国的货币与度量衡制度、商业习惯、海关制度不同，因此国际贸易在内容、程序等方面均比国内贸易复杂得多，进行国与国之间的商品交换时国际汇兑、国际货物运输与国际货物运输保险均比国内贸易复杂。

（3）风险多。经营国际贸易可能发生的风险大于国内贸易，包括信用风险、商业风险、运输风险、汇兑风险、价格风险以及政治风险等。

（4）各国的经济政策不同。各个国家的经济政策主要对本国经济的发展起作用，但又会在一定程度上影响到对外贸易的开展，并且随着经济形势、执政者的变化而变化，如金融政策、产业政策、进出口管理政策、关税政策等。因此从事国际贸易必须研究这些政策，国内贸易对这方面的研究则少得多。

（5）世界贸易组织成员方的贸易行为要受到 WTO 的规则制约。WTO 成员各方之间的贸易活动，无条件享受最惠国待遇、国民待遇、透明度待遇、公平竞争待遇，同时还必须保持各自贸易行为的规范。

正因为如此，从事国际贸易活动需要具备一系列条件：要有较多的经济理论知识，特别是世界经济方面的知识；要有国际贸易方面的专门知识，通晓外语，了解本国对外贸易规章及货运、报关、检验等手续，熟悉各国制度，关税及非关税壁垒方面的规定，了解商品知识和国际汇兑方面的知识，具备法律、运输以及财会与统计方面的知识等；要有及时、准确的商业情报；具有雄厚的资金和完备的组织机构等。

本章小结

随着世界经济的高速发展，对外贸易的高速增长已成为各国经济发展的重要推动力，国际贸易的产生和发展是以生产力的发展为基础的，并成为各类国家在国际分工的基础上经济、科技相互联系和相互依赖的主要形式。为了更好地理解国际贸易的相关内容，需要掌握国际贸易的基本概念和主要分类，同时了解国际贸易与国内贸易的异同，以便更好地从事相应的贸易活动。

思考与练习

一 单选题

1. 在人类历史上，对外贸易产生于（　　）。

A. 原始社会早期　　B. 奴隶社会早期

C. 奴隶社会末期　　D. 封建社会早期

2. 某国某年的出口额为170亿美元，进口额为120亿美元，则该国该年的贸易差额为（　　）。

A. 净出口50亿美元　　B. 贸易顺差50亿美元

C. 贸易逆差50亿美元　　D. 入超50亿美元

3. 总贸易体系以货物通过国境作为统计标准，凡进（　　）的商品一律列为进口。

A. 国境　　B. 关境　　C. 边境　　D. 保税区

4. 对外贸易依存度反映的是（　　）。

A. 一国国民经济对进出口贸易的依赖程度

B. 一国国民经济对出口贸易的依赖程度

C. 一国国民经济对进口贸易的依赖程度

D. 一国对外贸易对国民经济的依赖程度

5. 通过对（　　）的变化对比，可以分析出一国对外贸易实际规模变化情况和进出口商品价格指数的浮动状况及其贸易条件的好坏。

A. 对外贸易值　　B. 对外贸易量

C. 对外贸易商品结构　　D. 对外贸易依存度

二 思考题

1. 对外贸易的产生必须具备哪些条件？

2. 在资本主义各个历史时期，国际贸易发展情况有何不同？

3. 国际贸易的基本概念有哪些？

4. 当代国际贸易发展的趋势主要表现在哪几个方面？

技能实训

1. 某年甲国和乙国的国内生产总值分别为2 000亿美元和4 000亿美元，进口总值分别为200亿元和400亿元，出口总值分别为200亿元和500亿元，问两国对外贸易依存度和进口贸易依存度各是多少？

2. 假定某国以1999年为基期，2009年出口价格指数下降5%，进口价格指数上升10%，计算贸易条件系数为多少？并对结果说明。

3. 登录“中华人民共和国商务部”网站，查阅入世以来我国对外贸易的发展情况，根据相关数据分析我国入世以来进出口商品结构及其在世界贸易中的地位。

案例讨论

原料药 2010 年全年出口有望增长 15%

2010 年 4 月 13 日记者从“第十届世界制药原料中国展”的新闻发布会上了解到，近年来，我国制药业迅速发展，作为原料药和医药中间体全球最大的供应商，我国已经占据了牢固的国际地位。从 2002 年到 2008 年，我国原料药出口年均增长率在 24%以上，2009 年受金融危机的影响，出口额有所下降，但仍达到了 165.59 亿美元。

中国医药保健品进出口商会副秘书长谈圣采在新闻发布会上表示，今年 1 至 2 月我国原料药出口明显好于去年同期，价格平稳，对主流市场的出口保持良好的态势，预计今年我国原料药出口将呈现回暖趋势，市场不会出现大的起伏。

但谈圣采表示，影响原料药出口的不确定因素仍然存在。首先是汇率的变化。由于人民币升值压力大，使很多企业对今年的出口前景十分担心。记者了解到，主要出口目的国和竞争对手国的货币贬值，以及人民币升值的压力，降低了中国原料药在国际市场上的价格竞争力，加大了出口难度。其次是即将召开的上海世博会，可能对我原料药的进出口贸易产生一定影响。据悉，长三角地区是我国原料药生产集中的区域，由于世博会的召开将对附近区域的生产企业加强管理，这有可能会造成原料药的供应出现紧张。另外，谈圣采特别强调，目前大宗原料药的产能过剩问题日益突出，已在市场上有所反应。如维生素 C 由于近几年价格走势好，新增产能多，导致目前维生素 C 的出口呈现量涨价跌的趋势。

同时，国际油价继续攀高，原辅料价格上涨，粮食短缺，产能过剩衍生的环保压力，新药典、新 GMP 的实施等都加大了企业的投入，增加了原料药的生产成本；欧美实施原料药供应链管理，加强 GMP 审查和执行力度，为我国原料药的出口提高了门槛。

虽然面临诸多挑战，但谈圣采依然对我国原料药的发展前景看好。谈圣采表示，2010 年全球医药市场价值将会增加 4%～6%，新兴医药市场的增幅预计会达到 12%～14%，而中国医药市场的增幅可能超过 20%。另外，全球鼓励使用仿制药，重磅炸弹级药物专利逐渐到期，非专利原料药市场蓬勃兴起，都为仿制原料药占主导的中国提供了发展机会。未来 4 年，中国、印度、拉美和中东欧对仿制原料药的需求都将以 14%以上的年均复合增长率增长，这为作为全球最大仿制原料药生产国的中国提供了巨大的增长机会。同时，我国的许多原料药品种在国际市场占有较高的市场份额，规模优势明显，短期内其他国家无法替代。而且，我国的生产和劳动力成本还有相对优势，品类齐全的成熟制造技术和充足的科技人才资源，为我国原料药的持续发展奠定了充分的基础。谈圣采表示，企业应避免同质化竞争，发展特色原料药，瞄准发达国家市场，积极通过高端市场认证，不断提高出口产品质量，不断拓展我国原料药的出口空间。

我国原料药机遇和挑战共存，随着世界经济的不断复苏，以及国家鼓励出口政策的不断出台和落实，预计今年我国原料药出口将有可能保持15%左右的增长。

（资料来源：国际商报，2010年4月）

思考与讨论：

请结合国际贸易基本知识分析我国原料药在国际市场中的地位及地理方向。

第2章 国际分工

学习目标

了解国际分工的含义、类型和发展过程，特别是二战后国际分工发展的新特点；掌握影响国际分工的主要因素；明确国际贸易产生的动因。

案例导入

中国必须与时俱进面对国际贸易低碳化

举世瞩目的联合国气候变化大会在丹麦首都哥本哈根闭幕，虽然在最后一刻勉强达成的协议不具法律约束力，但并不能抹杀哥本哈根会议的效果。无论哥本哈根会议是否达成协议，也无论达成的协议是否具有法律约束力，发展低碳经济已经成为当今世界不可逆转的大趋势。在经济全球化的背景下，国际贸易的低碳化自然也要与时俱进。

首先，在原有的劳动力、资本、技术、自然资源等要素之外，由于又要多出一个碳要素，各国在参与国际分工过程中所拥有的比较优势也会发生变化。相对来说，发达国家在新能源技术上占有领先地位，因而希望通过发展低碳经济占据未来国际市场竞争制高点，而尚未完成工业化进程的广大发展中国家就不那么幸运了，由于劳动密集型产业粗加工比重大、耗能多、污染大，要在短时间内一下子大幅度削减碳排放量，无异于令其退出国际分工。

其次，在低碳经济这顶大帽子下，各国对碳关税的理解也不尽相同。许多国家特别是近些年来已然丧失劳动力成本优势的发达国家，以限制碳排放为名征收碳关税则有可能成为实施贸易保护主义的一个借口。2009 年 3 月 17 日，美国能源部长朱棣文称，如果其他国家没有实施温室气体强制减排措施，那么美国将征收碳关税，而美国众议院在 2009 年 6 月 26 日通过的《美国清洁能源安全法案》就包含了有关碳关税的条款。前不久，法国也提出，从 2010 年开始，对在环保立法方面不及欧盟国家严格的进口产品，将征收碳关税。

再次，随着未来碳排放权交易的日益扩大，碳排放权有可能像劳动力、资本、技术、自然资源等其他要素一样跨国流动，甚至还会更加自由地流动。由此，很可能替代一部分货物贸易。

此外，随着碳要素附着于世界经济的各个领域，在国际产业链条的不同环节上，有可能出现碳排放权的稀缺性差异，一些缺少碳排放权的环节有可能成为产业链上的"死结"。在这种情况下，未来的国际产业链条面临着新一轮的重构机缘。

正是由于低碳经济带来的上述影响，未来若干年内世界贸易发展将呈现出一系列新的趋向。一方面，世界贸易规模扩张将受到抑制，世界贸易依然发挥着世界经济增长发动机的作用，但应当是低碳的世界经济增长发动机，而非高碳的世界经济增长发动机。另一方面，世界贸易结构将发生变化，高耗能、高污染产品在世界贸易中的比重将趋于下降，而低耗能、低污染产品在世界贸易中的比重则趋于上升。

也应看到，尽管引入碳要素有可能改变国际分工中的比较优势，但这种比较优势的改变也局限在一定范围内，短时间内不足以扭转当今世界贸易的流向，发达国家的出口贸易依然是以高技术、高附加值产品为主，而发展中国家的出口贸易依然是以劳动密集型产品为主。

对于正在从贸易大国走向贸易强国的我国来说，哥本哈根会议无疑发出了一个警示信号，这就是一定要彻底转变对外贸易的发展方式。近些年来，在转变对外贸易发展方式方面，我们的动作不可谓不大，实施了科技兴贸、以质取胜等重大战略举措。例如，在出口退税方面，"两高一资"产品的出口退税率一直处于相对较低的水平。可是，面对后哥本哈根时代减少碳排放的全球化进程，我国转变对外贸易发展方式显然任重道远。迄今为止，我国实现单位GDP所消耗的能源数量是美国的3倍，德国的5倍，日本的近6倍。

不过，发展低碳经济对中国对外贸易发展来说也并非都是阻力，也有推动力。例如，随着对碳排放要求的日益严格，以比亚迪为代表的混合动力汽车在国际市场上的前景越来越被看好，使中国汽车工业在国际市场竞争中不仅在劳动力成本上拥有后发优势，而且也能够在节能环保技术上拥有占先优势。事实上，美国总统奥巴马访华期间与中方共同签署的联合公报中强调，基于中美两国在电动汽车领域的巨大投资，两国政府宣布在十几个城市开展联合示范项目，并努力开发共同的技术标准以推动此产业规模快速增长。

不难看出，在发展低碳经济的大趋势下，未来的世界贸易发展也必然要呈现出低碳化特征。为此，中国对外贸易的发展也必须及时调整思路，在适应世界贸易低碳化过程中力求以变应变。

（资料来源：中国金融网，2010年1月5日）

分析：国际分工，作为一般社会分工在世界范围内扩大和加深的结果，对生产力的促进作用更加巨大，从而对世界经济的发展起着巨大的推动作用。一国参与国际分工的深度受很多因素的影响，传统上受自然资源、劳动力、资本、技术等要素制约，但随着世界经济的发展，影响国际分工的因素会越来越多，比如案例中，在低碳经济的大趋势下，发展中国家要在考虑碳因素的条件下参与国际分工压力就比较大。

2.1 国际分工概述

2.1.1 国际分工的含义及类型

国际分工（International Division of Labour）是指世界各国之间的劳动分工，也是世界各国之间生产的专业化分工。它是社会分工发展到一定阶段，国民经济内部分工超越国家界限发展的结果，是国际贸易和世界市场产生的基础。根据参与分工的各国经济发展水平不同，国际分工可以分为垂直型、水平型、混合型三种类型。

（1）垂直型国际分工即经济发展水平不同的国家之间的纵向分工。19 世纪形成的传统国际分工即属于垂直型分工。当时，少数欧美先进的工业国处于中心地位，而绝大多数亚非拉发展中国家则沦为殖民地和半殖民地，成为宗主国的原料供应地和产品销售市场，形成了宗主国与殖民地之间的“中心—外围”分工格局，即宗主国和殖民地间的垂直的国际分工。二战后，随着民族解放运动的兴起，这一类型的分工有所削弱，但仍然是发达国家和发展中国家之间一种重要的分工形式。

（2）水平型国际分工即经济发展水平大体相同的国家之间的横向分工，既可表现为部门之间的分工，也可表现为部门内部的分工。这些国家经济发展水平基本相同，但由于各国资源状况不同、工业发展有先有后、部门发展不平衡、技术水平存在差异等原因，形成了这种分工形式。

（3）混合型国际分工即以上两种基本类型的结合形式。从一国角度看，它在国际分工体系中既参加垂直分工，也参加水平分工，这种分工即为混合型国际分工。

2.1.2 国际分工的形成和发展

1. 国际分工的萌芽阶段（16 世纪到 18 世纪中叶）

从奴隶制国家的产生到资本主义生产方式确立以前这段漫长的历史阶段，由于自然经济占统治地位，生产力水平低下，各国之间经济交往较少，加之交通不便，国际分工尚处于初始的萌芽阶段。15 世纪末至 16 世纪上半期的地理大发现，对近代国际分工的萌芽起到了促进作用。当时的西欧殖民主义者用暴力和超经济的强制手段，在亚洲、非洲和美洲进行殖民掠夺，他们在殖民地开矿山、建立种植园，以奴隶为主要劳动力为宗主国提供其不能在本土生产的原料，再把其工业品销售到殖民地，建立了早期的资本主义国际专业化生产，形成了宗主国与殖民地之间的最初的国际分工形式。

2. 国际分工的形成阶段（18世纪60年代到19世纪60年代）

随着产业革命的完成，以英国为首的较为发达的西方国家建立了大机器工业，资本主义统治得以完全确立。这极大地推动了社会生产力的发展，社会分工更加完善，形成了以世界市场为纽带的国际分工。

（1）大机器工业为国际分工发展奠定了物质基础。大机器生产使生产能力和规模迅速扩大，源源不断地生产出来大批商品使国内市场饱和，需要寻求新的销售市场；大机器生产引起对原料的大量需要，大工业要求开辟丰裕的廉价的原料来源；大机器工业生产的物美价廉的商品像“重炮”一样成为英国资产阶级左右国外市场的武器，使得其他国家按照英国生产和消费的需要改变他们的产业结构，将各种类型的国家纳入到国际分工的浪潮中来；大机器工业改革了运输方式，提供了电报等现代化的通信工具，把原料生产国家和工业品生产国家联系在一起，使国际分工成为可能。

（2）这一时期的国际分工是以英国为中心形成的。英国首先完成了产业革命，生产力和经济迅速发展，竞争能力大大加强。英国极力推行自由贸易政策，加强了对农产品、矿产品尤其是对进口的谷物和棉花的依赖，使很多亚非拉国家成为“围绕英国工业太阳运转的卫星”，推动了国际分工的进一步发展。

（3）世界市场上交换商品的种类发生了变化。随着国际分工的发展，国际贸易的大宗商品代替了原来满足地主贵族和商人阶级需要的奢侈品，这些商品有小麦、棉花、咖啡、铜和木材等。

总之，这一时期的国际分工体系是一种垂直型的国际分工体系，一端是以英国为首的主要从事工业生产的少数发达国家，另一端是沦为世界农村的广大亚非拉国家和殖民地。

3. 国际分工的发展阶段（19世纪中叶到第二次世界大战）

19世纪末到20世纪初，资本主义社会出现了第二次产业革命，垄断代替了自由竞争。资本输出成为垄断资本主义控制和掠夺他国的重要手段，也是其主要的经济特征。宗主国与殖民地之间的分工、工业产品生产国和初级产品（农产品、矿产品）生产国之间的分工日益加强，同时，发达资本主义国家之间的水平分工开始得到发展，有些国家在某些工业部门显示出自己的优势，它们在各个工业部门之间进行分工，形成了以一组国家为中心的国际分工。

4. 国际分工的深化阶段（二战后）

第二次世界大战后，一方面，第三次科技革命使生产力得到了迅猛发展，对世界经济贸易产生了较大的影响。电子、信息、服务、软件、宇航、生物工程和原子能技术及产业的形成，对国际分工产生了较大的影响。另一方面，殖民体系瓦解，一大批新兴国家出现，跨国公司迅速发展，经济国际化、一体化、自由化得到了较快发展。国际分工在广度、深度上均发生了较大的变化，形成了国际分工的新格局，呈现出许多新的特点，主要表现如下。

（1）发达国家与发达国家间的国际分工处于国际分工格局的主导地位。二战前，发达国家与发展中国家间工业制成品与初级产品的分工占据主导地位；但是，二战后，工业发达国家间的分工迅速发展，国际分工的这一发展在国际贸易的发展上表现为发达国家间的贸易发展较快，而发达国家与发展中国家间的贸易发展相对缓慢。发达国家间的贸易在世界贸易中所占比重增大，而发展中国家与发达国家间的贸易额却相对下降。

(2) 中间产品与产业内部贸易迅速发展。在二战前的国际分工中，工业制成品生产国与初级产品生产国间的分工占主导地位，而发达国家间也主要以产业间的分工占主导地位。但是，二战后，工业部门内部不同产品之间的交换日益增多，产业内的分工不断发展，并形成国际范围内的产业内分工。在国际贸易中表现为中间产品的贸易增长加快，产业内贸易迅速发展。产业内分工的发展是以技术为基础的国际分工迅速发展的结果，是产品差异化、零部件生产专业化的结果。

(3) 工业发达国家与农业国、矿业国之间的分工逐渐减弱，但发达国家向发展中国家的国际资本移动加快。二战前，工业发达国家与农业国、矿业国围绕着初级产品的生产与交换的分工较普遍，但随着科技革命和跨国公司的国际化经营活动的发展，工业国减少了在初级产品方面对落后的发展中国家的贸易依赖，它们以对外投资的方式进入落后的农业国、矿业国，并充分利用这些落后国家利用外资的优惠政策，利用其廉价的劳动力、自然资源等达到利润最大化的目的。

(4) 国际分工的领域从以有形货物的生产与贸易领域为主向服务业发展，并且彼此间相互结合、渗透。二战后，随着服务业的迅速发展，服务业在各国经济生活中的重要性越来越突出。发达国家服务业产值占国内生产总值的比重、服务业从业人员占国内就业人数的比重均超过50%；而发展中国家的服务业在其国民经济内部也发展较快。因此，国际分工的广度从制造业向服务业延伸，服务贸易发展迅速。

(5) 国际分工的形式发生变化，从垂直型分工向水平型分工发展。

(6) 参加国际分工的国家与地区经济所有制形式日益多样化。二战后，尤其是20世纪五六十年代，一大批国家在政治上独立、在经济上自主后，它们选择了多种形式的经济发展道路及经济所有制形式。有的走上了社会主义道路，有的走上了资本主义道路，但加入国际分工的国家数量越来越多。

(7) 区域经济集团内部分工趋势加强。二战后，世界经济全球化和区域经济一体化趋势显著，一般来说，经济贸易集团不同程度地表现出内向性和排他性，对内逐步取消贸易壁垒，促进集团成员间商品贸易和服务贸易与投资的自由化，对外则继续采取关税和非关税措施，在不同程度上阻碍了经济贸易集团与非成员之间的分工与贸易发展，结果导致了经济贸易集团内成员之间分工和贸易发展的趋势加强。

总之，战后国际分工发生了重大变化，以自然资源为基础的分工已逐步让位于以现代化工艺、科技为基础的分工；以工业部门之间的分工逐步让位于工业内部的分工；以非经济集团国家间生产品的分工开始转向经济集团内部的分工；从工业国与农矿业国间的分工逐步转向不同层次工业部门的分工；从纵向的垂直型分工逐步过渡到横向的水平型分工等。这一切说明国际分工的发展已进入一个新阶段。

2.2 国际分工的影响因素

2.2.1 生产力

(1) 国际分工是生产力发展的必然结果。一切分工，包括国际分工，都是社会生产力发展的结果。生产力是最活跃、最革命的因素，科技的进步与发展在生产力发展中又起着领先、带动的作用，科学技术的每一次重大进步，都带来了生产力的显著发展。第一次科技革命使机器大工业普遍建立、交通运输工具得到巨大的变革，各国的生产和消费都逐渐变成了世界性的。第二次科技革命加速了生产和资本的积聚和集中，资本主义世界经济体系和国际分工体系最终形成。第三次科技革命使生产国际化、资本国际化达到了空前高度。随着跨国公司在全球活动的加强，国际分工的主要形式已从部门之间的专业化转向部门内部的专业化，这正是现代生产力发展的必然结果。

(2) 各国的生产力发展水平决定其在国际分工中的地位。一般来说，生产力水平越高的国家，在国际分工中的地位也就越高，居于主导和支配地位。从历史上看，英国最先完成产业革命，其生产力发展水平在相当长一段时期内高于其他国家，从而使其成为“世界工厂”，在相当长一段时期内居于主导地位。当时一位英国学者对英国在国际分工中的地位作了生动的描述：“在实质上，世界的 1/5 是我们资源的进贡者，北美大平原和俄国是我们的谷物种植园，芝加哥和敖德萨是我们的谷仓；加拿大和波罗的海诸国是我们的森林；我们的羊群的牧场在澳洲，我们的牛群在美洲；秘鲁把它的白银提供给我们；加利福尼亚和澳洲把自己的黄金提供给我们；中国人为我们种茶；而从印度把咖啡、茶叶和香料运到我们的海岸；法国和西班牙是我们的葡萄园，地中海沿岸是我们的果园；我们从北美合众国以及其他国家获得棉花。”足见英国在国际分工中的地位。继英国之后，欧美其他一些发达国家也相继完成了产业革命，生产力迅速发展，它们便与英国一起成为国际分工的中心与支配力量。战后，一些新兴工业化国家和地区，生产力得到了较快发展，它们在国际分工体系中的地位也随之提高。

(3) 生产力的发展决定国际分工的内容。在生产力水平很低时，相互交换的只是少量剩余产品。工场手工业的出现导致了萌芽阶段的国际工农业分工，产业革命巩固和发展了以工农业分工为内容的国际分工。第二次科技革命后，国际分工内容逐渐演变为制造工业与初级产品生产间的分工。战后兴起了第三次科技革命浪潮，发展中国家的制造工业有了较大发展，国际分工主要成为资金、技术密集型产业与劳动密集型产业之间的分工。表现在国际贸易中，工业制成品、高精尖产品不断增多，技术贸易、服务贸易不断发展，所有这些都是生产力发展的结果。

(4) 生产力的发展决定国际分工的形式、广度和深度。在生产力发展水平较低时，国际分工的形式仅表现为垂直型一种，国际分工的范围、规模和深度也相当有限。随着生产力的发展，原先的国际分工在广度和深度方面都满足不了生产力发展、生产规模扩大的需要，于是进一步向广度和深度拓展。一方面包括了更多的部门和更多的经济活动，并将各个国家、各个地区紧密地结合在一起，形成了世界性的分工；另一方面国际分工更细、更深，进而出现了同一工业部门内部的分工，分工形式也日趋多样，由“垂直型”向“水平型”、“混合型”过渡，出现了多类型、多层次的分工形式。

2.2.2　自然条件

自然条件包括地理环境、气候、自然资源、国土面积等，缺乏必要的自然条件，就难以甚至无法从事一定的经济活动。良好的自然条件不仅有助于国内经济的发展，也有利于参与国际分工。一些国家在国际分工中之所以能成为某些初级产品的重要提供者，一个重要原因就是这些国家拥有特定的自然条件。例如，泰国盛产大米。因此，自然条件对国际分工起着重要的作用，关系到一个国家能否生产和对外提供某种产品（尤其是初级产品）和提供多少这种产品的问题。

然而，自然条件只能为国际分工提供可能性，要把这种可能性转化为现实，还需要一定的生产力条件。煤炭、石油固然不能在没有煤炭、石油资源的地区开采，但拥有丰富煤炭、石油资源的地区，只有在生产力水平、科技水平发展到一定阶段，这些资源才能得到充分的开发和利用。因而，自然条件对国际分工只是一种重要的影响因素，生产力才是真正的决定性因素。

需要注意的是，随着生产力的发展，大量替代品不断出现，自然条件对国际分工的影响作用正逐渐减弱，许多新型合成材料的出现在不同程度上突破了矿产、森林等资源对生产的制约，改变着国际分工的格局。

2.2.3　资本国际化

资本国际化促进国际分工迅速发展。自 19 世纪末以来，资本输出就成为世界经济中重要的经济现象。二战后，跨国公司的迅猛发展和在国际经济中地位的提高，大大加速了资本的国际化进程，对国际分工的深入发展起着重要作用。一方面，跨国公司对外直接投资，在海外建立子公司，子公司和子公司之间的业务往来推动了国际分工在部门之间及部门内部的进一步细化，使专业化分工生产更加精细；另一方面，跨国公司在全球战略目标的支配下，将运营过程的所有阶段（研究开发、投资建厂、生产制造、产品销售）部分或全部放在海外进行，从而实现了资源在全世界范围内的合理配置，成为当代国际分工的重要组织者。总而言之，跨国公司财力雄厚、技术先进、规模巨大，其内部生产专业化和协作的高度发展是战后国际分工进一步深化的重要推动力量。

2.2.4　人口、劳动规模和市场规模

人口数量直接影响劳动力的供给，从而影响国际分工。人口分布的不均衡会使分工和贸易成为一种需要。人口稀少、土地广阔的国家往往偏重发展资源密集型或资本密集型产

品与别国交换，而人口稠密的国家可以通过发展劳动密集型产品与别国产品相交换。

劳动规模制约着国际分工。现代大规模的生产使分工变得必不可少，这种分工超越国界就产生了国际分工。劳动规模越来越大，分工就越来越细，任何一个国家都不可能生产所有的产品，必须参与国际分工。

国际分工的实现和发展还受制于市场规模的大小。市场规模越大，单位商品的交易费用越少，交易效率就越高，从而分工发展得越细。对一个国家来说，其市场规模越大，该国参与国际分工的可能性就越大，实现国际分工的程度也越高。

2.2.5 上层建筑

上层建筑一般是指建立在经济基础之上的政治法律制度和社会意识形态，它包括国家力量、经济政策、国家组织等，对国际分工的发展可能产生积极的推动作用，也可能产生消极的延缓作用。

各国政府为使国际分工更有利于本国利益，总是要利用上层建筑的影响力，主要表现在以下三个方面。

(1) 在国际分工的萌芽和形成阶段，欧洲殖民主义者通过殖民政策、战争、不平等条约等来促成有利于本国的国际分工。例如，欧洲殖民主义者曾在非洲广泛推行“强迫种植制度”；英国通过《中英南京条约》等不平等条约，将中国纳入其国际分工体系中。

(2) 如今，许多国家政府都通过各种政策包括对外贸易政策、投资政策等来改善、提高本国在国际分工体系中的地位。如发达国家为获得更多的分工利益，积极地推行自由贸易政策，经济较落后的国家则常常实施贸易保护政策，以期改善在国际分工中的地位；有的国家联合起来或单独对某一国采取封锁禁运、中断经贸关系等措施，人为地割断该国与他国的分工关系，以影响该国的政治、经济政策。

(3) 建立超国家的经济组织，协调相互的经济贸易政策，加强内部分工，如欧盟等。当然，这种做法在促进内部分工的同时，也在不同程度上延缓了世界性分工的发展。

以上各种因素从不同角度不同程度地影响着国际分工，任何国际分工的发展变化都是所有这些因素综合作用的结果。任一因素的变革或突变都会迎来新的国际分工，尤其是科学技术这一最活跃的生产力要素。当前，以电子和信息为主要内容的高新技术已经产生了许多新兴科技产业，生物工程、光纤技术、航天技术等前沿学科的巨大突破也将产生不可估量的分工裂变。

2.3 国际贸易的动机

国际分工与国际贸易关系十分密切。国际分工是国际贸易产生和发展的基础，没有国际分工就没有国际贸易；国际分工产生和发展的过程就是国际贸易产生和发展的过程，国际贸易是随着国际分工的发展而发展的。

纵观国际分工发展过程，可以发现各国经济的不对称是国际贸易发生的基本动因。

第一种情况是基于互通有无的互补性分工。早期国际贸易中，欧洲国家从中国进口真丝、茶叶、瓷器，多半原因是他们不生产这些商品。现代贸易中，科威特生产石油但不生产汽车；日本生产汽车但不生产石油。于是，日本要进口科威特的石油，科威特则要进口日本的汽车，形成以自然资源性分工和生产体系为基础的互补性贸易。因此，基于互通有无的互补性分工是国际贸易的重要原因。由于大国的自然资源相对比较丰富，国内市场也比较大，内部互补性比较强，对国际贸易的需求相对比较小。相反，小国对贸易的需求相对比较大。

第二种情况是两国都生产、但生产成本存在差异的不对称。即一个国家生产的产品比另一个国家便宜。例如，中国生产鞋平均每双单价是 2.5 美元，美国平均 20 美元，根据大卫·李嘉图的比较优势原理，中国应当生产和出口鞋，而美国应当进口鞋，这种分工形态在制成品贸易中较为普遍。

第三种情况是生产成本相同，但产品特色和国内机会成本不同的不对称。有的时候，两个国家都生产某一产品，成本也完全相同。如韩国和中国都生产服装，两国每套服装的成本恰巧都是 50 美元，这样按大卫·李嘉图的比较优势原理是无法分工的。但如果韩国生产鞋的生产要素可以转移到收益更高的产品的生产，它就会放弃鞋的生产，现在韩国已经减少服装的生产，而将生产要素更多地转移到汽车、电子等高附加值产业。这种不对称还可以解释不同消费偏好、不同产品生命周期、不同国家之间产业内贸易等国际贸易的动机与原因。

经济不对称是动态的。在动态变化过程中，世界经济发展水平的差异和不平衡日益显著。随着全球工业化水平的大幅度提高，农业经济基于自然分工形成的互补性贸易结构已经被基于比较优势的竞争性贸易结构所取代。

大卫·李嘉图把静态的比较优势看作国际贸易的基础，主张按比较优势原理进行国际分工，通过国际贸易获取分工带来的利益。但这是静态的，而经济活动与发展是动态的，要素成本和要素效率是经常变化的。人均 GNP 包含了要素效率和要素成本的双重含义。一般来说，人均 GNP 越高，意味着人均生产效率越高，也意味着收入水平越高，劳动成本也越高，劳动密集型产业的竞争力越低。这种比较优势决定了发达国家在资本密集型产业方面具有优势，发展中国家在劳动密集型产业方面具有优势。现实也似乎证明了这一点。1999 年日本和美国人均 GNP 分别是 32 230 美元和 30 600 美元，日本和美国生产效率之比是 105∶100。它们之间比较优势的差异较小，决定了其相互间贸易以水平分工的竞争性贸易为主，以资源不对称的互补性贸易为辅。前者如美国计算机与日本的半导体贸易，后者如美国向日本出口柑橘的贸易。与之相比，日本和美国人均 GNP 是中国人均 GNP（780 美元）的 41 倍和 39 倍。这决定了中国向日本、美国输出的多是劳动密集型产品；决定了美国向中国出口技术密集的飞机，日本向中国出口资本密集的钢铁，从中国进口劳动密集的纺织品。总的来说，美国和日本产业分工越细，中国和日本、美国劳动成本的差异越大，贸易的势能和动能越大。这种国际间贸易势能和动能推动着商品和服务在国际间流动。只要各国经济结构、增长速度、发展水平不同，这种势能和动能就永远存在，国际贸易就会持续下去。

瑞典经济学家俄林断言："生产要素和商品在国际间的自由流动，会使生产要素及商品价格均等。"按其推论，随着贸易自由化，各国贸易限制不断减少，各国生产要素价格趋同，商品价格趋同，国际贸易的势能和动能减弱，国际贸易增长将趋于减弱。而事实上，国际贸易一直在增长。随着国际贸易的自由化，生产要素的国际流动和国际贸易都在扩大。俄林只注意到生产要素和商品流动趋向均衡的一面，而忽略了在动态的结构性增长过程中，各国经济发展水平差异和不断出现的新技术、新产业、新领域带来的新的势能和动能。新技术创造的新产业形成新的不对称和新的比较优势，形成新的分工和贸易结构。20世纪90年代，美国以计算机和信息网络技术为基础，创造了信息革命浪潮，世界其他国家在信息领域大都处于空白，美国的技术优势形成巨大的市场优势，向全球输出计算机、信息网络产品，有力地证明了这一点。

全球产业结构由工业经济向服务经济过渡的过程中，形成了新的国际贸易领域，也形成了新的不对称和新的比较优势。美国在货物贸易方面存在巨大贸易逆差，而在新的、具有比较优势的服务贸易领域拥有相当大的贸易顺差。此外，一个国家内部低效率的生产要素要不断地流向高效率产业，内部原有低效率产业必须通过进口满足国内需求。更值得注意的是，随着经济全球化的发展，各国之间经济结构的差异正在扩大，发展水平差距越来越显著，国际贸易的势能和动能也越来越强。目前，发达国家的经济结构已经跃迁到服务经济，原来农业、工业生产由国内生产转向进口，从而为落后国家出口提供了机会。美国减少了纺织品和服装一类产品的生产，转而从国外进口这些产品。在美国经济结构日益向技术化和服务化转型过程中，纺织品和服装属于逐渐衰落的产业，占GDP的比重从1990年的0.4%下降到2000年的0.2%。在国际市场上，美国纺织品和服装进口持续增加，出口不断下降。相反，美国大力加强高技术产品和服务的出口。服务业已经占到美国GDP和就业的80%以上，服务业贸易占美国总体贸易的22%，由于其竞争力所带来的贸易顺差起着重要的平衡货物贸易逆差的作用。

与此同时，国际直接投资导致的生产国际化使国际贸易格局发生了新的变化。美国耐克公司在中国加工鞋，日本将低档彩电、洗衣机、电冰箱、微波炉等转移到东南亚和中国生产，然后又从这些国家进口这些产品。1990年日本从中低收入国家进口的制成品仅占全部进口的21.5%，1998年上升到了50.4%。整个经济合作与发展组织（OECD）国家从中低收入国家进口制成品的比例也从39.6%上升到了65.6%。

本章小结

国际分工是指各国之间的劳动分工。国际分工可分为三种基本类型：垂直型国际分工、水平型国际分工和混合型国际分工。国际分工是社会分工发展到一定阶段，国民经济内部分工超越国家界限发展的结果，它的产生和形成是一个历史的过程，第二次世界大战后国际分工出现了新的特点。国际分工受到生产力、自然条件、国际生产关系、资本国际化等因素的影响。国际分工与国际贸易关系十分密切，经济不对称是国际贸易产生的动因。

思考与练习

一 单选题

1. 国际贸易产生和发展的基础是（　　）。
   A. 社会生产力　　B. 自然条件
   C. 国际分工　　D. 上层建筑
2. （　　）决定了国际分工的形成和发展。
   A. 国际生产关系　　B. 自然条件
   C. 社会生产力　　D. 上层建筑
3. 二战后，国际分工向（　　）过渡和发展。
   A. 垂直型　　B. 水平型
   C. 垂直型和水平型　　D. 水平型和混合型
4. 经济发展水平大体相同的国家之间的分工为（　　）。
   A. 垂直型国际分工　　B. 水平型国际分工
   C. 混合型国际分工　　D. 选择型国际分工
5. 国际分工产生和发展的基础是（　　）
   A. 自然条件　　B. 社会生产力
   C. 人口、劳动规模和市场　　D. 资本国际化

二 思考题

1. 为什么说社会生产力是国际分工产生和发展的决定性因素？
2. 二战后国际分工有哪些新特点？

技能实训

1. 要求学生分组搜集资料，考察中国、美国和日本的纺织业参与国际分工的情况。

2. 各组就所搜集的资料进行讨论，形成书面材料上交。

3. 教师评分后总结。

提示：

（1）各国纺织品参与国际分工，就其形式看，主要是垂直型的还是水平型的国

际分工？

(2) 我国应从哪些方面作出努力才能充分获得国际分工的好处？

案例讨论

中国汽车应该创立自主品牌还是参与国际分工

2005年8月21日在广州花都汽车论坛上，中国WTO谈判的主帅龙永图与中国最资深的汽车业专家、中国汽车业老领导何光远在自主品牌的观点上发生了激烈的辩论，媒体称之为“龙何之争”。

龙永图说：“关于汽车的自主品牌或者说民族品牌的问题，我认为我们不能够为自主品牌而搞什么自主品牌。经济全球化的时代里，汽车产业注定就是一个国际化的产业，今后在中国本土生产的汽车不管叫别克也好，叫大众也好，叫尼桑也好，叫丰田也好，如果其中许多核心零部件和核心技术都是在中国开发在中国使用的，那么它叫什么名字就已经不重要了，关键是在高起点的基础上参与全球化的合作和竞争。”龙永图一抛出自己的观点，何光远马上回应：“没有品牌，造多少车都是别人的辉煌。没有自己的品牌，在世界经济中就没有地位！”

思考与讨论：

结合案例，谈谈你对此次辩论的看法。

第3章 国际贸易理论的发展

学习目标

通过本章的学习，掌握国际贸易理论的发展；理解绝对优势理论、比较优势理论、H—O模型、产品生命周期理论、产业内贸易理论；了解里昂惕夫之谜、新要素学说、战略贸易政策理论及管理贸易理论等。

案例导入

神舟的崛起

2001年，中国正处于加入WTO的前夜，当时的中国企业对“入世”后进入中国的西方企业心怀恐惧。“要想与狼共舞，就得变成狼”是当时的中国企业能想象到的最有效的应对之策。联想、TCL、海尔等被认为是最有能力“与狼共舞”的“领头羊”企业开始了“变成狼”(主要的手段是“大手笔”地并购被公认为是“狼”的同行，疾速扩大规模)的过程。没人注意到，就在这一年，在中国南方的深圳，有一家名叫“神舟”的生产廉价PC的小公司成立了。如果当时有人预言，5年后，这家小公司年营收将达到60亿元，其笔记本电脑在中国市场将占有超过10%的市场份额，一定会被认为是痴人说梦。神舟电脑看起来的确有点生不逢时，当它成立的时候，整个产业的黄金时代已经过去，一方面是行业利润整体下滑，一方面是国际和国内的PC巨头以及因进入门槛低而遍地开花的杂牌PC厂商。国内PC老大联想在2002年后业绩进入“冬天”，引发了“联想的冬天”的大讨论。

神舟电脑成立于2001年1月，隶属于深圳市新天下集团有限公司，注册资金9 800万元，是以电子信息产品制造为主业，集高性能笔记本电脑、台式电脑、一体式电脑、液晶显示器的研发、生产、销售为一体的高科技企业。2001年8月26日，第一台自产的神舟电脑整机下线，凭着质优价廉的竞争优势，迅速成长为国内颇具影响力的电脑供应商之一。2002年电脑销量达20万台，销售额超过10亿元人民币，进入全国台式机销量排名前5位，一年就走完了别的厂商通常需要6年才能走过的路。在台式电脑市场上取得成功后，2003年神舟电脑正式进军笔记本电脑。至2005年年末，神舟笔记本电脑单月出货量超过3万台，以13.7%的市场份额仅次于IBM、联想，位列第三。目前神舟电脑在北京、上海、广州、南京等全国34个大城市设立了分公司，并拥有神舟电脑专卖店2 000余家、经销商11 500余家、授权服务站近千家。

（资料来源：http://finance.sina.com.cn,2006年09月18日）

分析：在工业化进程中，我国第二产业经历了长期艰巨的发展历程，现在正面临着新的结构性调整。就制造业来说，产业比较优势或劣势反映的是一个国家的产品进入世界市场的情况。产业比较优势产生的原因是该产业在自然资源、人力资源或技术能力等方面具有优势。我国加入WTO给第二产业带来巨大的竞争压力，但从长期来看，将有利于我国第二产业企业提高核心竞争力，进而促进我国产业结构的优化升级以及重工业、轻工业的国际化。

3.1 古典国际贸易理论

古典的国际贸易理论产生于18世纪中叶，是在批判重商主义的基础上发展起来的，主要包括亚当·斯密的绝对优势理论和大卫·李嘉图的比较优势理论。古典贸易理论从劳动生产率的角度说明了国际贸易的产生原因、结构和利益分配。

3.1.1 重商主义

重商主义（Mercantilism，也称作商业本位）是资产阶级最初的经济学说，也是西欧资本原始积累时期的一种经济理论或经济体系，反映资本原始积累时期商业资本的利益和要求。它对资本主义生产方式进行了最初的理论考察。

资料卡

商业资本（Commercial Capital）亦称商人资本（Merchant Capital），一般指专门经营商品买卖的资本（商品经营资本），还包括专门经营货币收付、兑换、登记、保管等业务的资本（货币经营资本）。它是在流通领域中发生作用的职能资本，是流通资本、商品资本和货币资本的独立化。

资料来源：《马克思恩格斯全集》第48卷

15世纪初，正当文艺复兴运动进入初级发展阶段之时，重商主义兴起。15世纪末，西欧进入封建社会的瓦解时期，资本主义生产关系开始萌芽和成长。地理大发现扩大了世界市场，给商业、航海业、工业以极大的刺激；商业资本发挥着突出的作用，促进了各国国内市场的统一和世界市场的形成，推动了对外贸易的发展；商业资本加强的同时，西欧一些国家建立起封建专制的中央集权国家，运用国家力量支持商业资本的发展。随着商业资本的发展和国家支持商业资本的政策的实施，产生了从理论上阐述这些经济政策的要求，逐渐形成了重商主义理论。到 17 世纪，随着文艺复兴运动的衰落，重商主义也开始逐渐崩溃。

从时间上看，重商主义可以说与文艺复兴运动同步。同一时期产生了两种社会思想——人文主义和重商主义，其根源是当时社会上追求商品生产更快发展，追求商业资本的迅速增加和货币资本的不断积累，已成为一股不可抗拒的潮流。然而，重商主义的产生有更深层次的背景，即在追求商业资本增加、追求货币资本积累这股强大潮流冲击下，西欧经济形式和社会阶级关系发生了很大的变化，旧式贵族变成了真正的商人，自然经济向商品经济过渡。

重商主义抛弃了西欧封建社会经院哲学的教义和伦理规范，开始用世俗的眼光，依据商业资本家的经验去观察和说明社会经济现象。它以商业资本的运动作为考察对象，在流通领域研究货币—商品—货币的运动。其理论和政策在历史上曾起过进步作用，如促进了资本的原始积累，推动了资本主义生产方式的建立与发展。但重商主义把货币当做财富象征，把商业尤其是对外贸易看成是财富的源泉，对社会经济现象的探索局限于流通领域，而未深入到生产领域，因而其经济理论是不科学的。

3.1.2 绝对优势理论

绝对优势理论（Theory of Absolute Advantage）又称绝对成本说（Theory of Absolute Cost）、地域分工说（Theory of Territorial Divisionof Labor）。该理论将一国内部不同职业之间、不同工种之间的分工原则推演到各国之间的分工，从而形成其国际分工理论。绝对优势理论是最早的主张自由贸易的理论，由英国古典经济学派主要代表人物亚当・斯密创立。

1. 绝对优势理论提出的背景

亚当・斯密（Adam Smith，1723—1790）是资产阶级政治经济学古典学派的主要奠基人之一，也是国际分工理论的创始者。他是工场手工业向机器大工业过渡时期的英国经济学家，其代表著作是《国民财富的性质和原因的研究》（简称《国富论》），于 1776 年出版。在《国富论》中，他提出了国际分工与自由贸易的理论，并以此作为反对重商主义的“贸易差额论”和贸易保护政策的重要武器，对国际分工和国际贸易理论做出了重要贡献。

亚当・斯密是英国产业革命前夕工场手工业时期的经济学家，在工场手工业向机器大生产过渡的过程中，封建主义和重商主义是实现这一变革的障碍。亚当・斯密代表工业资产阶级，在他的著作《国富论》中猛烈抨击了重商主义，主张自由主义，首次提出了主张自由贸易的绝对成本说。

资料卡

《国富论》(*The Wealth of Nations*)

亚当·斯密1768年开始着手著述《国家财富的性质和原因的研究》(简称《国富论》),1776年首次出版,标志着经济学作为一门独立的学科诞生。

《国富论》是现代政治经济学研究的起点,共分5卷:第1卷共11章,主要内容是分析形成以及改善劳动力生产能力的原因,分析国民财富分配的原则;第2卷,共5章,主要内容是讨论资本的性质、积累方式,分析对劳动力数量的需求取决于工作的性质;第3卷共4章,主要内容是介绍造成当时比较普遍的重视城市工商业、轻视农业的政策的原因;第4卷共9章,主要内容是列举和分析不同国家在不同阶段的各种经济理论;第5卷共3章,主要内容是分析国家收入的使用方式,是为全民还是只为少数人服务,如果为全民服务有多少种开支项目,各有什么优缺点;为什么当代政府都有赤字和国债,这些赤字和国债对真实财富的影响等。

书中总结了近代初期各国资本主义发展的经验,批判吸收了当时的重要经济理论,对整个国民经济的运行过程做了系统的描述,被誉为"第一部系统的伟大的经济学著作"。

2. 绝对优势理论的主要内容

亚当·斯密的绝对优势理论是建立在他的分工和国际分工学说基础之上的。所谓绝对优势,是指某两个国家之间生产某种产品的劳动成本的绝对差异,即一个国家所耗费的劳动成本绝对低于另一个国家。他用一国内部不同职业之间、不同工种之间的分工原则来说明国际贸易分工。亚当·斯密绝对优势理论的主要内容如下。

(1) 分工可以提高劳动生产率,增加国家的财富。斯密以制针业中手工工场的例子来说明分工可以提高劳动生产率。他认为根据当时的情况,在没有分工的情况下,一个粗工每天最多只能制造20枚针,甚至连一个针也制造不出来。而在有了分工以后,10个人每天可以制造48 000个针。每个工人的劳动生产率提高了几千倍。因此,他认为在生产要素不变的条件下,依靠分工劳动生产率可以得到提高。分工既然可以极大地提高劳动生产率,那么每个人专门从事一种物品的生产,然后彼此进行交换,则对每个人都是有利的。从每一个个人看来是合算的事情对于整个国家来说也不可能是不合理的。

(2) 分工的原则是成本的绝对优势或绝对利益。他以家庭之间的分工为例说明了这个道理。他说,如果一件东西购买所花费用比在家中生产的少,就应该去购买而不要在家中生产,这是每一个精明的家长都知道的道理。裁缝不为自己做鞋子,鞋匠不为自己缝衣服,农场主既不打算自己做鞋子,也不打算缝衣服。他们都认识到,应当把他们的全部精力集中用于比别人有利的职业,用自己的产品去交换其他物品,会比自己生产一切物品得到更多的利益。

(3) 国际分工是各种形式分工中的最高阶段,在国际分工基础上开展国际贸易,对各国都会产生良好效果。斯密由家庭推及国家，论证了国际分工和国际贸易的必要性。他认为，适用于一国内部不同个人或家庭之间的分工原则，也适用于各国之间。国际分工是各种形式分工中的最高阶段。他主张，如果外国的产品比自己国内生产的要便宜，那么最好是输出在本国有利的生产条件下生产的产品，去交换外国的产品，而不要自己去生产。他举例说，在苏格兰可以利用温室种植葡萄，并酿造出同国外一样好的葡萄酒，但要付出比国外高 30 倍的代价。他认为，如果真的这样做，显然是愚蠢的行为。每一个国家都有其适宜生产某些特定产品的绝对有利的生产条件，如果每一个国家都按照其绝对有利的生产条件（即生产成本绝对低）去进行专业化生产，然后彼此进行交换，则对所有国家都是有利的，世界的财富也会因此而增加。

(4) 国际分工的基础是有利的自然禀赋或后天的有利条件。斯密认为，有利的生产条件来源于有利的自然禀赋或后天的有利条件。自然禀赋和后天的有利条件因国家而不同，这就为国际分工提供了基础。因为有利的自然禀赋或后天的有利条件可以使一个国家生产某种产品的成本绝对低于别国而在该产品的生产和交换上处于绝对有利的地位。各国按照各自的有利条件进行分工和交换，将会使各国的资源、劳动和资本得到最有效的利用，从而大大提高劳动生产率和增加物质财富，并使各国从贸易中获益。

举例说明，假设有 A、B 两国（世界也假定是由这两国组成的），分别生产 *X*、*Y* 两种产品，如表 3-1 所示。

表 3-1　2×2 模型

分工前：

国别	*X* 产品		*Y* 产品	
	劳动天数	产量	劳动天数	产量
A 国	1	1	2	1
B 国	2	1	1	1
世界	3	2	3	2

分工后：

国别	*X* 产品		*Y* 产品	
	劳动天数	产量	劳动天数	产量
A 国	3	3	0	0
B 国	0	0	3	3
世界	3	3	3	3

从上表可以看出，A 国在 *X* 产品生产上具有绝对优势，而 B 国在 *Y* 产品生产上具有绝对优势。按照绝对利益原则进行分工，A 国专门生产 *X* 产品，B 国专门生产 *Y* 产品，结果是 A、B 两国产量都获得了增长，世界总产量也获得了增长。如果 X 产品和 Y 产品的交换比率为 1∶1，则两国分工后不仅保持了分工前的消费品种和水平，而且 A 国比过去多消费了 1 单位的 *X* 产品，B 国多消费了 1 单位的 *Y* 产品。

上例说明按照绝对优势理论，A、B 两国获得了贸易的利益，但它却是建立在严格的假设条件之上的，即A、B两国必须各自在某种商品（A国在X产品、B国在Y产品）的生产上，劳动成本绝对低于贸易伙伴国，这使得绝对利益学说产生了很大的局限性，如果一个国家在生产任何一种产品时成本均比其他国家高，劳动生产率均低于其他国家，该国是否还具有参加国际贸易并从中获得相应利益的资格呢？

3.1.3 比较优势理论

亚当·斯密的绝对优势理论只能解释在生产上各具绝对优势的国家之间的贸易，却不能解释事实上存在的所有产品都处于绝对优势的发达国家和所有产品都处于绝对劣势的经济不发达国家之间的贸易现象。英国经济学家大卫·李嘉图在绝对优势理论的基础上提出了比较优势理论，认为只要各国之间产品的生产成本存在相对差异就可以参与国际贸易并从中获利。比较优势理论在更普遍的基础上解释了贸易产生的基础和贸易利得，大大发展了绝对优势理论。

1. 比较优势理论提出的背景

大卫·李嘉图（David Ricardo，1772—1823）是英国产业革命深入发展时期的经济学家。他的主要著作是于1817年出版的《政治经济学及赋税原理》（*On the Principles of Political Economy and Taxation*）。

1815年英国政府为维护土地贵族阶级利益而修订实行了“谷物法”。“谷物法”颁布后，英国粮价上涨，地租猛增，这对地主贵族有利，却严重损害了产业资产阶级的利益。昂贵的谷物使工人货币工资被迫提高，成本增加，利润减少，削弱了工业品的竞争能力；同时，昂贵的谷物也扩大了英国各阶层的吃粮开支，而减少了对工业品的消费。“谷物法”还招致外国以高关税阻止英国工业品对他们的出口。为了废除“谷物法”，工业资产阶级采取了多种手段，鼓吹谷物自由贸易的好处。而地主贵族阶级则千方百计维护“谷物法”，他们主张，既然英国能够自己生产粮食，根本不需要从国外进口，反对在谷物上自由贸易。

这时，工业资产阶级迫切需要找到谷物自由贸易的理论依据。李嘉图适时而出，他在《政治经济学及赋税原理》中提出了著名的比较优势原理（Law of Comparative Advantage）。他认为，英国不仅要从外国进口粮食，而且要大量进口，因为英国在纺织品生产上所占的优势比在粮食生产上所占的优势更大。因此，英国应专门发展纺织品的生产，并以纺织品的出口来换取本国所需要的粮食。

2. 比较优势理论的主要内容

李嘉图的“比较成本说”是在亚当·斯密绝对利益理论基础上发展起来的。亚当·斯密认为国际分工应按地域、自然条件不同而形成的商品成本绝对差异而形成分工进行，即一个国家输出的商品一定是生产上具有绝对优势、生产成本绝对低于他国的商品。李嘉图发展了这个观点，他认为在国际分工中起决定作用的，不是绝对利益，而是比较利益（比较成本），并且把比较利益学说作为国际分工的理论基础，他还认为每个国家不一定生产各种商品，而应集中力量生产那些利益较大或不利较小的商品，然后通过对外贸易进行交换。在资本和劳动力不变的情况下，生产总量将增加。如此形成的国际分工对贸易各国都有利。

在进行利益比较时，人们所遵循的原则是："两者优择其最，两者劣择其次"。"如果两个人都能制鞋和帽，其中一个人在两种职业上都比另一个强，不过制帽时只强 1/5 或 20%，而制鞋时则强 1/3 或 33%，那么这个较强的人专门制鞋，而另一个较差的人专门制帽，岂不是对双方都有利?"

为进一步分析，需要做以下假设：

（1）两个国家、两种产品或两种要素；

（2）国家之间存在某种特征差异；

（3）各国的比较利益是静态不变的，不存在规模经济；

（4）自由贸易是在完全竞争的市场结构下进行的，以物物交换为形式；

（5）生产要素在一国国内可以自由流动，在两国间则不能流动；

（6）不存在技术进步、资本积累和经济发展。

在假设条件下，比较优势理论的核心思想是，国际分工中若两国生产力不等，A 国生产任何一种商品的成本均低于 B 国，处于绝对优势，而 B 国相反，其生产效率在任何商品的生产中均低于 A 国，处于绝对劣势。这时，两国进行贸易的可能性依然存在，因为两国劳动生产率间的差距并不是在任何商品上都一样，这样处于绝对优势的国家不必生产全部商品，而应集中生产在本国国内具有最大优势的商品，处于绝对劣势的国家也不必停产全部商品，而只应停产本国处于最大劣势的商品，通过自由交换，可以增加世界产品，提高生产率，参与交换国也可以节约劳动，增加产品消费。

这里同样用"两个国家、两种产品"模型来解释比较优势理论的思想，见表 3-2。

表 3-2　2×2 模型

分工前：

国别	X 产品		Y 产品	
	劳动天数	产量	劳动天数	产量
A 国	1	1	2	1
B 国	6	1	3	1

分工后：

国别	X 产品		Y 产品	
	劳动天数	产量	劳动天数	产量
A 国	3	3	0	0
B 国	0	0	9	3

分工前：A、B 两国同时生产 X、Y 两种产品，A 国生产单位 X 产品需要 1 天，生产单位 Y 产品需要 2 天；B 国生产单位 X 产品需要 6 天，生产单位 Y 产品需要 3 天。A 国在两种产品的生产上都处于绝对优势，但在生产 X 产品上优势更大；B 国则在两种产品的生产上都处于绝对劣势，但生产 Y 产品劣势要小些。按照比较优势理论分工原则，A 国集中生产 X 产品而 B 国生产 Y 产品。

分工后：在世界总劳动天数（12天）未变的情况下，产量从过去的4单位（$2X+2Y$）增加到了6单位（$3X+3Y$），每个参加国各增加1单位（A国增加1单位X，B国增加1单位Y）产品，这就是分工的好处。

与绝对优势理论相比，比较优势理论更有普遍意义。比较优势理论分析揭示了国际贸易所具有的互利性。它证明了各国通过出口相对成本较低的产品，进口相对成本较高的产品就可以实现贸易互利。这是该理论在研究国际分工方面的主要贡献。其不仅在理论上更广泛地论证了贸易的基础，在实践上也部分解释了先进国家与落后国家之间贸易的原因。

3.1.4 相互需求论

比较优势理论说明了国际贸易能够为两国带来利益，但是，对带来利益的范围有多大、在这个范围内双方各得多少的问题却没有回答，而约翰·穆勒和阿弗里德·马歇尔的相互需求论回答了这个问题。

1. 约翰·穆勒与相互需求原理

约翰·穆勒（John Stuart Mill，1806—1873）是李嘉图学说体系的追随者，19世纪中叶英国最著名的经济学家。他在代表作《政治经济学原理》中提出了相互需求论，对比较利益论作了重要的说明和补充。他用两国商品交换比例的上下限解释了互惠贸易的范围，用贸易条件说明了贸易利得的分配，用相互需求程度解释贸易条件的变动。

相互需求论（Reciprocal Demand Theory）实质上是指由供求关系决定商品价值的理论，是对比较优势理论的补充。

下面举例说明。在投入等量的劳动和资本的条件下，假定A国和B国分别生产棉布和化纤布的数量如表3-3所示。

表3-3 两国生产两种产品的数量

国　别	棉布/米	化纤布/米
A国	1	1.5
B国	1	2

分工前，A国国内交换比例是1∶1.5，即1米棉布交换1.5米化纤布；而B国国内交换比例是1∶2，即1米棉布交换2米化纤布。

分工后，按照比较优势的分工原则，A国应生产棉布，B国应生产化纤布，然后进行国际贸易。假定两国的交换比例是1米棉布交换1.5米化纤布，即按A国国内的交换比例交换，则A国不能获得贸易利益。而对B国来说，2米化纤布在国内只能交换1米棉布，而在国际贸易中1.5米化纤布即可交换1米棉布，这个交换比例是有利的，B国可以节省0.5米化纤布。所以，在这个交换比例下，贸易利益全部被B国占有，因而A国会退出贸易，使贸易不可能发生。同样，如果两国的交换比例是1米棉布交换2米化纤布，即按B国国内的交换比例交换，结果是A国独占了贸易利益，B国没有获利。

假定两国交换比例是1米棉布交换1.5米以下的化纤布，比如1米棉布交换1.4米化纤布，这个比例对 B 国更加有利，但对 A 国来说，它不会用 1 米棉布交换 B 国的 1.4 米化纤布。因此，两国的交换比例是 1 米棉布交换 1.5 米以上的化纤布。同理，假定两国交换比例是 1 米棉布交换 2 米以上的化纤布，A 国当然愿意，但 B 国会退出贸易。显然，A 国和 B 国棉布与化纤布的交换比例只能介于 1∶1.5～1∶2 之间。也就是说，两国两种产品的国内交换比例决定国际交换比例的上下限。并且，国际交换比例不同，A 国和 B 国获利多少也不同。国际交换比例越接近本国国内交换比例，本国所得的利益越少；反之，越接近对方国家的国内交换比例，本国所得的利益越多。

在物物交换的情况下，两国进行专业化分工，然后交换两种产品，这两种产品的交换比例等于相互需求对方产品总量的比，这样两国贸易才能达到均衡。这一等式就是国际需求方程式（Equation of International Demand），也称为相互需求方程式（Equation of Reciprocal Demand）。

穆勒认为，A 国对 B 国化纤布的需求强度越是大于 B 国对 A 国棉布的需求强度，国际交换比例越是接近于 A 国的国内两种产品的交换比例，这个比例对 A 国越不利。所以，相互需求强度决定了国际交换比例。

2. 马歇尔和相互需求论

阿弗里德·马歇尔（Alfred Marshall，1842—1924）是 19 世纪初最著名的英国经济学家，他的重要著作有 1879 年出版的《国际贸易纯理论》和 1890 年出版的《经济学原理》等。他用几何方法对穆勒的相互需求论作了进一步的分析。

穆勒用国际需求方程式来解释国际交换比例或国际价值，而马歇尔试图用提供曲线（Offer Curve）解释国际交换比例或国际价值。需要注意的是，这里的国际价值就是国际间物物交换的比例，也称为贸易条件，是马克思所说的交换价值，不同于马克思理论中的价值概念。

提供曲线也称相互需求曲线（Reciprocal Demand Curve），是表示一个国家贸易条件的曲线，表示一国想交换的进口商品的数量与所愿意出口的本国商品数量之间的关系。它表明一国进出口的贸易意向随着商品的相对价格（交易条件）的变化而变化。

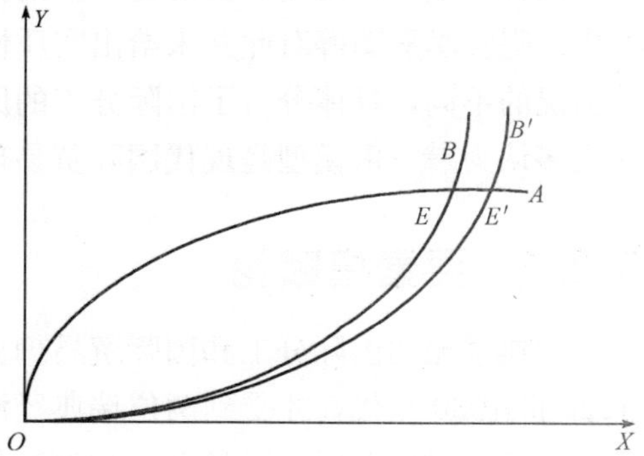

图 3-1　AB 两国的提供曲线均衡

如图 3-1 所示，横轴 X 表示化纤布，对 A 国来说，表示进口 B 国化纤布的数量；对 B 国来说，表示出口化纤布的数量。纵轴 Y 表示棉布，对 A 国来说，表示出口棉布的数量；对 B 国来说，表示进口棉布的数量。OA 表示 A 国的提供曲线，OB 表示 B 国的提供曲线。

从原点引出的提供曲线上每一点的斜率表示一个贸易条件，它等于曲线上任意点到 X 轴的距离与到 Y 轴距离之比，也就是棉布与化纤布的交换比例。两条曲线弯曲的方向不同，A 国的提供曲线向下弯曲，B 国的提供曲线向上弯曲，表示贸易条件对本国越来越有利。具体来说，A 国的提供曲线上每一点到 X 轴的距离表示愿意出口棉布的数量，到 Y 轴的距离表示进口化纤布的数量，提供曲线向下弯曲显示，随着贸易量的增加，用同样多的棉布可以交换越来越多的化纤布（交换同样多的化纤布所用的棉布越来越少）。从原点引出的通过提供曲线上每一点的射线越来越平缓，即斜率越来越小，贸易条件对 A 国越来越有利。同样，B 国的提供曲线上每一点到 Y 轴的距离表示愿意出口化纤布的数量，到 X 轴的距离表示愿意进口棉布的数量，提供曲线向上弯曲显示，随着贸易量的增加，用同样多的化纤布可以交换越来越多的棉布（交换同样多的棉布所用的化纤布越来越少）。从原点引出的通过提供曲线上每一点的射线越来越陡，即斜率越来越大，贸易条件对 B 国也越来越有利。

在两条提供曲线的交点 E，A 国出口的棉布等于 B 国进口的棉布，B 国出口的化纤布等于 A 国进口的化纤布，双方的进出口平衡，E 点所确定的贸易条件是均衡贸易条件。

如果相互需求发生变动，就会使均衡贸易条件发生变动。假定 B 国对 A 国棉布的需求增加，而 A 国对 B 国化纤布的需求不变，这种需求强度的变化，使 B 国要用比以前更多的化纤布去交换 A 国的棉布。图形表示 B 国的提供曲线向下移动，为 OB'，新的均衡点为 E'，通过该点射线的坡度没有通过 E 点的射线陡，说明 B 国愿意为交换一定量的棉布付出更多的化纤布。这个贸易条件对 A 国有利而对 B 国不利。反之，如果 A 国对 B 国化纤布的需求增加，而 B 国对 A 国棉布的需求不变，这种需求强度的变化会使 A 国的提供曲线向上移动，新的均衡贸易条件对 A 国不利而对 B 国有利。

3.2 现代国际贸易理论

李嘉图认为比较利益是发生国际分工和国际贸易的基础，而比较利益产生的原因则是各国间劳动生产率的差异及由此产生的劳动成本差别。但是，劳动成本的差别又是因何而产生的呢？李嘉图等对此并未给出实质性答案，赫—俄模型从各国资源禀赋即生产要素供给情况的不同，具体分析了国际分工的原因、国际贸易的格局和国际贸易的商品结构，后人大多认为赫—俄模型是现代国际贸易理论的开端。

3.2.1 要素禀赋论

古典学派的国际分工和国际贸易理论在西方经济学界占支配地位达一个世纪之久，到了 20 世纪 30 年代，才受到两位瑞典经济学家的挑战。1919 年，瑞典经济学家埃利·赫克歇尔（Eli F Heckscher，1879—1952）提出了要素禀赋论的基本观点，指出了产生比较优势的两个必备条件。1930 年，这一论点被他的学生伯尔蒂尔·俄林（Beltil G Ohlin，1899—1979）充实论证，并在其代表作《域际贸易和国际贸易》中进一步发展，因此，要素禀赋论又称为赫克歇尔—俄林原理（Heckscher－Ohlin theory），或简称赫—俄模型（H—O 原理）。

1. 要素禀赋论的提出

1919 年，赫克歇尔在纪念经济学家戴维的文集中发表了题为《对外贸易对收入分配的影响》的著名论文，提出了要素禀赋论的基本论点，这些论点被俄林所接受。1929年至1933年，由于资本主义世界经历了历史上最严重的经济危机，贸易保护主义抬头，各国都力图加强对外倾销商品，同时提高进口关税，限制商品进口。对此，瑞典人民深感不安，因为瑞典国内市场狭小，一向对国外市场依赖很大。在此背景下，俄林继承其师赫克歇尔的论点，于1933年出版了《域际贸易和国际贸易》一书，深入探讨了国际贸易产生的深层原因，创立了要素禀赋论。

古典学派认为商品的价值是由生产商品所费劳动时间决定的，而以俄林为代表的新古典学派则反对这一学说。他们用在互相依赖的生产结构中的多种生产要素的理论代替了古典学派的单一生产要素的劳动价值理论。李嘉图认为国内价值的决定不能适用于国际贸易，而俄林则把国内价值理论扩大到区际贸易和国际贸易上。古典学派认为国际贸易产生的原因是各个国家在生产各种商品时劳动生产率存在差异，而且各国劳动生产率及其差异都是固定不变的。俄林在他的生产要素禀赋论中，假定各个国家在生产商品时所使用的生产技术是一样的，因而排除了各国劳动生产率的差异。

资料卡

赫克歇尔生于瑞典斯德哥尔摩的一个犹太人家庭。他是瑞典学派的主要代表人物之一，在经济理论方面最主要的贡献可以概括为他最著名的两篇文章。1919年发表的《外贸对收入分配的影响》是现代赫克歇尔—俄林要素禀赋国际贸易理论的起源，他集中探讨了各国资源要素禀赋构成与商品贸易模式之间的关系，并且一开始就运用了一般均衡的分析方法。他认为，要素绝对价格的平均化是国际贸易的必然结果。他的论文具有开拓性的意义，其后，这个理论由他的学生俄林进一步加以发展。

俄林从师于赫克歇尔，与赫克歇尔一起最早提出了要素禀赋理论，他们的理论被命名为赫克歇尔—俄林理论（简称H—O定理）。俄林的理论受他的老师赫克歇尔关于生产要素比例的国际贸易理论的影响，并在美国哈佛大学教授威廉姆斯(T. H. Williams)的指导下，结合瓦尔拉斯和卡塞尔的一般均衡理论进行分析论证，在《域际贸易和国际贸易》中最终形成。为了表彰俄林对经济学，特别是对国际贸易理论所做的贡献，瑞典皇家科学院于1977年授予他诺贝尔经济学奖，与他一起获奖的还有英国剑桥大学的詹姆斯·爱德华·米德，评选委员会认为他们“对于国际贸易理论和国际资本运动理论做出了开拓性的贡献”。

2. 与要素禀赋论有关的几个概念

(1) 生产要素和要素价格。生产要素（Factor of Production）是指生产活动必须具备的主要因素或在生产中必须投入或使用的主要手段，通常指土地、劳动和资本三要素，加上企业家的管理才能成为四要素，有人把技术知识、经济信息也当做生产要素。要素价格(Factor Price）是指生产要素的使用费用或要素的报酬，如土地的租金、劳动的工资、资本的利息、管理的利润等。

(2) 要素密集度和要素密集型产品。要素密集度（Factor Intensity）指产品生产中某种要素投入比例的大小，如果某要素投入比例大，称为该要素密集度高。根据产品生产所投入的生产要素中所占比例最大的生产要素种类不同，可把产品划分为不同种类的要素密集型产品（Factor Intensity Commodity）。如生产小麦投入的土地占的比例最大，便称小麦为土地密集型产品；生产纺织品劳动所占的比例最大，则纺织品被称为劳动密集型产品；生产电子计算机资本所占的比例最大，则称电子计算机为资本密集型产品。

(3) 要素禀赋和要素丰裕度。要素禀赋（Factor Endowment）是指一国拥有各种生产要素的数量。要素丰裕度（Factor Abundance）则是指在一国的生产要素禀赋中某要素供给所占比例大于别国同种要素的供给比例而相对价格低于别国同种要素的相对价格。

3. 要素禀赋论的基本假设条件

要素禀赋论基于一系列简单的假设，主要包括以下九个方面。

(1) 假定只有两个国家、两种商品、两种生产要素（劳动和资本）。这一假设目的是便于用平面图说明理论。

(2) 假定两国的技术水平相同，即同种产品的生产函数相同。这一假设主要是为了方便考察要素禀赋，从而考察要素价格在两国相对商品价格决定中的作用。

(3) 假定 X 产品是劳动密集型产品，Y 产品是资本密集型产品。

(4) 假定两国在两种产品的生产上规模经济利益不变，即增加某商品的资本和劳动使用量，将会使该产品产量以相同比例增加，意即单位生产成本不随生产的增减而变化，因而没有规模经济利益。

(5) 假定两国进行的是不完全专业化生产，即尽管是自由贸易，两国仍然继续生产两种产品，亦即无一国是小国。

(6) 假定两国的消费偏好相同，若用社会无差异曲线反映，则两国的社会无差异曲线的位置和形状相同。

(7) 在两国的两种商品、两种生产要素市场上，竞争是完全的。这是指市场上无人能够购买或出售大量商品或生产要素而影响市场价格，也指买卖双方都能掌握相等的交易资料。

(8) 假定在各国内部，生产诸要素是能够自由转移的。但在各国间生产要素是不能自由转移的。这是指在一国内部，劳动和资本能够自由地从某些低收入地区、行业流向高收入地区、行业，直至各地区、各行业的同种要素报酬相同，这种流动才会停止。而在国际间，却缺乏这种流动性。所以，在没有贸易时，国际间的要素报酬差异始终存在。

(9) 假定没有运输费用，没有关税或其他贸易限制。这意味着生产专业化过程可持续到两国商品相对价格相等为止。

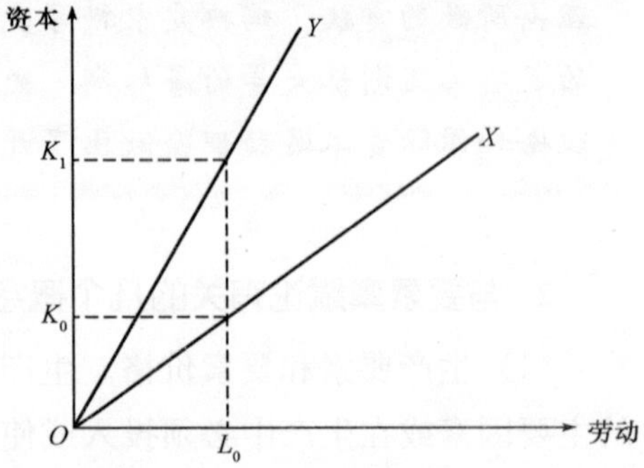

图 3-2 资本—劳动比的比较

在图 3-2 中，单位 X 产品生产所需的资本—劳动比低于 Y 产品生产所需的资本—劳动比，即 $K_0/L_0<K_1/L_0$，所以称 X 产品为劳动密集型产品，Y 产品为资本密集型产品。

4. 要素禀赋论的理论分析

（1）要素禀赋论。要素禀赋论（Factor Endowment Theory）用生产要素的丰缺解释国际贸易产生的原因和商品的流向，是现代国际贸易理论的开端，被誉为国际贸易理论的又一大柱石。其基本内容有狭义和广义之分。狭义的要素禀赋说是指生产要素供给比例说，它通过对相互依存的价格体系的分析，用不同国家的生产诸要素的丰缺解释国际分工和国际贸易产生的原因和一国进出口商品结构的特点。广义的要素禀赋说，除了生产要素供给比例说之外，还包括要素价格均等化说。该学说研究国际贸易对要素价格的反作用，说明国际贸易不仅使国际间商品价格趋于均等化，还会使各国生产要素的价格趋于均等化。

根据要素禀赋论，一国的比较优势产品是应出口的产品，是它需在生产上密集使用该国相对充裕而便宜的生产要素生产的产品，而进口的产品是它需在生产上密集使用该国相对稀缺而昂贵的生产要素生产的产品。简言之，劳动力丰富的国家应出口劳动密集型商品，而进口资本密集型商品；相反，资本丰富的国家应出口资本密集型商品，而进口劳动密集型商品。

（2）要素禀赋论的理论分析。俄林认为，同种商品在不同国家的相对价格差异是国际贸易的直接基础，而价格差异则是由各国生产要素禀赋不同，从而要素相对价格不同决定的，所以要素禀赋不同是国际贸易产生的根本原因。俄林在分析、阐述要素禀赋论时一环扣一环，层层深入，在逻辑上比较严谨。

①国家间的商品相对价格差异是国际贸易产生的主要原因。在没有运输费用的假设前提下，从价格较低的国家输出商品到价格较高的国家是有利的。

②国家间的生产要素相对价格的差异决定商品相对价格的差异。在各国生产技术相同，因而生产函数相同的假设条件下，各国要素相对价格的差异决定了各国商品相对价格存在差异。

③国家间的要素相对供给不同决定要素相对价格的差异。俄林认为，在要素的供求决定要素价格的关系中，要素供给是主要的。在各国要素需求一定的情况下，各国不同的要素禀赋对要素相对价格产生不同的影响，相对供给较充裕的要素的相对价格较低，而相对供给较稀缺的要素的相对价格较高。因此，国家间要素相对价格差异是由要素相对供给或供给比例不同决定的。

通过严密的分析，俄林得出了结论，一个国家生产和出口那些大量使用本国供给丰富的生产要素的产品，价格就低，因而有比较优势；相反，生产那些需大量使用本国稀缺的生产要素的产品，价格便高，出口就不利。各国应尽可能利用供给丰富、价格便宜的生产要素，生产廉价产品输出，以交换别国物美价廉的商品。

要素禀赋论的理论分析可以用图 3-3 表示。

要素自然禀赋 → 要素供给 → 要素相对丰裕 → 要素相对价格 → 商品相对价格

图 3-3　要素禀赋论的逻辑顺序

5. 要素价格均等化学说

俄林认为，在开放经济中，国际间因生产要素自然禀赋不同而引起的生产要素价格差异将通过两条途径而逐步缩小，即要素价格将趋于均等。第一条途径是生产要素的国际移动，它导致要素价格的直接均等化；第二条途径是商品的国际移动，它导致要素价格的间接均等化。

在生产要素缺乏流动性的状态下，商品国际贸易可以部分代替要素流动，拉平要素价格差距，使之趋于均等。例如甲乙两国，甲国劳动力丰裕、资本稀缺，因此工资低而利率高，应出口劳动密集型产品，进口资本密集型产品；乙国则相反，劳动力稀缺、资本丰裕，因此工资高而利率低，应出口资本密集型产品，进口劳动密集型产品。两国进行国际贸易后，由于甲国出口劳动密集型产品，因此对劳动力的需求增加，这样使原来丰裕的生产要素变得稀缺，工资上升；由于进口资本密集型产品，对国内资本密集型产品的需求减少，从而对资本需求减少，而使利率下降。乙国的情况正好相反，由于出口资本密集型产品，对资本的需求增加，使资本由丰裕变得稀缺，利率上升；由于进口劳动密集型产品，对劳动力的需求减少，使劳动力由稀缺变得丰裕，工资下降。可以看出“在两个地区相对丰富的生产要素的需求增长了，卖得较高的价钱。而供应不足的生产要素的需求减少了，比以前获得较少的报酬。两个地区生产要素的相对稀缺性都减少了”。甲国和乙国贸易的结果使得劳动力和资本的价格趋于均等。

对于要素价格的均等，俄林认为这只是一种趋势。后来，保罗·萨缪尔森等人用数学证明，两国根据比较利益原则生产各自占优势的产品，但不实行完全的国际分工，在这些特定条件下，国际要素价格均等不仅仅是一种趋势，国际贸易将使两国间同质生产要素的相对收益和绝对收益相等。这个命题被称作要素价格均等化定理，由于这一结论是建立在赫—俄的要素价格均等化原理基础上的，故又称为赫—俄—萨模型（H—O—S Model）。

6. 对要素禀赋论的评价

赫克歇尔、俄林、萨缪尔森的要素禀赋论和要素价格均等化学说是在比较利益论的基础上的一大进步，有其合理的成分和可借鉴的意义。大卫·李嘉图、穆勒和马歇尔都假设两国交换是物物交换，国际贸易起因于劳动生产率的差异，而赫克歇尔、俄林是用等量产品不同货币价格（成本）比较两国不同的商品价格比例，两国的交换是货币交换，两国的劳动生产率是相同的，用生产要素禀赋的差异寻求解释国际贸易产生的原因和国际贸易商品结构以及国际贸易对要素价格的影响，研究更深入、更全面了，认识到了生产要素及其组合在各国进出口贸易中居于重要地位。他们研究所得出的结论有一定的实用价值，例如，关于国家间商品相对价格的差异是国际贸易的直接原因；一国某种生产要素丰富，要素价格低廉，出口该要素密集型产品具有比较优势，某种生产要素稀缺，要素价格昂贵，进口该要素密集型产品对本国有利，这些观点或结论既有理论意义，也有政策意义。

但是，赫克歇尔、俄林、萨缪尔森的理论有明显的局限性。要素禀赋论和要素价格均等化学说所依据的一系列假设条件都是静态的，忽略了国际国内经济因素的动态变化，难免使理论存在缺陷。就技术而言，现实是技术不断进步，而进步能使老产品的成本降低，也能产生新产品，因而会改变一国的比较利益格局，使比较优势产品升级换代，扩大贸易的基础。拿生产要素来说，远非同质，新旧机器总归有别，熟练工人与非熟练工人也不能相提并论。再看同种要素在不同国家的价格，全然不是要素价格均等化学说所指出的那样会随着商品价格均等而渐趋均等，发达国家与发展中国家工人工资的悬殊、利率的差距，足以说明现实世界中要素价格无法均等。

资料卡

保罗·萨缪尔森（Paul A. Samuelson，1915—2009）是第一位获得诺贝尔经济学奖的美国经济学家。1935 年毕业于芝加哥大学，随后获得哈佛大学的硕士学位和博士学位。1948 年，萨缪尔森发表了他最有影响力的巨著《经济学》。现在，许多国家的高等学校将《经济学》作为专业教科书。萨缪尔森于 1947 年成为约翰·贝茨·克拉克奖的首位获得者，并于 1970 年获得诺贝尔经济学奖。

保罗·萨缪尔森发展了数理和动态经济理论，将经济科学提高到新的水平，他是当今世界经济学界的巨匠之一。他所研究的内容十分广泛，涉及经济学的各个领域，是世界上罕见的多能学者。

在美国经济由中盛走向极盛、再走向衰落的时代背景下，1941 年萨缪尔森与斯托尔珀（W. F. Stolper）合著并发表了《实际工资和保护主义》一文，提出了生产要素价格日趋均等化的观点。在 1948 年前后发表的《国际贸易和要素价格均衡》、《国际要素价格均衡》及《论国际要素价格的均衡》等文中对上述观点作了进一步的论证，建立了要素价格均等化学说，发展了要素禀赋论。

3.2.2　里昂惕夫之谜

里昂惕夫之谜对原有国际分工和贸易理论提出了严峻的挑战，引发了对国际贸易主流思想的反思，推动了二战后新的国际贸易理论的诞生。

1. 里昂惕夫与里昂惕夫之谜

里昂惕夫（Wassily W. Leontief，1906—1999）是美国当代著名的经济学家，投入—产出经济学的创始人，第四届诺贝尔经济学奖获得者。他祖籍俄国，1925 年毕业于列宁格勒大学，获文学硕士学位。后入柏林大学深造，于 1928 年获哲学博士学位。他曾任哈佛大学讲师、助理教授、副教授、教授和纽约大学教授。担任过美国劳工部、商务部等机构和联合国秘书长顾问，还曾任美国经济计量学会会长和经济学协会会长等职。其代表作为《投入产出经济学》（1966 年），该书收录了他从 1947 年至 1965 年公开发表的 11 篇论文，其中有两篇主要是研究国际贸易的，即《国内生产与对外贸易：美国地位的再审查》（1952 年）和《要素比例和美国的贸易结构：进一步的理论和经济分析》（1956 年）。

二战后，在第三次科技革命的推动下，世界经济迅速发展，国际分工和国际贸易随之迅猛发展，贸易商品结构和地区分布发生了很大变化，传统的国际贸易理论显得越来越脱离实际，于是，引起经济学家们对包括要素禀赋论在内的已有学说的怀疑，并促成他们对一些理论模式的检验。1953年开始，里昂惕夫挑起了经济学界针对赫克歇尔—俄林模式展开的大论战。通过检验，里昂惕夫提出了要素禀赋论的反论——里昂惕夫之谜。

赫克歇尔—俄林的要素禀赋论认为，一国出口的是密集使用本国丰富要素生产的产品，进口的是密集使用稀缺要素生产的产品。美国是一个资本丰富而劳动力稀缺的国家，按照要素禀赋论，美国应出口资本密集型产品，进口劳动密集型产品。为了检验要素禀赋论，1953年，里昂惕夫用投入产出分析法对1947年美国200个行业进行了分析，把生产要素分为资本和劳动两种，然后选出具有代表性的一揽子出口品和一揽子进口替代品，计算出每百万美元的出口品和每百万美元进口替代品所需要的国内资本和劳动力及其比例，如表3-4所示。

表3-4　美国每百万美元的出口品和进口替代品对国内资本和劳动力的需求额（1947年）

	出口品	进口替代品
资本 K（美元）	2 550 780	3 091 339
劳动力 L（人/年）	182.313	170.004
资本/劳动力（K/L）	13 911	1 8184

资料来源：里昂惕夫《投入产出经济学》，商务印书馆，1980年，P113。

里昂惕夫研究发现，美国进口替代品的资本密集程度反而高于出口品的资本密集程度（约高出30%），因而得出与要素禀赋论相反的结论："美国参加国际分工是建立在劳动密集型生产专业化的基础上，而不是建立在资本密集型生产专业化基础上的。换言之，这个国家是利用对外贸易来节约资本和安排剩余劳动力，而不是相反。"里昂惕夫的惊人发现引起了经济学界的极大关注，被称为里昂惕夫之谜（the Leontief Paradox）。里昂惕夫1956年又利用投入产出法对美国1951年的贸易结构进行第二次检验，检验结果与第一次是一致的，"谜"仍然存在。

2. 对要素禀赋论的检验

里昂惕夫之谜引起了其他经济学家对其他国家的贸易格局的类似研究，以检验要素禀赋论。例如，日本两位经济学家建元正弘（M. Tatemoto）和市村真一（S. Ichimura）1959年使用了与里昂惕夫相类似的研究方法对日本的贸易结构进行分析发现，从整体上看，日本这个劳动力丰裕的国家，输出的主要是资本密集型产品，输入的则是劳动密集型产品。但从双边贸易看，日本向美国出口的是劳动密集型产品，从美国进口的是资本密集型产品；日本出口到不发达国家的则是资本密集型产品。之所以出现这种情况，建元和市村认为，是因为日本的资本和劳动的供给比例介于发达国家与不发达国家之间，日本与前者贸易在劳动密集型产品上占有相对优势，而与后者的贸易则在资本密集型产品上占有相对优势。因此，就日本的全部对外贸易而言，建元和市村的结论支持里昂惕夫之谜，但在双边贸易上，他们的结论则支持了要素禀赋论。

原民主德国的两位经济学家斯托尔珀（W. Stolper）和劳斯坎普（K. Roskamp）对原

民主德国的贸易的研究表明，该国出口品相对于进口品是资本密集型的，由于原民主德国大约 3/4 的贸易是与东欧其他国家进行的，而这些国家相对于原民主德国而言是资本贫乏的国家，所以斯托尔珀和劳斯坎普的结论与要素禀赋论是一致的。

1961 年，加拿大经济学家沃尔（D. F. Wahl）分析了加拿大与美国的贸易，发现加拿大出口品为相对资本密集型，因为加拿大的大部分贸易是与美国进行的，而相对于加拿大而言，美国是个资本丰富的国家，所得结论与里昂惕夫之谜一致，而与要素禀赋论相悖。

1962 年，印度经济学家巴哈德瓦奇（R. Bharadwaj）对印度的贸易结构分析表明，它与美国的贸易中，向美国出口的是资本密集型产品，而进口的是劳动密集型产品，这使人迷惑不解。但印度与其他国家的贸易，又是出口劳动密集型产品，进口资本密集型产品，与要素禀赋论一致，“谜”并不存在。

许许多多的检验结果，既未肯定地证实要素禀赋论，亦未否定要素禀赋论。

3. 对里昂惕夫之谜的不同解释

里昂惕夫反论提出之后，人们在运用反论所提供的方法验证具体国家对外贸易状况的同时，对反论本身进行了理论说明，并在此基础上形成了若干种具有一定影响力的理论学说。

（1）里昂惕夫对于反论的解释。里昂惕夫在 1956 年的一篇论文中，对于自己做出的“反论”给予了理论说明。他认为美国对外贸易结构出现出口劳动密集型产品、进口资本密集型产品的原因，在于美国工人具有比其他国家工人更熟练的技术和更高的劳动生产率。按照他的解释，美国工人的劳动生产率大约是其他具有相同机器设备国家工人的 3 倍。这样，如果劳动按照其他国家的水平来衡量的话，美国的劳动是倍加的劳动（美国劳动量乘以 3），美国自然是一个劳动相对丰富、资本相对稀缺的国家，因此它的贸易格局必然是以劳动密集型产品换取资本密集型产品。

在他的理论说明中，实际提出了劳动力非同质的结论，即复杂劳动是简单劳动的倍加，从而指出了赫—俄模型前提中的缺陷。里昂惕夫同时对美国工人的高劳动生产率也进行了分析，认为美国工人的高熟练程度和高劳动生产率来源于美国企业的高管理水平、较高的教育程度与职业培训水平，也来源于美国工人较强的进取精神。

（2）要素密集度逆转。要素密集度逆转是指生产的某种商品，在劳动力相对丰富的国家中属于劳动密集型产品，但在资本相对丰富的国家中则属于资本密集型产品。例如，同样是小麦生产或大豆生产，在美国更多地使用化肥、农药、农业机械、烘干设备，是资本密集的生产过程，因而小麦、大豆就可能是资本密集型产品；但在多数发展中国家，其生产过程主要是靠人力耕作、除草、施肥、脱粒、晾晒，是典型的劳动密集的生产过程，因而小麦、大豆就是劳动密集型产品。在这种情况下，同样一种产品属资本密集型还是劳动密集型，没有一个绝对的标准或界限。在美国国外属于劳动密集型的产品，在美国国内就可能是用资本密集方式生产出来的。

要素密集度逆转的说法在理论上简单明了，但人们用实证的办法进行检验认为，这种说法在现实经济生活中并不是普遍现象，只能在特定的条件和环境下解释里昂惕夫反论。

(3) 资本密集型的需求偏好。这一观点认为，在现实的国际贸易中，偏好与需求的差异也能够成为产生国际贸易的原因。我们在过去的分析中曾指出，比较利益决定着贸易的供给方面，因而决定了贸易的格局。但是如果需求差异的影响能够超过供给方面所决定的原有贸易格局，就会从需求方面决定一个新的贸易结构。从这种解释出发，美国贸易结构中出现的反论，是由于在美国市场上消费者对资本密集型产品的需求过于偏好，这样美国就不得不改变原有的贸易结构，进口更多的资本密集型产品，出口更多的劳动密集型产品。这种说法并未得到学者们的认同，他们并不认为美国市场对资本密集型产品有特殊的偏好，实际的需求也不足以改变美国的对外贸易结构，因此认为这种说法不具有普遍的说服力。

(4) 关税结构。美国经济学家鲍德温（R. E. Baldwin）提出了用美国关税结构解释里昂惕夫反论的观点。在里昂惕夫的实证研究中，引用的统计资料并没有考虑和剔除美国关税的倾向及其他贸易限制的影响。在现实中，美国的关税政策和其他贸易限制总是倾向于保护国内的劳动密集型产业，反对劳动密集型产品的进口，这样就会人为地阻碍劳动密集型产品进口，从而使劳动密集型产品在进口份额中的比重下降，反衬出资本密集型产品比重的上升，同时为保护本国劳动密集型产业，美国的贸易政策也倾向于促进劳动密集型产品的出口，因而使劳动密集型产品的出口数量和比重都有所增长。根据鲍德温的计算，如果剔除美国进口限制的因素，则 1947 年进口产品中的资本—劳动比比里昂惕夫计算的比率低 5%。鲍德温的研究结果对里昂惕夫反论做出了部分解释。

(5) 自然资源稀缺。美国学者凡涅克（J. Vanek）通过研究，在 1959 年的一篇论文中，提出了以自然资源的稀缺解释里昂惕夫反论的观点。凡涅克认为，里昂惕夫在进行研究时，仅局限于分析劳动与资本两种投入，没有考虑到自然资源要素的投入。如果美国对于某些自然资源在很大程度上要依靠进口来满足需求，而这些资源的开发或提炼，在美国是耗费大量投资的，即属于高资本投入的产品，则美国进口替代产品中的资本密集度必然上升，就会出现里昂惕夫反论指出的现象。

里昂惕夫本人是同意凡涅克的观点的，在计算美国 1951 年出口与进口替代产品之间的资本—劳动比时，他指出，如果把自然资源产品从计算中剔除的话，则美国进口资本密集型产品而出口劳动密集型产品的反论现象就不复存在了。鲍德温对于凡涅克的观点也进行了验证，表明在美日、美欧之间的贸易不存在反论现象，而美加之间、美国与发展中国家之间的贸易存在着反论现象。美加之间、美国与发展中国家之间的贸易中，美国进口的自然资源比重较大，因而出现了反论现象。这说明美国在某些自然资源产品上是与资本之间有着密切关系的，进口自然资源比重加大，自然也就加大了资本密集型产品的进口。

尽管有以上若干解释，里昂惕夫反论依然是对赫—俄模型的一大挑战，它至少证明了简单化的、建立在若干严格假设基础上的学说，是很难对错综复杂的国际贸易现象作出科学分析与说明的。

4. 里昂惕夫之谜简评

里昂惕夫之谜是西方传统国际贸易理论发展的界碑，里昂惕夫对要素禀赋论的检验具有重大的理论意义，推动了战后国际贸易理论的新发展。他的投入—产出分析法对美国贸易结构的计算分析，开辟了用统计数据全面检验贸易理论的道路。

“谜”和“谜”的检验说明，要素禀赋论已不能对战后国际贸易的实际作出有力的解释，因为战后科学技术、熟练劳动力在生产中的作用日益加强，已构成一个非常重要的生产要素，而建立在庸俗学派要素理论基础上的要素禀赋论已脱离战后的经济现实。“谜”与要素禀赋论的矛盾是理论与实践的矛盾，“谜”的解释结合实际对要素禀赋论前提中的劳动同质（即劳动生产率相同）、两要素模型和完全竞争的假定进行了修正。

3.3　国际贸易新理论

第二次世界大战后，出现了人类历史上的第三次科学技术革命，它推动了世界经济的发展，同时也对世界贸易格局产生了革命性的影响。这次科技革命使世界贸易产生了飞跃性的发展，彻底改变了商品结构和地理方向，也使各个国家、国家集团间的贸易地位发生了根本性变化，这就要求人们对这些新现象给予理论上的说明，于是出现了一些有影响的学说，如新要素学说、产品生命周期理论等。

3.3.1　新要素学说

针对里昂惕夫之谜，西方经济学界的一些经济学家提出了许多解释，但另一些学者针对战后国际贸易的新情况、新特点，又提出了不少比较新颖的理论，直接修正和发展了H—O学说。其中一部分仍用生产要素差异来论述国际贸易，但同时扩大了要素的范围，赋予要素新的含义，由此产生了新要素学说。新要素学说认为对于劳动者的智力投资、培训、科技进步与创新、更多地获取商业情报及其他信息，都可以形成新的贸易上的相对优势，从而促进贸易的开展。

(1) 人力资本说。人力资本是资本与劳动力结合而形成的一种新的生产要素。人们通过对劳动力进行投资（如投资进行教育、卫生保健、职业培训等），可以使劳动力的素质得到极大的改善，劳动生产率获得提高，从而对一个国家参加国际分工的比较优势产生作用和影响。

西方学者认为人力资本的形成可以对里昂惕夫反论做出解释。美国经济学家舒尔茨（T. W. Schultz）和贝克（G. S. Becker）通过研究，分析了美国工人身上蕴含的大量资本的因素。美国的劳动密集并非一般的单纯劳动力密集，而是具有高效率、高技术熟练度的技术工人的密集，工人的高度熟练技术则来自对劳动力的高投资。因此，美国的劳动密集型产品与其他国家劳动密集型产品有着极大的区别。如果把投入到劳动力身上的投资（舒尔茨认为 1957 年这部分投资大约相当于有形资本的 2/3）加入到美国资本存量中去，美国出口产品的资本—劳动比可能得到提高，从而可以部分地说明反论，也可以表明通过人力资本的形成而出现的新的国际分工的比较优势。

人力资本说在解释国际分工产生的原因时，引进了一种新的生产要素，即在劳动力身上的资本投资，并从这一点出发否定了过去理论中劳动力具有同质特性的假设。同时这一学说也表明，一个国家要想在人力资本方面占有优势，就需要在教育、卫生保健、职业培训等方面进行投资，通过不断的积累，逐步形成本国新的比较优势。近年来人们的研究成果反映出这样的事实，在相对落后国家（发展中国家）中，人力投资的结构比投资总量更重要，为了尽快形成新的比较优势，这类国家应注重人力投资结构，投资重点下移，主要集中于普及教育、扫盲、职业培训及大众保健工作，这样才符合这类国家的国情，能够取得更好的投资效益。

（2）研究与开发说（R&D 说）。研究与开发说是由美国经济学家格鲁伯（W. H. Gruber）、麦赫塔（D. Mehta）和弗农（R. Vernon）三人于 1967 年提出的。这一学说的核心思想是，研究与开发也是一种生产要素，占有研究与开发的多寡可以改变一个国家在国际分工中的比较优势。三位学者对美国 19 个行业的情况进行了分类比较和研究，将这些企业的研究开发水平排序比较（这里的研究是指与新产品、新技术、新工艺紧密相关的基础与应用研究，开发是指新产品的设计开发与试制），考察了它们用于研究开发的费用占销售额的比重，以及科学家、工程师占行业职工的百分比。最后发现在 19 个行业中，从事研究开发最好的 5 个行业——运输业、电机业、仪器、化学（包括制药）、非电器机械，是美国制造业出口的核心与美国工业研究的重心，这 5 个行业的研究与开发费用约占全美国的 89.4%，这使得美国在第二次世界大战后的高技术含量产品的世界市场中，占有约 30%的市场。

三位学者还分析了研究与开发型产业的条件，认为丰富的资金、较为丰富的自然资源与高质量的劳动力是进行研究与开发的先决条件，国内对新产品有旺盛的需求，则是这种产业能够得以发展的基础。一国参与国际分工的比较优势发生变化，不是产生于扩大已有的经济规模，而是通过研究与开发投资取得的，因而研究与开发可以被认为是一种新的生产要素，这种生产要素的变化会产生出新的贸易比较利益。

（3）技术进展论。这种理论认为技术是过去对研究与开发进行投资的结果，也可以作为一个独立的生产要素。技术进展同人力资本、研究与开发等要素一样，也决定着一国生产要素禀赋状况及其在国际贸易中的比较利益。由于该理论是在 R&D 学说的基础上发展起来的，所以强调技术进展对国际贸易比较优势的决定作用，实际上也是强调研究与开发要素的作用。

在此基础上，有人进一步提出了技术差距论，认为由于各国技术投资和技术革新的进展不一致，因而存在着一定的技术差距。这样就使得技术资源相对丰裕或技术领先的国家，具有较强开发新产品和新工艺的能力，从而有可能暂时享有生产和出口某类高技术产品的比较优势。该理论补充了要素禀赋论，并根据创新活动的连续性使要素禀赋论动态化。

（4）信息贸易理论。信息是能够创造价值并进行交换的一种无形资源，是现代生产要素的组成部分。信息本身同时又是可以交换的商品，是一种软件要素，而且是一种无限的资源。占据信息意味着比较优势的改变，可以促进一国贸易格局的变化。目前该理论并不很完善，但它却代表着重要的发展方向。

3.3.2　需求相似理论

需求相似理论又称偏好相似理论（Preference Similarity Theory）或重叠需求理论（Overlapping Demand Theory），由瑞典经济学家斯戴芬·伯伦斯坦·林德（Staffan B. Linder）于 1961 年在其论文《论贸易和转变》中提出。

林德认为国际贸易是国内贸易的延伸，产品的出口结构、流向及贸易量的大小决定于本国的需求偏好，而一国的需求偏好又决定于该国的平均收入水平，主要有以下三个方面的原因。

（1）一种产品的国内需求是其能够出口的前提条件。换句话说，出口只是国内生产和销售的延伸，企业不可能去生产一个国内不存在扩大需求的产品。

（2）影响一国需求结构的最主要因素是平均收入水平。高收入国家对技术水平高、加工程度深、价值较大的高档商品的需求较大，而低收入国家则以满足基本生活需求的低档商品的消费为主。所以，收入水平可以作为衡量两国需求结构或偏好相似程度的指标。例如，高尔夫球在欧美是普及运动，但在发展中国家却不是代表性需求。

（3）如果两国有共同需求品质的情形，称之为存在重叠需求。两国消费偏好越相似，则其需求结构越接近，或者说需求结构重叠的部分越大。重叠需求是两国开展国际贸易的基础，品质处于这一范围的商品，两国均可进口和出口。

平均收入水平越高，对消费的质和量的需求就越高；平均收入水平越高，对先进的资本设备需要越高。因此，人均收入相同，需求偏好相似的两国之间贸易范围可能最大。但如果人均收入水平相差较大，需求偏好相异，两国贸易则会存在障碍。

若两国中的一国具有某种产品的比较优势，而另一国没有对这种商品的需求，则两国无从发生贸易。因此，各国应当出口那些拥有巨大国内市场的制成品，即大多数人需要的商品，一国在满足这样一个市场需求的过程中，可以从具有相似偏好和收入水平的国家获得出口该类商品所必需的经验和效率，具有相似偏好和收入水平的国家之间的贸易量是最大的。按照该理论，企业首先应选择国内市场巨大的产业进行出口贸易，同时最有可能发生在偏好相似的国家之间（往往是相邻国家市场），因此，国际化经营往往表现为渐进式。渐进式国际化经营的产业往往是国内外需求偏好相似的产业，根据林德的理论，国际贸易被视为国内贸易的延伸，因此产业一开始往往表现为国内经营，等国内市场饱和后或因偶然机会（被动地）才向外延伸到国际市场，根据需求偏好相似原则，首先选择的是相邻国家市场，而后才是全球市场。

林德还认为，一国将出口那些国内需求规模大，或如他所声称的“具有代表性的需求”的产品。按其所述，这种结果之所以会出现，是因为厂商往往对国内生意的机会更敏感；发明、创新也往往由国内市场没能解决的问题所激发；对新产品的不断改进也只有在为国内消费者接受的情况下才能带来显著的成本降低。

1. 需求相似理论的基本观点

重叠需求是国际贸易产生的一个独立条件，两国之间的需求结构越接近，则两国之间进行贸易的基础就越雄厚。当两国的人均收入水平越接近时，则重叠需求的范围也就越大，两国重复需要的商品都有可能成为贸易品。如果各国的国民收入不断提高，则由于收入水平的提高，新的重复需要的商品便不断地出现，贸易也相应地不断扩大，贸易中的新品种就会不断地出现。所以，收入水平相似的国家，互相间的贸易关系就可能很密切；反之，如果收入水平相差悬殊，则两国之间重复需要的商品就可能很少，贸易的密切程度也就很小。

2. 需求相似理论的假设条件

（1）需求结构不同的假设（或称消费者行为假设）。假设在一国之内，需求受消费者的收入水平决定。不同收入阶层的消费者偏好不同，收入越高的消费者越偏好奢侈品，收入越低的消费者越偏好必需品，但如果消费者收入水平相同，则其偏好也相同。一般情况下，一国对该国平均档次的商品的需求量最大，其成为代表性需求。

（2）两国需求重叠的假定。厂商根据消费者的收入水平与需求结构来决定其生产方向与内容，而生产的必要条件是对其产品有效需求的存在；如果两国的平均收入水平相近，则两国的需求结构也必定相似。反之，如果两国的收入水平相差很大，则两国的需求结构也必然存在显著的差异。

在此基础上，贸易按照以下流程进行。

一国人均收入水平提高，对工业制成品尤其是奢侈品的需求增加（恩格尔定律），带动本国工业制成品生产增加，结果使产量的增加超过了需求的增长，从而有能力出口。对于这类产品，只有收入水平相近的国家才会有较多的需求，因而出口对象是收入水平相近、需求相似的国家，这样就使得两国间贸易量增大。

资料卡

恩格尔定律（Engel's Law）是19世纪德国统计学家恩格尔根据统计资料，得出的对消费结构的变化规律，一个家庭收入越少，家庭收入中（或总支出中）用来购买食物的支出所占的比例就越大，随着家庭收入的增加，家庭收入中（或总支出中）用来购买食物的支出则会下降。推而广之，一个国家越穷，每个国民的平均收入中（或平均支出中）用于购买食物的支出所占比例就越大，随着国家越来越富裕，这个比例呈下降趋势。

如图3-4所示，A、B点是收入水平，OP是价格线，a、b是在A、B收入水平下消费的典型的加工深度，它们之间的交叉区域便是双方都消费的加工深度，也是贸易的基础。

图3-4说明在一定的国际价格水平下，收入相似的国家之间，由于需求发生重叠，易于产生贸易。

3. 需求相似理论的意义

需求相似理论表明，收入水平相近的国家之间存在产业内贸易的基础，这对于解释第二次世界大战以来迅速发展的发达国家之间的产业内贸易具有特别的意义。

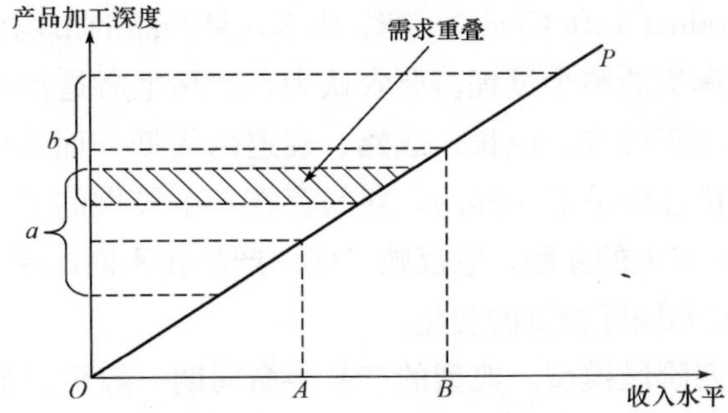

图 3-4 需求重叠产生的贸易利益

3.3.3 产品生命周期理论

产品生命周期理论是第二次世界大战后最有影响的国际贸易学说之一。它侧重从技术进步、技术创新、技术传播的角度，分析国际分工的基础。这一学说发展至今，与国际投资、技术转让结合在一起，不仅对于国际贸易，而且对于其他国际经济领域有着巨大影响。

1. 技术差距论

技术差距理论（Technological Gap Theory）又称技术差距模型（Technological Gap Model)，是把技术作为独立于劳动和资本的第三种生产要素，探讨技术差距或技术变动对国际贸易影响的理论。由于技术变动包含了时间因素，技术差距理论被看成是对 H—O 理论的动态扩展。

技术差距理论产生于 1961 年，代表人物为美国学者 M. V. 波斯纳（Michael V. Posner)。他在《国际贸易与技术变化》一文中提出了国际贸易的技术差距模型。该理论认为，技术实际上是一种生产要素，并且实际的科技水准一直在提高，但是在各个国家的发展水准不一样，这种技术上的差距可以使技术领先的国家具有技术上的比较优势，从而出口技术密集型产品。随着技术被进口国模仿，这种比较优势消失，由此引起的贸易也就结束了。

技术差距论认为，工业化国家之间的工业品贸易，有很大一部分实际上是以技术差距的存在为基础进行的。通过引入模仿时滞（Imitation Lag）的概念来解释国家之间发生贸易的可能性。在创新国（Innovation Country）和模仿国（Imitation Country）的两国模型中，创新国一种新产品成功后，在模仿国掌握这种技术之前具有技术领先优势，可以向模仿国出口这种技术领先的产品。随着专利权的转让、技术合作、对外投资或国际贸易的发展，创新国的领先技术流传到模仿国，模仿国开始利用自己的低劳动成本优势，自行生产这种商品并减少进口。创新国逐渐失去该产品的出口市场，因技术差距而产生的国际贸易量逐渐缩小，最终技术被模仿国掌握，技术差距消失，以技术差距为基础的贸易也随之消失。

2. 产品生命周期理论

产品生命周期理论是美国哈佛大学教授雷蒙德·弗农（Raymond Vernon）1966 年在其《产品周期中的国际投资与国际贸易》一文中首次提出的。

产品生命周期（Product Life Cycle）简称 PLC，是产品的市场寿命，即一种新产品从开始进入市场到被市场淘汰的整个过程。弗农认为，产品生命是指市场上的营销生命，产品和人的生命一样，要经历形成、成长、成熟、衰退的周期。而这个周期在不同技术水平的国家里，发生的时间和过程是不一样的，期间存在一个较大的差距和时差，正是这一时差，表现为不同国家在技术上的差距，它反映了同一产品在不同国家市场上的竞争地位的差异，从而决定了国际贸易和国际投资的变化。

（1）产品生命周期四阶段模型。典型的产品生命周期一般可以分成四个阶段，弗农根据美国的实际情况提出了产品生命周期四阶段模型，即介绍期（或引入期）、成长期、成熟期和衰退期。

第一阶段，美国因国内科技力量、工业基础、市场广大等优势生产出创新产品，并对该创新产品拥有垄断地位。

第二阶段，外国开始仿制该种新产品，因在劳动成本方面具有优势，仿制国使美国产品竞争力下降，出口出现相应萎缩。

第三阶段，外国厂商开始出口该产品，美国的垄断地位逐渐丧失，出口大幅度下降，外国产品在第三国市场取代了美国产品。

第四阶段，外国产品进入美国市场，美国进口该种“不再是创新”的产品，开始从出口国转变为进口国。

当四个阶段结束之后，该产品的生命周期在美国基本完结，但在仿制国中依然继续着，这时可能处于第二或第三阶段，此后另外的国家可能又开始新的仿制过程，使这种产品在另外的国家又开始了自己的生命周期。

（2）产品生命周期理论的意义。

①产品生命周期理论揭示了任何产品都和生物有机体一样，有一个诞生—成长—成熟—衰亡的过程，要不断创新，开发新产品。

②借助产品生命周期理论，可以分析判断产品处于生命周期的哪一阶段，并根据不同阶段的特点，采取相应的市场营销组合策略，增强企业竞争力，提高企业的经济效益。

3.3.4 产业内贸易理论

1. 产业内贸易理论的提出与假设

传统的国际贸易理论，主要是针对国与国、劳动生产率差别较大的和不同产业之间的贸易，尤其是资本密集型产业与劳动密集型产业产品之间，或初级产品与制成品之间的交换。但自 20 世纪 60 年代以来，随着科学技术的不断发展，国际贸易实践中出现了一种和传统贸易理论的结论相悖的新现象，即国际贸易大多发生在发达国家之间，而不是发达国家与发展中国家之间；而发达国家间的贸易，又出现了既进口又出口同类产品的现象。为了解释这种现象，国际经济学界产生了一种新的理论——产业内贸易理论。

产业内贸易即一个国家在一定时期内（一般为 1 年）既出口又进口同一种产品，同时同一种产品的中间产品（如零部件和元件）大量参加贸易。

产业内贸易理论的假设为：理论分析基本是从静态出发进行的；分析不以完全竞争市场，而以非完全竞争市场为前提（过去的贸易理论的前提大多为完全竞争市场）；经济中具有规模收益；在分析中要考虑需求不相同与相同的情况。从这些假设前提可以看出，产业内贸易理论的出发点与其他贸易理论是不同的。

2. 产品的同质性、异质性

为了说明产业内贸易理论，首先必须明确这里所说的产业的概念，生产投入要素相近，产品用途可以相互替代。在产业内贸易理论中，符合产业内贸易的商品被分为两类，同质产品与异质产品，或相同产品与差异产品。

同质产品或相同产品是指，产品间可以完全相互替代，即商品需求的交叉弹性极高，消费者对这类产品的消费偏好完全一样。这类商品一般情况下属于产业间贸易的对象，但由于市场区位不同、市场时间不同等，也在相同产品中进行贸易。

异质产品或差异产品是指，产品间不能完全替代（尚可替代），要素投入具有相似性，大多数产业内贸易的产品都属于这类产品。差异产品分成三种，即水平差异产品、技术差异产品和垂直差异产品。

3. 产业内贸易的成因

（1）产品的异质性。产品的异质性是产业内贸易的基础。作为产业内贸易主要对象的异质产品，主要有水平异质性、垂直异质性和技术异质性三种情形。产品的异质性满足了不同消费者的特殊偏好，并且成为产业内贸易存在与发展的客观条件。有的学者甚至认为，并不一定要有规模效益，只要产品存在着多样性，就足以引起产业内贸易。例如，美国和日本都生产小轿车，但日本轿车以轻巧、节能、价廉、质优为特色，而美国轿车则以豪华、耐用为特色。这样就引起双方对对方产品的需求，这种相互需求导致了国际贸易的发生。

（2）消费者的偏好。消费者的偏好是多种多样的，并且受到其收入水平的制约。消费者偏好的差别若从需求方面分析，同样可以分为垂直差别与水平差别。前者指消费者对同类产品中不同质量等级的选择；后者指对同一质量等级的同类产品在尺寸、款式、品种等方面的不同选择。因此，可选择的产品品种、规模、款式、等级越多，消费者需求的满足程度越高；消费者偏好的差异性越大，产业内贸易的可能性也越大。

（3）两国需求的重叠程度及经济发展水平。发达国家中有相当数量的中、低等收入者，与不发达国家高收入者的需求相互重叠。这种重叠需求使得两国之间具有差别的产品的相互出口成为可能。但究竟有多大可能性，还取决于其经济发展水平。经济发展水平是产业内贸易的重要制约因素。经济发展水平越高，产业内部分工就越精细，异质产品的生产规模也就越大，从而形成异质产品的供给市场；经济发展水平越高，人均国民收入就越高，国民购买能力也就越强。在国民购买能力达到较高水平时，消费需求便呈现出对异质产品的强烈需求，从而形成异质产品的消费市场。在两国之间收入水平趋于相等的过程中，两个国家之间的需求结构也趋于接近，最终导致产业内贸易的发生。

（4）追求规模经济效益的动机。同类产品因产品差别与消费者偏好的差异而相互出口，可以扩大生产规模进而扩大市场。这样，就使研制新产品的费用和设备投资分摊在更多的产品上，可以节约研发费用，进而降低单位产品成本。产业内贸易是以产业内的国际分工为前提的。产业内的国际专业化分工越精细、越多样化，不同国家的生产厂家就越有条件减少产品品种和产品规格型号，在生产上就越专业化。这种生产上的专业化不仅有助于企业采用更好的生产设备，提高生产效率，降低成本，而且有助于降低生产企业之间的市场竞争程度，有利于厂商扩大生产规模和市场规模，从而充分体现企业生产的内部规模经济效应。因为生产和市场的细分化虽然减少了国内消费者数量，但企业可以面对同类型的更大规模的国际消费者群体进行生产和销售，使从事国际生产和国际贸易的微观企业具有经济上的合理性和可行性。

此外，有些西方经济学家认为，关税同盟也是产业内贸易的重要影响因素。不过，关税同盟内的产业内贸易还和同盟内的贸易创造与贸易转移密切相关。如果贸易创造占主导地位，则产业内贸易比重较高；如果贸易转移占主导地位，则产业内贸易比重较低。不少经济学家还论及了贸易限制与产业内贸易的关系。他们认为，贸易限制同样会制约产业内贸易。某些情况下，产业内贸易所遇到的贸易限制的阻力要高于产业间贸易。发达国家之间的产业内贸易和这些国家之间较少的贸易壁垒密切相关，而发展中国家之间产业内贸易比重较低和这些国家之间存在的严重贸易壁垒存在联系。

产业内贸易理论是对传统贸易理论的批判，其假定更符合实际。如果产业内贸易的利益能够长期存在，则说明完全竞争的市场是不存在的，因为其他厂商自由进入这一具有利益的行业将受到限制。因而不属于完全竞争的市场，而是不完全竞争的市场。另外，产业内贸易理论不仅从供给方面进行了论述，更从需求角度进行了考察，这实际将李嘉图理论中贸易利益等于国家利益的隐含假设转化为供给者与需求者均可受益。这一理论还认为，规模经济是当代经济重要的内容，它是各国都在追求的利益，而且将规模经济的利益作为产业内贸易利益的来源，这样的分析较为贴近实际。

产业内贸易理论是对比较利益学说的补充，它揭示了李嘉图的比较利益学说和传统的赫—俄模型用于解释初级产品和标准化产品的合理性，但产业内贸易发生的原因应该从其他的角度予以说明。产业内贸易理论仍然是静态分析，但在政策上该理论赞同动态化的建议。

3.3.5 战略贸易政策理论

20 世纪 70 年代以后，发达国家的经济增长速度普遍放慢。在欧洲，失业率不断上升；在美国，由于工资水平上涨缓慢，导致实际购买力下降；在日本，经济增长也开始停滞与下降。发达国家为了改善其经济发展的现状，提出了一种新的要求国家干预、通过对某些所谓战略产业的扶持以刺激经济增长的理论观点，即战略贸易政策理论。其基本论点有“以补贴促进出口”、“以进口保护促进出口”、“战略支持产业的外部经济效应”等。总之，战略贸易政策理论的核心是政府通过干预对外贸易，扶持战略性产业的发展，是一国在不完全竞争和规模经济条件下获得资源次优配置的最佳选择。

该理论是各国在国际贸易中实行贸易干涉与干预的基础，一国可以通过各种政策（如税收、补贴、经济合作等）的干预，在对本国至关重要的生产领域中创造出比较优势，而这些生产领域具有很强的各种前后向的联系，不仅可以带动经济发展，而且具有广泛的外部经济效益。该理论与产业政策之间存在着密切的联系，目的是在不完全竞争市场中，通过贸易获取利益，促进经济的增长与发展。

战略贸易政策是指一国政策在不完全竞争和规模经济条件下，凭借生产、出口补贴或保护国内市场等措施和手段，扶持本国战略性产业的成长，获取规模经济效益，增强其在国际市场上的竞争能力，夺取他国的市场份额。

战略贸易政策的实行需要具备一定的前提条件，如不完全竞争和规模经济的存在、政府必须拥有充分的信息、获得战略支持产业的垄断地位和外部经济的存在、国内相应市场的潜力、贸易对手国不采取报复措施等。总之，战略贸易政策的实施有许多限制条件，有些条件是客观存在的，而有些条件不一定能够满足，因而战略贸易政策运用的现实性和有效性就要大打折扣。

该理论是建立在 20 世纪 80 年代发展起来的不完全竞争理论和规模经济理论的基础之上的，背离了自由贸易传统，通过论证不完全竞争和规模经济存在的条件下政策的直接干预可以转移他国利润以提高本国的福利水平，为国家进一步干预对外贸易活动提供了依据。战略贸易政策在实践中也确实可以起到扶持相应产业发展的作用，但其实施中是以他国利益的牺牲为代价的，因而势必会导致其他国家的报复，从而引发贸易保护主义的抬头，抵消战略产业扶持发展的效果。

3.3.6　管理贸易理论

管理贸易出现于 20 世纪 70 年代，盛行于 20 世纪 80 年代后期，介于自由贸易与保护贸易之间，属于有组织的自由贸易。它是以协调国家经济利益为重心，以政府干预贸易环境为主导，以磋商谈判为轴心，对本国进出口贸易和全球贸易关系进行全面干预、协调和管理的一种贸易制度，也就是政府控制和约束的贸易。

管理贸易在一定程度上遵循自由贸易原则，但同时也利用国内立法，或通过达成双边或多边国际协定，管理本国对外贸易和进行国际协调。所以，管理贸易既不同于自由贸易也不同于保护贸易。国家之间的贸易活动包含许多人为干预因素，在一定程度上限制了自由竞争；它还是在寻求整体利益平衡的前提下，在兼顾贸易伙伴经济利益的同时，追求本国利益的最大化，而不是只关心本国的经济利益。

管理贸易的理论基础主要是博弈论，各国实施管理贸易主要采取非关税措施，以不违背降低关税壁垒的自由贸易原则为前提，通过各种巧妙的办法限制进口。其主要特点是：通过立法形式，使管理贸易法律化、制度化；采用单边、双边和多边协调管理等方式解决有关国际贸易问题；通过区域性经济组织对地区贸易进行管理；管理贸易措施以非关税壁垒为主。

管理贸易是在战后贸易自由化大趋势下，面对新贸易保护主义的压力而出现的贸易体制。其目标是在自由贸易原则的基础下，协调相互之间的贸易关系，均分贸易利益，促进各方发展。作为一种新的贸易体制，它对世界经济贸易的发展将会产生巨大的影响。

资料卡

博弈论（Game Theory），有时也称为对策论，或者赛局理论，是研究具有斗争或竞争性质现象的理论和方法，它是应用数学的一个分支，也是运筹学的一个重要学科。目前在生物学、经济学、国际关系学、计算机科学、政治学、军事战略和其他很多学科都有广泛的应用。

博弈论思想古已有之，我国古代的《孙子兵法》就不仅是一部军事著作，而且算是最早的一部博弈论专著。博弈论最初主要研究象棋、桥牌、赌博中的胜负问题，人们对博弈局势的把握只停留在经验上，没有向理论化发展，正式发展成一门学科则是在20世纪初。

本章小结

国际贸易理论的发展大致经历了从古典国际贸易理论到现代国际贸易理论再到国际贸易新理论三个发展阶段。古典国际贸易理论和现代国际贸易理论以完全竞争市场等假设为前提，强调贸易的互利性，主要解释了产业间贸易。二战后，以全球贸易的新态势为契机，新贸易理论应运而生，从不完全竞争、规模经济、技术进步等角度解释了新的贸易现象。本章着重介绍了以自由贸易为主线的比较优势理论、H—O模型、新生产要素理论等。

思考与练习

一 单选题

1. 自由贸易这一思想首先是由（　　）提出来的。
   A. 英国的贵族地主阶级　　B. 美国新兴的工业资产阶级
   C. 德国新兴的工业资产阶级　　D. 英国的工业资产阶级
2. 日本生产电脑需8个劳动日，生产汽车需9个劳动日，印度生产电脑和汽车分别需要12个和10个劳动日，根据比较成本学说（　　）。
   A. 日本宜生产和出口汽车　　B. 日本宜生产和出口电脑
   C. 印度宜生产和出口电脑　　D. 日本宜生产和出口汽车和电脑
3. 一国拥有的劳动要素充裕，就应专门生产劳动密集型产品进行对外交换，这种说法来自（　　）。
   A. 亚当·斯密的绝对优势理论　　B. 李嘉图的比较优势理论
   C. 赫克歇尔—俄林的要素禀赋论　D. 凯恩斯的贸易差额说
4. 赫—俄—萨模型认为，国际贸易的结果将使各国之间要素价格的差别( )。

A. 扩大　　B. 不变

C. 消失　　D. 扩大、不变或消失

5. 亚当·斯密、大卫·李嘉图、赫克歇尔—俄林的学说都是主张( )。

A. 公平贸易　B. 自由贸易　C. 保护贸易　D. 管理贸易

三 思考题

1. 李嘉图"比较优势理论"的主要内容是什么?
2. 赫—俄学说的主要内容是什么?
3. 简述产业内贸易理论。

技能实训

登录海尔集团网站，了解海尔集团发展壮大的原因，分析国际分工发展的趋势。

案例讨论

解读美国贸易逆差

美国商务部10日公布的数据显示，2009年美国贸易逆差下降至3 807亿美元，比2008年减少45%，创8年来最低水平。不过，去年12月美国贸易逆差为402亿美元，为全年最高水平。这意味着随着经济的复苏，美国贸易逆差存在加大的趋势。

上届布什政府于2007年创下7 116亿美元的贸易逆差纪录，2008年逆差也高达6 959亿美元。金融危机爆发后，尤其是2008年9月以后，美国消费受到明显抑制，进口开始大幅减少。贸易逆差自2008年7月创下649亿美元的月度历史新高以后逐月回落。到2009年5月降至258亿美元的近年新低。

奥巴马政府上台后在减少贸易逆差方面竭尽所能，并把扭转逆差作为一项核心经济政策。白宫首席经济顾问萨默斯在去年8月曾提出转变美国经济发展模式的4个方向，其中首要一项就是要更多地依靠出口。1年来，美国积极推动与韩国、哥伦比亚、巴拿马等国的双边自由贸易协定，同时不时挥舞"保护主义大棒"以限制进口，此外，美元贬值也令美国商品更具有国际竞争力。

2009年，美国对最大贸易伙伴加拿大的贸易逆差下降74.2%，降至202亿美元；对欧盟贸易逆差下降36.8%，降至605亿美元；对中国贸易逆差总额为

2 268亿美元，下降15.4%，中国仍是美国最大的贸易逆差国。

今年1月27日奥巴马在国会发表的首次国情咨文当中，再度强调出口的重要性，并提出未来5年使美国出口翻倍的具体目标。2月4日，商务部长骆家辉提出落实奥巴马总统出口目标的一项重要措施——“全国出口计划”，帮助企业，特别是中小企业扩大出口。

奥巴马政府之所以大力推动出口，控制贸易逆差，一方面是因为认识到长期高额逆差对经济的危害与不可持续性；另一方面是要借本轮金融危机重塑美国产品的国际竞争力，达到创造就业的目的。奥巴马希望通过出口翻番新增200万个就业岗位，这一数字相当于奥巴马上任以来推行的经济刺激计划所创造的就业岗位总数。

奥巴马以出口带动就业的政策受到美国国内各界的普遍欢迎。华盛顿智库彼得森国际经济研究所所长伯格斯滕认为，这一政策对美国经济回归可持续增长轨道至关重要。不过，随着美国经济的复苏，贸易逆差却有增加的趋势。在经历了连续四个季度萎缩以后，2009年第三季度美国经济环比增长2.2%，第四季度经济增幅首次预估值为5.7%。2009年下半年，美国贸易逆差除8月和10月环比有所下降以外，其余4个月环比都为上升。这显示贸易逆差与经济增幅呈现同步趋势。经济学家认为，今年随着美国经济的复苏，贸易逆差还会上升。

（资料来源：新华网 http：//www.sina.com.cn，2010年02月11日）

思考与讨论：

1. 怎样看待美国的巨额贸易逆差？
2. 如何从比较优势理论角度来理解中美贸易？

第4章 国际市场与国际市场价格

学习目标

通过本章的学习，掌握国际市场的含义、主要特征及国际商品市场的交易形式；了解国际市场的形成与发展、国际市场价格形成的基础等内容。

案例导入

青岛啤酒的国际化

啤酒行业是中国开放程度较高的行业之一，20世纪80年代末90年代初以来，国外数十个著名啤酒品牌涌入中国，几十家5万吨以上的啤酒厂进行了合资，其产量占当时全国产量的31%。随着世界知名啤酒企业跻身于国内市场，中国国内啤酒行业的竞争加剧，生存空间被持续挤压，国内市场趋于饱和。近几年来，竞争格局又逐渐演变成青岛、燕京、华润“三强”鼎立的态势。尽管中国的啤酒消费量从2002年开始已经连续三年跃居世界首位，且每年的消费量都增加10%以上，但大而不强却仍然制约着中国啤酒业的大发展。

2006年11月1日，位于青岛港的1号码头锣鼓喧天，青岛啤酒集团在这里举行庆祝青岛啤酒出口海外市场的第1亿瓶啤酒装船仪式。截至2006年9月底，青岛啤酒的出口额比上一年同期增长12%。走在国内啤酒行业国际化前列的青岛啤酒，近几年来进行了多方面探索。

追根溯源，青岛啤酒由英德商人在1903年创办。90年后，青岛啤酒迎来了跨越式的发展。青岛啤酒股份有限公司于1993年成立并进入国际资本市场，公司股票分别在香港和上海上市，成为中国内地首家在两地同时上市的股份有限公司。1997年4月，青岛啤酒集团成立，并自此开始加快扩张步伐，相继并购近50家国内啤酒生产企业。2002年1月，青岛啤酒与全球最大的美国啤酒制造商安海斯—布希公司签订了《战略性投资协议》，向国际化迈出了一大步。

美国是世界上啤酒生产和消费最多的国家，在1987年，美国的啤酒产量就达2 293万升，比居于世界产量第二至第四位的西德、英国和日本的啤酒产量之和还要多。早在1978年，随着中美关系建交，青岛啤酒首次进入美国市场。青岛啤酒在1981年举办的“华盛顿国际啤酒会”和1985年华盛顿“亚洲国家啤酒评比会”上两度夺冠。1987年，在美国密西西比州杰克逊市举行的国际啤酒评比中，青岛啤酒第三次在美国名列榜首。自此，青岛啤酒在美国市场上有了一定的品牌影响力。在激烈竞争的美国市场，从1978年到1986年8年间，青岛啤酒销量从2万箱飞涨到100万箱，是其他进口啤酒增长率的6～7倍。从1987年到2002年，青岛啤酒在美国市场的中国啤酒品牌中销量占95%以上，在美国市场上的销量占亚洲12个出口国家出口量的25%，成为亚洲在美国最畅销的啤酒和美国售价最高的啤酒之一。

（资料来源：http：//www.sina.com.cn，2006年12月20日）

分析：在全球经济一体化进程不断加速发展的大背景下，中国企业实现国际化经营是一种必然的选择。随着中国融入国际市场程度的不断加深，中国经济在世界经济产业链中的角色、地位日益显著，中国企业到海外拓展市场并实现产业结构升级、提高在国际市场上的份额以及扩大投资已然到了刻不容缓之际。

4.1 国际市场

4.1.1 国际市场的含义

国际市场（International Markets）又称世界市场，是商品交换在空间范围上扩展的产物，它表明商品交换关系突破了一国的界限；是世界各国交换产品、服务、技术的场所，由世界范围内通过国际分工联系起来的各个国家内部以及各国之间的市场综合组成。

从空间上看，国际市场是一个地理的概念，是国际商品、劳务等交换的场所；从时间上看，国际市场是一个历史的概念，有其萌芽、形成和发展的过程。

4.1.2 国际市场的形成与发展

国际市场的形成与发展是和资本主义生产方式的产生与发展密切联系在一起的。国际市场是随着地理大发现而萌芽，随着第一次产业革命的完成而迅速发展，最后又随着第二次产业革命的进展而最终形成的。

1. 国际市场的萌芽时期（16世纪到18世纪中期）

15世纪末和16世纪初期的地理大发现对于资本主义生产方式的产生和确立起到了巨大的推动作用。在地理大发现的推动下，统一的国际市场开始萌芽，它伴随着工业革命迅速发展，在第二次产业革命的进程中，即在自由竞争的资本主义向垄断资本主义过渡时最终形成。

2. 国际市场的迅速发展时期（18世纪60年代到19世纪70年代）

在这个时期内发生了产业革命，资本主义生产方式成为占统治地位的生产方式，国际市场进入迅速发展的时期。

（1）大机器工业只有在经常扩大生产、不断夺取新市场的条件下才能存在。大机器工业的发展取决于市场的规模。资本家为了追求高额利润，经常要超越已有的市场范围，到国外去寻找新市场，不断夺取广泛的市场，为大工业开拓更广阔的领域。

（2）大机器工业需要扩大原料供应来源。为满足大机器工业的需要，资本家不得不在全世界范围内进行采购，这样就使得诸多农、矿原料生产国加入了世界市场，从数量、规模、地域和深度上推动了国际市场的发展。

（3）资本主义大机器工业的发展使工业和人口不断地向城市集中，形成许多大机器工业中心和大的食品销售市场。这些食品不但要从本国各地区运来，而且往往要源源不断地从世界市场上输入。

（4）资本主义大机器工业的发展和世界人口的移动，扩大了世界劳动力市场，也是扩大世界商品销售市场和原料食品来源的重要因素。

（5）大机器工业的发展促进了铁路、轮船、通讯事业的发展，为扩大各国国内市场和国际市场、加强国内和国际间的经常性的经济联系所需要的交通运输提供了物质技术基础。

3. 国际市场的形成时期（19 世纪 80 年代到 20 世纪初）

这个时期，垄断代替了竞争。发生了第二次产业革命，资本主义生产力得到飞跃性的发展，生产能力和生产规模不断提高，垄断资本财团实力增强，资本输出成为夺取世界市场的一个重要手段，而生产过程的向外转移是统一的国际市场最终形成的关键之一。科技革命使得劳动生产率提高的同时，也使人们的收入提高了。而汽车和其他耐用品的出现，推动着消费品市场的扩大和国际化。另外，第二次科技革命使交通运输工具、通信设施大大改进，运费大为降低，使得国家间的距离大为缩短，这使许多过去不可能进入国际交换领域的商品、劳务成了国际贸易的对象，极大地扩大了商品流通的范围，促进了统一的国际市场的最终形成。

总之，自由竞争资本主义向垄断资本主义的过渡，第二次科技革命所带来的巨大影响，为统一国际市场的最终形成带来了决定性的影响和推动。随着国际分工的进一步发展，国际市场最终形成。

4.1.3　国际市场的主要特征

1. 国际市场规模日益扩大，同时具有较大的波动性

二战以后半个多世纪以来国际市场发展的规模空前扩大。国际贸易额从 1950 年的 619 亿美元增长到 1996 年的 51 000 亿美元，增长了 81 倍。1999 年全球货物贸易额增加到 54 600亿美元，而战前从 1913 年到 1938 年世界贸易额不但没有增加，反而有所减少。同样，从贸易量来看，世界贸易的增长速度也大大超过战前。

总体上，国际市场的规模在日益扩大，但它的发展也不是一帆风顺的，而是与战后的科技发展和世界政治经济形势紧密相关的。战后第三次科技革命的深入、国际分工的深化、资本国际化进程的加快、交通通信工具的进步和各种新的贸易方式的出现都促进了世界市场的扩大。与此相反，世界性的经济危机、金融危机、能源危机的频繁爆发和世界性的政治事件和军事行动，例如1979年苏联出兵阿富汗，1990年伊拉克入侵科威特，20世纪90年代初苏联、东欧的剧变，1995年墨西哥的金融危机和1997年东南亚的金融危机，2001年的9.11恐怖袭击等都引起了世界市场的动荡，使世界市场发生波动与萎缩。

2. 国际市场全方位开放，同时集团化趋势强烈

国际市场全方位开放有三个特点。

（1）对世界上每一个国家都是开放的。二战前，世界市场的构成，包括的国家类型比较单一，少数西方工业发达国家在世界市场上占统治地位。二战后，世界形势发生了深刻的变化。亚、非、拉地区民族解放运动蓬勃发展，殖民体系瓦解了，为数众多的国家赢得了政治独立，有些国家走上了社会主义道路。这样，世界市场就变成了由工业发达国家、发展中国家和社会主义国家三种不同经济类型国家的对外贸易所构成。无论是美国这样的大国还是东帝汶这样的小国都可以加入到国际贸易中来。

（2）对于任何从事制造业、服务业或其他行业的企业都是开放的。在国际市场中微软、戴尔、海尔这样的企业巨人可以加入，千千万万的小企业、非洲等地区的手工作坊也可以在国际市场中找到自己的位置。

（3）对任何商品和劳务都一视同仁。美国的飞机、韩国的家用电器、日本的轿车、中国的纺织品在国际市场上都有自己的市场。在国际市场上，只有竞争才能决定某个国家、某个企业、某个商品是否获得入场券。

集团化趋势在世界市场中有两种表现：一是国家的集团化，如欧洲联盟、北美自由贸易区等；二是企业跨国结成集团的趋势。国家集团化的特点是内部实行贸易自由化，对外统一排斥、限制外国商品的进入，并与某些集团外的国家结成特殊伙伴关系。企业集团化的特点是交易市场内部化、技术转让内部化等。这种集团化使后来者被排斥于平等交易之外，在世界市场竞争中处于不利地位。

3. 国际市场垄断与竞争加剧

（1）国际市场向区域集团化方向发展，加强贸易集团对外竞争能力。二战后在世界范围内出现了一系列的经济贸易集团，在东欧有经济互助委员会，在西欧有欧盟和欧洲自由贸易联盟，在美洲有北美自由贸易区。在广大的发展中国家也出现了一系列经济贸易集团，主要有东南亚联盟、中非关税和经济同盟、中美洲共同市场、加勒比共同体、拉丁美洲一体化联盟、西非经济共同体等。这些经济贸易集团在世界市场的地位日益重要。欧洲共同体已于1992年建立统一大市场，实现共同体内部商品、劳务、资本和人员的自由流动，提高了西欧在世界市场上的竞争地位。北美自由贸易区协议于1994年1月1日起正式生效。面对欧洲统一大市场的建立及北美自由贸易区的形成，亚太地区于1989年组建了一个由12个国家参加的亚太地区经济合作组织（APEC）。1994年11月该组织在印度尼西亚雅加达召开第六届部长级会议，同时在茂物举行APEC第二届领导人非正式会议，发表了《茂物宣言》。宣言为APEC明确了合作方向，即实现本地区的贸易和投资自由化，并规定了时间表，发达成员不迟于 2010 年，发展中成员不迟于 2020 年实现贸易和投资自由化。到 1995 年 APEC 18 个成员的国民生产总值约占世界的 56%，贸易额约占世界的 46%。这种集团化使后来者被排斥于平等交易之外，在世界市场竞争中处于不利地位。

（2）跨国公司的活动加剧了国际市场的垄断与竞争。在经济贸易集团分割市场的情况下，主要资本主义国家尤其是美国，通过跨国公司进行大规模资本输出，绕过他国的关税和非关税壁垒，从内部控制市场。跨国公司利用其雄厚的资本、先进的科学技术、强大的科研和发展能力、遍及世界的推销网和信息网、高超的组织管理技能，通过横向和纵向垄断、限制性商业惯例、内部定价等办法进行竞争，使其在国际贸易中的垄断地位不断加强。

（3）从价格竞争转向非价格竞争。价格竞争是指企业通过降低产品的生产成本，以低于国际市场或别国同类产品的价格，在国外市场上打击和排挤竞争对手，扩大商品销路。非价格竞争是指企业通过提高产品的品质性能，改进产品的设计和包装装潢，更新花色品种，保证及时交货和做好售前与售后服务等办法来扩大商品的销路。

4. 国际市场具有较大盲目性，国际协调介入国际市场领域

国际市场是在资本主义制度下诞生和确立、发展起来的，在这种条件下，国际市场的运行基本上是建立在生产资料私人占有的基础上，资本主义经济规律仍然发挥主导作用，生产什么、生产多少、在哪个市场实现、价格的确定仍然是个别企业的个别行为。这种企业决策行为的分散化，使国际市场行为具有很大的盲目性，而各企业根据对市场所做的预测作出的一相情愿的计划，加剧了这种盲目性，使国际市场变得更加难以捉摸。

二战后发达国家中国家垄断资本主义的长足发展，使它们在对国内社会经济生活进行干预的同时，开始对自己的对外经济贸易关系进行调节。它们一方面以诸如一体化、多边协定、国际贸易组织、政府首脑定期会谈等形式为商品交换、资本和劳动力的流动创造较为有利的外部条件，同时又以国家的力量制定和执行限入奖出的各种政策措施。

资本主义国家政府为了维护垄断资本的利益，采取了一系列奖励出口和限制进口的措施。如通过资本输出、出口补贴、出口信贷、外汇倾销、商品倾销等措施来加强本国商品在世界市场上的竞争能力，并通过关税和非关税壁垒来限制外国商品的进口，增强本国产品的竞争能力等。

5. 国际市场存在着复杂性和风险性

国际市场由于上述特点以及各国语言、风俗、文化、宗教信仰、法律和贸易法规等不同，世界市场上贸易障碍多，交易技术困难多，交易接洽不方便，贸易对手资信调查不易，因此国际贸易在内容、程序等方面均比国内贸易复杂得多。货币与度量衡制度、商业习惯、海关制度，以及国际汇兑、货物运输与保险均比国内贸易复杂因此，经营国际贸易还可能发生种种风险，包括信用风险、商业风险、运输风险、汇兑风险、价格风险以及政治风险。

4.1.4 国际商品市场

国际商品市场是世界各国通过国际间的商品买卖而使各国国内市场相互联系起来的交换领域。以市场的组织特性为标准，国际商品市场可分为有固定组织形式的国际商品市场和无固定组织形式的国际商品市场。

1. 有固定组织形式的国际商品市场

有固定组织形式的国际商品市场是指在固定场所，按照事先规定好的原则、规章和程序进行商品交易活动的市场。这种市场主要包括商品交易所、国际拍卖、国际贸易博览会和展览会等。

（1）商品交易所。商品交易所是世界市场上进行大宗商品交易的一种典型的具有固定组织形式的市场。它与普通市场不同，其经营活动是根据交易所法和交易所规定的条例进行的。

商品交易所一般具有以下特点。

①必须在规定的时间和地点进行交易；

②必须通过交易所内特定的交易人员直接进行交易；

③通常是根据商品的品级标准或样品进行交易。成交后，无须交割实物，卖方只是把代表商品所有权的凭证转让给买方。

世界最早的交易所是1531年在比利时的安特卫普建立的。商品交易所主要设在发达国家的城市。交易所交易的商品主要是大宗初级产品，如谷物、棉花、食糖、油料、黄麻、橡胶、羊毛、茶叶、可可、咖啡、有色金属等。国际上有50多种农产品和原料是在交易所进行交易的，其成交额约占世界出口贸易额的15%～20%。世界上最大的商品交易所设在美国的纽约和英国的伦敦。世界性的大宗商品交易所，每天开市后第一笔交易的成交价格（所谓的开盘价格），最后一笔交易的成交价格（所谓的收盘价格），以及全天交易中的最高、最低价格，均被刊载于重要的报纸上，作为市场价格动态的重要资料。因此，世界性商品交易所价格即交易所牌价，一般被公认为是世界市场价格的重要参考数据。在交易所中进行商品买卖，必须严格遵守交易所的规章制度，其一般方法是在大厅里口头喊价公开交易。有资格进场做交易活动的，应是交易所的会员。会员除进行自己商品的交易外，往往还充当经纪人，替非会员进场交易，以获得佣金收入。

资料卡

19世纪以后，国际贸易的规模越来越大，商品交易所的数量也相应地不断增多，谷物、棉花、矿砂等大宗商品几乎都在商品交易所成交，同时，综合性的商品交易所不断向单一商品交易所转化，使之日趋专业化、正规化。1848年芝加哥出现了第一个谷物交易所，1862年伦敦成立了有色金属交易所，在新奥尔良成立了棉花交易所。同时，在殖民地的原料产地也出现了一些交易所，如加尔各答的黄麻交易所、新加坡的锡和橡胶交易所。在这些交易所中，样品或凭证签约的方式已代替了现场看货的传统方式。当时，伦敦、纽约、巴黎、苏黎世、法兰克福等地还出现了规模很大的证券交易中心。同时，保险公司、租船公司和转运公司等贸易服务组织也应运而生，大大促进了国际市场的发展进程。

在交易所中进行的商品买卖，基本可以分为实物和期货交易两种。实物交易可以是现货交易，也可以是未来交货。实物交易的特点是进行实际商品的买卖活动，合同的执行是以卖方交货、买方收货付款来进行的。期货交易绝大多数只是期货合同的倒手，因此人们又把这种交易称为纸合同交易。目前，交易所期货合同交易从性质上看主要有两类：一是投机，即买空卖空，从两次交易的价格差额中牟利；二是在期货市场上抛出或购进期货合同，以临时替代实际货物的交易，转移价格变动的风险，这就是套期保值，又叫“海琴”交易（Hedging）。目前，商品交易所进行的交易中约 80%是期货交易。

（2）国际拍卖。它是一种在规定的时间和场所，按照一定的规章和程序，通过公开叫价竞购，把事先经买主看过的货物逐批或逐件地卖给出价最高者的交易过程。以拍卖方式进入世界市场的商品，大多数为品质不易标准化、易腐烂不耐贮存、生产厂家众多、产地分散或需要经过较多环节才能逐渐集中到中心市场上进行交易的商品，如羊毛、鬃毛、毛皮、茶叶、烟草、蔬菜、水果、鱼类、工艺品、地毯、石油、黄金等，一些外国政府在处理库存物资或海关及其他机构处理罚款没收的货物时，也常采用这种交易方式。在实际交易中，拍卖具有以下特点。

①在拍卖中，买卖双方并不直接洽商，而是通过专营拍卖业务的拍卖行来进行。拍卖行设有专门的拍卖场所、人员和设备。

②拍卖是一种单批、实物的现货交易，具有当场公开竞购、一次确定成交的性质。拍卖物须事先运至拍卖地，并由参加竞购者验看，拍卖后卖方或拍卖举办人对货物的品质一般不负赔偿责任。

（3）国际贸易博览会、展览会。

①国际贸易博览会（International Fair），又称国际集市，是开展国际贸易和经济交流的重要场所，是指在一定的地点定期举办的有众多国家、厂商参加的展销结合的国际市场。它是由区域性的集市发展演变而成的一种定期定点的展销市场。举办博览会的目的是使参加者展示科技成就、商品样品，以便进行宣传，发展业务联系，促成贸易。

国际博览会可分为综合性和专业性两种类型。凡各种商品均可参加展出和交易的博览会属于综合性的，又称“水平型博览会”，比较著名的有智利的圣地亚哥和叙利亚的大马士革的国际博览会，其展出期限长，展出规模大，而且对普通公众开放，当地人习称为庙会。凡只限某类专业性商品参加展览和交易的博览会属于专业性的，又称“垂直型博览会”，比较著名的有纽伦堡的玩具博览会、慕尼黑的体育用品博览会以及法兰克福的消费品博览会等。

中国曾多次参加各国举办的国际博览会，并于 1985 年 1 月在北京建成了自己的博览会——中国国际展览中心。同年 11 月，中国第一次作为东道主举办了亚洲及太平洋地区第四届国际贸易博览会，揭开了在此举办大型国际性博览会和展览会的序幕。近年来频繁开展的在华和出国展览，为加强中国与世界各国的贸易联系与经济交往发挥了重要作用。

②展览会。展览会一般是不定期举办的，它与博览会的区别在于只展不销，通过展览会促成会后的交易。

资料卡

中国进出口商品交易会

中国进出口商品交易会又称广交会，创办于1957年春，每年春秋两季在广州举办，迄今已有五十多年历史，是目前中国历史最久、层次最高、规模最大、商品种类最全、国别地区最广、到会客商最多、成交效果最好、信誉最佳的综合性国际贸易盛会。广交会贸易方式灵活多样，除传统的看样成交外，还举办网上交易会。广交会以出口贸易为主，也做进口生意，还可以开展多种形式的经济技术合作与交流，以及商检、保险、运输、广告、咨询等业务活动。来自世界各地的客商云集广州，互通商情，增进友谊。

2. 无固定组织形式的国际商品市场

除了有固定组织形式的国际商品市场外，通过其他方式进行的国际商品交易，都可以纳入无固定组织形式的国际商品市场。这种市场大致可以分为两类：一类是单纯的商品购销形式；一类是与其他因素结合的商品购销形式，如三来一补、投标招标、易货贸易、租赁贸易等。

（1）单纯的商品购销形式。单纯的商品购销形式是指交易双方不通过固定市场而进行的商品买卖活动。它是通过单次洽商而进行的。这种方式的一般原则为，买卖双方自由选择成交对象，对商品的品质、规格、数量、价格、支付、商检、装运、保险、索赔、仲裁等方面都要进行谈判，在相互意见一致的基础上签订合同成交。单纯的商品购销形式是世界上最基本、最普遍的国际商品交换方式。

（2）补偿贸易。补偿贸易买方以信贷的形式从卖方购进机器设备、技术工艺、专利、技术秘密、中间产品等，进行生产后，在约定的期限内，以所生产的商品或其他劳务支付贷款的贸易。这种方式是贸易与信贷相结合的商品购销。补偿贸易方式的主要优点是能够利用外国的资金和设备，引进一些适宜的先进技术，一定程度上可以通过对方的销售渠道使本国产品进入国际市场。另外，由于是以销定产，所以有利于企业内部机制的转换，更好地适应国际市场竞争。

（3）加工贸易。加工贸易是一种加工再出口业务。它把加工和扩大出口、收取加工费收入结合起来。目前的主要做法有以下几种。

①来料加工。是指加工一方按照对方的要求，把对方提供的原辅料加工成制成品交与对方以收取加工费。

②来样加工。是指对方只提出各方面要求并提供样品，加工方全部采用国产原辅料加工，成品交对方。

③来件装配。是指对方提供零部件或元器件，加工方进行装配并将成品交与对方。

④进料加工，又称为以进养出。是指加工方自己进口原辅料进行加工，成品销往国外。

(4) 租赁。租赁是指出租人在一定期限内将商品使用权出让给承租人，并收取租金的一种贸易形式。租赁的商品主要有成套设备、大型计算机、飞机、轮船等。一般分为短期租赁（1 年以内）、中期租赁（1～3 年）、长期租赁（3 年以上），目前长期租赁业务占有较大的比重。在发达国家，租赁业务大多是由商业银行、保险公司等大公司操作。

租赁与其他贸易方式相比，有以下特点。

①由于出租人始终对商品保有所有权，承租人只享有占有权和使用权，故出租人大多负担维修、保养工作。

②承租人租入设备使用，可以免除因设备更新快而出现的无形磨损，尤其可以满足一时即季节性的需要。

③承租人的租金可以纳入营业费用，这样可以减少企业的纳税额。

④承租人一般保有留购权利。

4.2　国际市场价格

4.2.1　国际价值

国际价值是世界市场范围内的市场价值，它是随着世界市场的形成而形成的。

1. 国际价值的决定

商品的国际价值是在国别价值的基础上形成的，商品的国际价值和国别价值作为一般人类劳动凝结物，在本质上是完全相同的，而在量上则是不同的。国别价值量是由该国生产该商品的社会必要劳动时间所决定的。社会必要劳动时间是在现有的社会正常的生产条件下，在社会平均的劳动熟练程度和劳动强度下制造某种使用价值所需要的劳动时间。即国际价值不是取决于各国的社会必要劳动时间，或国民平均劳动时间，而是取决于“世界劳动的平均单位”。这个劳动的平均单位，就是在世界的平均技术条件下，在各国劳动者的平均劳动强度下，生产某种商品时所需要的国际社会必要劳动时间。二者在表现形式上不同，商品的国别价值是以该国货币表示的，而在世界市场上，商品普遍地展开它们的价值，因此，商品的国际价值是直接以黄金表示的。

2. 影响国际价值量的主要因素

(1) 劳动生产率。国际价值量随国际社会必要劳动时间的变化而变动，因为商品的国际价值量是由生产这种商品的国际社会必要劳动时间决定的。国际社会必要劳动时间是随着世界各国的社会必要劳动时间变化而变化的，各国生产商品的社会必要劳动时间是随着劳动生产率的改变而改变的。劳动生产率越高，单位时间内生产的商品越多，则生产单位商品所需要的社会必要劳动时间越少，单位商品的价值量就越小。反之，劳动生产率越低，单位时间内生产的商品越少，则生产单位商品所需要的社会必要劳动时间就越多，单位商品的价值量就越大。因而，劳动生产率和劳动创造的价值成反比。

（2）劳动强度。国际价值量还受各国劳动强度的影响。劳动强度是指劳动的紧张程度，也就是同一时间内劳动力消耗的程度，单位时间消耗的劳动多，劳动强度就大，反之，则小。换句话说，劳动强度即劳动消耗量与价值量是成正比例关系的。

（3）贸易参加国的贸易量。国际社会必要劳动时间的形成与参加国际贸易国家的贸易量有密切关系。

①如果绝大多数国际贸易商品是在大致相同的正常的各个国家的社会必要劳动时间下生产出来的，则国际社会必要劳动时间就是该商品各个国家的社会必要劳动时间。在这种情况下，商品国别价值与国际价值基本上是一致的。

②假定国际市场上该商品的总量不变，然而在较坏条件下生产的商品的国别价值，不能由较好条件下生产的商品的国别价值来平衡，导致在比较坏的条件下生产的那部分商品，无论同中间生产条件生产的商品相比，还是同较好条件下生产的商品相比，都构成一个相当大的量，那么国际价值就由在较坏条件下生产而出口的大量商品来调节。

③假定在高于中等条件下生产的商品的出口量，大大超过在较坏条件下生产的商品的出口量，甚至同中等条件下生产的商品的出口量相比也构成一个相当大的量，那么国际价值就由在较好条件下生产的那部分商品来调节。

4.2.2 国际市场价格

国际市场价格亦称国际价格或世界市场价格，是指在一定条件下在世界市场上形成的市场价格。

1. 国际市场价格与国际价值

商品的国际价格是商品国际价值的货币表现，商品的国际价值是商品国际价格变动的基础和中心。

（1）国际生产价格是国际价值的转化形态。在资本主义世界市场上，国际商品的交换不是按照国际价值而是按照国际生产价格交换的。在资本主义生产方式建立以前，在国内商品交换中，商品是按照价值进行交换的，价值一直是价格运动的中心。随着资本主义的发展以及资本主义国内市场的形成，利润转化为平均利润，商品价值转化为生产价格。在以各国市场组成的世界市场上，随着商品国别价值向国际价值的转变，世界市场上的商品交换不是以国际价值而是以各国平均生产价格的国际生产价格进行交换的。商品的国际生产价格成为国际商品价格变动的基础和中心。

国际生产价格虽然是国际价值的转化形态，但从各个国家来看，决定生产价格变动的因素，同决定国际价值变动的因素并不完全相同。商品的国际价值取决于生产商品所消耗的国际社会必要劳动时间，而国际生产价格则取决于各国商品的生产成本和各国平均利润之和。

在各个国家中，商品的生产价格在以下情况下会发生量的变化。

①商品的国别价值不变，但平均利润率发生了变化；

②平均利润率不变，但生产商品的物化劳动或劳动发生了变化，也就是国别价值发生了变化；

③商品的国别价值和各国平均利润率同时发生了变化。

（2）国际市场价格围绕着国际生产价格上下波动。商品在国际市场上，按照国际生产价格出售不是对价值规律的否定，而只是价值规律起作用的形式发生了变化。国际生产价格的变动归根到底取决于国际商品价值的变动，而且两者的变动方向是一致的。如果生产商品所耗费的社会必要劳动时间减少，商品的国际价值降低，商品的国际生产价格也会随之降低。

2. 国际市场价格与供求关系

价值规律要求商品交换依照商品的价值来进行，但这不是说，在每一次商品交换时，国际市场价格都是与国际生产价格相一致的。这是因为，在国际市场上，竞争和生产的无政府状态规律在起作用，商品的供给和需求是经常不平衡的，因而使国际市场价格经常高于或低于国际生产价格。当商品供给超过需求时，国际市场价格会低于国际生产价格；反之，当商品的需求超过供给时，前者会高于后者。但是，价格本身的变动，又会反过来影响供给和需求的变化，使它们逐渐趋于平衡，从而使国际市场价格接近国际生产价格。当某种商品供不应求时会引起国际市场价格上涨，许多国家商品生产者为较高的利润所吸引，就会增加这一商品的生产，于是这一商品的供给逐渐增加，从而阻止国际市场价格的进一步上涨而转为下落。相反，当某种商品供过于求时，引起国际市场价格下落，许多国家的商品生产者因无利可图或利润较少，就会减少这一商品的生产，于是这一商品的供给逐渐减少，从而阻止国际市场价格的进一步下降并转为回升。

马克思指出："商品的价格是由什么决定的？它是由买主和卖主之间的竞争即供求关系决定的。"这种竞争包括三个方面，即卖主之间的竞争、买主之间的竞购、买主和卖主之间的竞争。各方面竞争的结果，使一切已知的同一种和品质相同的商品逐步取得同一的国际市场价格，使得国际市场价格接近国际生产成本。影响供求关系的主要因素有以下几个。

（1）垄断。垄断组织为了最大限度地夺取利润，采取各种办法控制世界市场价格。

①直接的方法：瓜分销售市场，规定国内市场的商品销售额，规定出口份额，减产；降低商品价格，使竞争者破产，然后夺取这些市场并规定这些商品的垄断价格；用夺取原料产地的方法垄断原料市场，开采原料并按垄断价格出售原料；获取国家订货，并按垄断价格出售这些订货；直接调整价格。

②间接的方法：限制商品生产量和出口量，限制开采矿产品和阻碍新工厂的建立；在市场上收买"过多"商品并出口"剩余"产品。

（2）经济周期。资本主义经济是有周期的，在危机期间，生产猛然下跌，价格下降，会带动国际市场价格的下降。危机过后，生产逐渐上升，对各种产品的需求增加，价格开始上升。当发生通货膨胀时，本国物价上涨，如其出口商品在世界市场占很大的份额，就会直接造成商品的国际市场价格的上涨。当然，各种商品价格的变化要视具体情况而定。

（3）政策措施。各国采取的价格政策、出口补贴政策、进出口管制政策、外汇政策、战略物资购买及抛售政策都会对世界市场价格产生影响。

（4）其他因素。商品的质量与包装，商品销售中的各种因素如付款条件的难易、运输交货的适时、销售季节的赶前与错后、是否为名牌、使用的货币、成交数量的多少、客户的偏好、地理位置的远近、广告宣传的效果、服务质量等，以及自然灾害、政治动乱、战争及投机等都会对国际市场价格产生影响。

3. 国际市场价格的种类

世界市场商品价格按形成原因、变化特征可以分为两种。

（1）世界自由市场价格。世界自由市场价格是指在国际间不受垄断组织或国家垄断力量干扰的条件下，有独立经营的买者和卖者之间进行交易的价格。国际供求关系是这种价格形成的客观基础。

自由市场是由较多的买主和卖主集中在固定的地点，按一定的规则，在规定的时间进行交易。尽管这种市场也会受到国际垄断和国家干预的影响，但是，由于商品价格在这里是通过买卖双方公开竞争而形成的，所以，它常常能较客观地反映商品供求关系的变化。联合国贸易与发展会议所发表的统计中，把美国谷物交易所的小麦价格、玉米（阿根廷）的英国到岸价格、大米（泰国）的曼谷离岸价格、咖啡的纽约港交货价格等 36 种初级产品的价格列为世界自由市场价格。

（2）世界封闭市场价格。封闭市场价格是买卖双方在一定的特殊关系下形成的价格，商品在国际间的供求关系一般不会对它产生实质性的影响。世界封闭市场价格一般包括以下几种。

①调拨价格。调拨价格又称转移价格，是跨国公司为了最大限度地减轻税赋、逃避东道国的外汇管制等，在母公司与子公司或其各子公司之间相互提供产品或劳务时所规定的价格。这种价格不是按照生产成本和正常的营业利润或国际市场价格水平来定价的，而是根据跨国公司全球性经营战略部署和子公司所在国的具体情况，人为地加以确定的。

②垄断价格。垄断价格是指国际垄断组织利用其经济力量和市场控制力量决定的价格。在世界市场上，垄断价格有两种：一种是卖方垄断价格；另一种是买方垄断价格。前者是高于商品国际价值的价格；后者是低于商品国际价值的价格。在两种垄断价格下均可取得超额垄断利润。由于垄断并不排除竞争，故垄断价格也有一个客观规定的界限。垄断价格的上限取决于世界市场对于国际垄断组织所销售的商品的需求量，下限取决于生产费用加国际垄断组织所在国的平均利润。

此外，在国际市场上，由于各国政府通过各种途径对价格进行干预，所以出现了国家垄断价格或管理价格。

③区域性经济贸易集团内的价格。第二次世界大战后成立了许多区域性的经济贸易集团，在这些经济贸易集团内部形成了区域性经济贸易集团内的价格，如欧洲经济共同体的共同农业政策中的共同价格。

④国际商品协定下的协定价格。商品协定通常采用最低价格和最高价格等办法来稳定商品价格。当有关商品价格降到最低价格以下时，就减少出口，或用缓冲基金收购商品；当商品价格超过最高价格时，则扩大出口或抛售缓冲存货。

4.2.3　国际市场上的交易方式

国际市场上的交易方式是指国际间商品流通的做法和渠道。国际贸易中涉及的商品林林总总，进行交易的方式也不拘一格，常用的是逐笔售定方式，即单边进口或单边出口方式，指买卖双方通过磋商订立合同，然后按合同的规定，卖方交货、买方收取货物并支付货款，一笔交易即告完成。随着国际经济贸易的发展，国际贸易方式日趋多样化，经销、代理、寄售、展卖、招标投标、拍卖、期货交易、对销贸易和电子商务等做法也日益普遍。

1. 经销和代理

(1) 经销。经销（Distribution）又称分销，即产品从生产厂家到消费者手中至少要有一家中间商介入。中间商从厂家购得货物，再利用其销售渠道分散销售给其他商家或消费者。经销是相对于直销而言的。在直销方式下，生产厂家或供货商将商品直接卖给消费者，而没有中间商的介入。这可以采取由厂家设立门市部、零售商店的方式，直接面对消费者；也可以采取邮购方式，如厂家在广播、电视、报刊或杂志上作广告，宣传自己的商品，消费者如有意购买，可打电话进行订购，再由厂家送货上门。另外，消费者与厂家或供货商利用互联网进行网上交易也发展得越来越快。经销是国际贸易中常见的一种出口推销方式。出口商为了将自己的商品销到国外市场可以采取多种方式，比如在国外设立分支机构，或与外商进行合资经营。另外，还可以选择一个或几个适当的客户，通过订立经销协议与该客户建立一种长期稳定的购销关系，利用国外经销商的销售渠道和促销手段来推销商品，以促进其产品的出口。

在国际贸易中，经销有各种不同的做法。按经销商权限的不同，经销方式可分为以下两种。

①独家经销。独家经销（Sole Distribution）亦称包销（Exclusive Sales），是指经销商在协议规定的期限和地域内，对指定的商品享有独家专营权的一种经销方式。采用独家经销方式时，在经销协议的期限内和指定的经销区域内，供货商只能指定一家经销商经营指定的商品。也就是说，这种经销商（包销商）享有排他性的经营权。

②一般经销。一般经销亦称定销。在这种方式下，根据经销协议的规定，经销商不享有独家专营权。也就是说，供货商可在经销协议的期限内，在同一经销区域内委派一个以上的经销商来经营同类商品。在这种经销方式下，经销商与国外供货商之间的关系同一般进口商和出口商之间的关系并无本质区别，即都是买卖关系。所不同的是，在经销方式下，经销商和供货商之间确立了相对长期和稳固的购销关系。而在一般的进出口贸易中，进口商和出口商之间往往是逐笔售定的关系。当一笔交易结束后，双方之间就不再存在法

律上的必然联系。

经销方式中供货人和经销人之间是一种买卖关系，但又与通常的单边逐笔售定的交易方式不同，当事人双方除签有买卖合同外，还须事先签定经销协议，确定对等的权利和义务。经销协议不论是独家的或是非独家的，其本身不是销售合同。在实际业务中当事人往往通过另行签订销售合同来具体规定双方的权利和义务。在一些经销协议中，明确规定了个别销售合同应受协议条款的约束，有的还规定供货商对经销商的订单可以接受也有权拒绝。这一条款的合理规定有利于避免不必要的纠纷。

(2) 代理。代理（Agency）是指出口人（委托人，Principal）给予国外客户在规定地区和一定期限内代销指定商品的权利的做法。

代理业务中的两个基本当事人——委托人和代理人之间存在着一种契约关系，但这种契约关系不是买卖关系，而是通过订立代理协议或合同所建立的委托代理关系。代理与经销虽有相似之处，但从契约的性质和当事人之间的关系来看，却存在着根本的区别。在经销方式下，经销人和供货人之间是买卖关系，经销人是以自己的名义购进货物，然后转卖出去，经销人要自筹资金、自担风险、自负盈亏。而在代理方式下，委托人和代理人之间是委托代理关系。在代理活动中，代理人在对外进行宣传、磋商、订约和履约时，通常是以委托人的名义进行的。代理人在代理权的范围内从事代理活动，其行为所产生的法律后果也由委托人来承担。但代理人的行为不能超过授权范围，在代理人没有得到委托人的授权为其签订合同时，买卖合同只能由委托人与客户订立，合同签订之后，代理人的义务即告完成。而在代理人得到授权可以代表委托人签订合同的情况下，只要代理人在与当地客户签约时公开了自己的代理身份，那么该合同所产生的权利和义务即对委托人发生效力。

在我国的对外经济贸易中，代理可从不同的角度进行分类。按外贸代理人职权范围的大小分为总代理（General Agent）、独家代理（Exclusive Agent）和一般代理（Agent）。

①总代理。总代理人是委托人在指定地区的全权代表，除了有权代表委托人从事代理协议规定的一般商务活动外，还有权在当地指派若干分代理人。分代理人与总代理人的业务关系，可以在代理合同中具体规定。一般来讲，总代理人有权分享分代理人的佣金。

②独家代理。独家代理是指代理人在约定的地区和一定期限内，单独代表委托人从事代理协议中规定的有关业务。委托人在该地区和协议期限内，不得再委派第二人代理同样的业务。在出口业务中，采用独家代理方式时，作为委托人的出口商给予国外代理人在规定地区和规定期限的独家专营权。委托人自己不能在该地区同第三人直接达成交易，只能委托独家代理人来完成。

③一般代理。与独家代理相比，一般代理不享有独家专营权，与总代理相比，一般代理无权设立分代理，不能分享分代理的佣金。在出口业务中，委托人可以在同一地区、相同的时间内委托几个一般代理为其服务，推销同类产品。在这种方式下，委托人自己直接同第三方达成交易时，也不必付给一般代理人佣金。

按照行业性质和代理的职责划分，代理可以分为销售代理（Selling Agent）、购货代理（Purchasing Agent）、运输代理（Shipping Agent、Freight Forwarder）、保险代理

（Insurance Agent）等。

无论何种代理，委托人和代理人均须订立代理协议，以确立委托人和代理人之间的权利和义务。协议的内容由双方当事人按照契约自由的原则，根据双方达成的一致意见加以规定。代理的种类不同，其协议的形式和内容也有区别。但通常应对代理的商品和区域、代理人的权利与义务、委托人的权利与义务、佣金的支付作出约定。

2. 寄售与展卖

（1）寄售。寄售（Consignment）是一种委托代售的贸易方式。其一般做法是，寄售人（卖方，Consignor）先将准备销售的货物运往国外寄售地，委托当地代销人（Consignee）按照寄售协议规定的条件代为销售后，再由代销人同货主结算货款。

寄售是按双方签订的协议进行的，寄售人和代销人之间不是买卖关系，而是委托与受托关系。代销人也是一个赚取佣金的受托人，其权利义务与代理人相似，但又有区别。最主要的区别是代理人在从事授权范围内的事务时，可以以委托人的名义，也可以以自己的名义，但代销人只能以自己的名义处理寄售合同中规定的事务，而且代销人同第三方从事的法律行为不能直接对寄售人发生效力。由此可见，寄售既不同于包销，又与一般的代理业务有区别。

寄售与正常的出口销售相比具有以下特点。

①寄售人与代销人是委托代售关系。代销人对于寄售的货物不享有所有权，他只能根据寄售人的指示代为处置货物，在货物售出前所有权仍属寄售人。

②正常出口是先成交，后发货；寄售是先发货，后成交。寄售是凭实物进行的现货交易，一般要等货到寄售地后再寻找买主。而买主看货成交，付款后即可提货，大大节省了交易时间，减少了风险和费用，为买主提供了便利。

③寄售方式下，代销人不承担销售的风险和费用，货物售出前的风险和相关费用，均应由寄售人承担。因此，寄售方式有利于调动那些有推销能力、经营作风好但资金不足的客户的积极性，使其乐于接受委托，替寄售人在当地推销商品。对寄售人来说，通过寄售可以与实际用户建立关系，扩大贸易渠道，便于了解和适应当地市场需要，不断改进商品的品质和包装。另外，寄售人还可根据市场供求情况，掌握有利的推销时机。

但对寄售人而言，寄售也存在缺点。

①承担的贸易风险大。寄售人要承担货物售出前的一切风险，包括运输途中和到达目的地后的货物损失和灭失的风险、货物价格下跌和不能售出的风险，以及代销人资信不佳而导致的损失。

②资金周转期长，收汇不是很安全。寄售方式下，货物售出前的一切费用开支均由委托人负担，而贷款要等货物售出后才能收回，不利于其资金周转。此外，一旦代销人违反协议，也会给寄售人带来意料不到的损失。

采用寄售方式时双方应签订寄售协议，包括协议性质，寄售地区，寄售商品的名称、规格、数量、作价方法，佣金的支付，货款的收付等。

寄售方式下，货款多数是在货物售出后收回。寄售人和代销人之间通常采用记账的方法，定期或不定期地结算，由代销人将货款汇给寄售人，或者由寄售人用托收方式向代销人收款。为了保证收汇的安全，在寄售协议中可加订保证收取货款的条款，也可在协议之外另订“保证收取货款条款”。佣金的计算较常见的是在货物售出后，代销人从所得贷款中直接扣除应得的佣金和代垫费用，然后将余款汇给寄售人。也有的是先由寄售人收取全部货款，再将计算出的佣金汇回。佣金多以汇付方式支付，但也有的采用托收方式支付代销人。

（2）展卖。展卖（Fairs and Sales）是利用展览会和博览会及其他交易会形式，对商品实行展销结合的一种贸易方式。这种方式把出口商品的展览和推销有机地结合起来，边展边销，以销为主，有利于宣传出口商品，扩大影响，招揽潜在买主，促进交易；有利于建立和发展客户关系，扩大销售地区和范围；有利于开展市场调研，听取消费者的意见，改进产品质量，增强出口竞争力。

展卖可以采取各种不同的方式。从展卖商品的所有方和客户的关系来看，展卖的做法主要有两种，一是将货物通过签约方式卖断给国外客户，双方是一种买卖关系，由客户在国外举办或参加展览会。货价有所优惠，贷款可在展览会后结算或定期结算。二是由双方合作，展卖时货物所有权不变，展品出售的价格由货主决定。国外客户承担运输、保险、劳务及其他费用，货物出售后收取一定手续费作为补偿。展卖结束后，未售出的货物可以折价卖给合作的客户，或运往其他地方进行另一次展卖。

展卖是一种将产品宣传、推销和市场调研结合起来的贸易方式。它所带来的经济效益，不能单纯地从一次展卖会的销售额来衡量。经验证明，一次成功的展卖会后，由于建立了广泛的客户联系，往往会给参展者带来数量可观的订单。

3. 招标与投标

招标与投标是一种贸易方式的两个方面。招标（Invitation to Tender）是指招标人（买方）发出招标通知，说明拟采购的商品名称、规格、数量及其他条件，邀请投标人（卖方）在规定的时间、地点按照一定的程序进行投标的行为。投标（Submission of Tender）是指投标人（卖方）应招标人的邀请，按照招标的要求和条件，在规定的时间内向招标人递价以争取中标的行为。招标与投标是国际上广泛采用的传统的贸易方式，它既适用于国际工程承包，也适用于大宗物资的采购业务。

（1）招标与投标方式的特点。与其他贸易方式相比，招标与投标具有明显的特点，表现在以下几个方面。

①招标方式下，投标人按照招标人规定的时间、地点和条件进行报盘。这种报盘是对投标人有约束力的法律行为，一旦投标人违约，招标人可要求得到补偿。

②招标与投标属于竞卖方式，即一个买方面对多个卖方。卖方之间的竞争使买方在价格及其他条件上有较多的比较和选择，从而在一定程度上保证了采购商品的最佳质量。

国际金融组织和世界银行提供贷款，以及一些政府贷款项目，通常都规定借款方必须采用招标方式采购物资或开展工程承包，以便更有效地利用其贷款。

（2）招标与投标的基本做法。商品采购中的招标与投标业务基本上包括四个步骤：招标、投标、开标评标、签订合约。

①招标。通行的招标方式包括国际竞争性招标、谈判招标和两段招标。

国际竞争性招标有公开招标和非公开招标两种。公开招标是指招标人在国内外报纸杂志上发布招标通告，使所有合法的投标者都有机会参与竞争，这种做法又称为无限竞争性招标。公开招标通常要先进行资格预审，即对打算参加投标的企业的能力、资金和信誉等方面的情况进行预先审查，只有通过资格预审的企业才有权参加投标。进行资格预审，有利于提高投标质量。非公开招标又称选择性招标，招标人不公开发布招标通告，只是根据以往的业务关系和情报资料或由咨询公司提供的投标者的情况，向少数客户发出招标通知，这种做法也称为有限竞争性招标。非公开招标多用于购买技术要求较高的专业性设备或成套设备，应邀参加投标的企业，通常是经验丰富、技术装备优良并在该行业中享有一定声誉的企业。

谈判招标又称议标或非竞争性招标，是指招标人选择几家客户直接就合同条款进行谈判，谈判成功就与该客户签订合同的一种方式。

两段招标分两个阶段进行。在第一阶段采用公开招标方式，招标人对众多的投标人进行初步筛选后，再从中邀请几家比较理想的客户进行第二阶段的选择性招标。

②投标。投标人在投标前先要取得招标文件，认真分析研究招标人提出的各项条件，然后再根据自己的意图编制投标书。投标书实质上是一项有效期至规定开标日期的发盘，内容必须十分明确，中标后与招标人签订合同所要包含的重要内容应全部列入。投标既是商业行业，又是法律行为，投标人在投标书中所提出的条件的好坏，直接关系到中标的可能性的大小，同时也关系到中标签约后，投标人经济效益的好坏。因此，在缮制投标书时，应认真考虑，慎重对待。投标书应在投标截止日期之前送达招标人或其指定的收件人，逾期无效。

为防止投标人在投标后撤标或在中标后拒不签订合同，招标人通常都要求投标人在投标时提供一定比例或金额的投标保证金。招标人决定中标人之后，未中标的投标人所缴纳的保证金即予以退还。当前国际招标投标业务中一般都以银行保函或备用信用证代替保证金。

③开标评标。开标有公开开标和不公开开标两种方式，具体采用哪一种方式，要按照招标人在招标通告中对开标方式作出的规定办理。公开开标是指招标人在规定的时间和地点当众启封投标书，宣读内容。投标人都可参加，监视开标。不公开开标则是指在投标人不参加监视的情况下，由招标人自行开标，并选定中标人。

开标后，招标人对各个投标书中提出的条件进行评审、比较，选择对己最有利者为中标人的过程，称为评标。如果招标人认为，所有的投标均不理想或所报条件不符合要求，可宣布招标失败，并拒绝全部投标，重新招标。

④签约。招标人选定中标人之后，要向其发出中标通知书，约定双方签约的时间和地点。对于未中标者，招标人要退回保证金或保函。中标人签约时要提交履约保证金，用以担保中标人将遵照合同履行义务。在实际业务中，保证金一般以银行保函代替，也可由银

行开出备用信用证作为履约担保。

随着我国市场经济的建设和世界经济的转轨，尤其是在我国加入世界贸易组织的背景下，我国越来越多地开放自己的市场，加入到世界经济一体化的进程中。在这样的过程中，招标与投标也越来越多地被中国企业运用。所以，认真学习和掌握关于招标与投标的知识和规则，对于企业参与国际化竞争有着十分重要的意义。

4. 期货交易

期货交易（Futures Trading）又称期货合同交易，是在商品交易所早期的实物交易的基础上发展起来的。期货合同交易只是期货合同本身的买卖，交易结果是交付或取得买进或卖出同等数量的期货合同的价格差额。现代期货交易起源于 19 世纪后期的美国，目前已在世界范围内得到普遍发展。

期货交易与现货交易有明显的区别。现货交易，无论是即期交货还是远期交货，交易双方都必须交付实际货物，转移货物所有权；而期货交易买卖的是标准期货合同，必须在商品交易所内进行，一般不涉及货物的实际交割，只须在期货合同到期前平仓。所谓平仓（或称对冲），是指在期货合同到期前，交易者做一笔方向相反、交割月份和数量相同的期货交易，从而解除其实物交割的义务。

期货交易的特点如下。

(1) 以标准期货合同作为交易的标的。各商品交易所对商品的品质、规格、数量以及其他交易条件统一拟定标准合同，买卖双方只需洽定价格、交货期和合同数目。

(2) 特殊的清算制度。商品交易所内买卖的期货合同由清算所进行统一交割、对冲和结算。清算所既是所有期货合同的买方，也是所有期货合同的卖方。交易双方分别与清算所建立法律关系。

(3) 严格的保证金制度。清算所要求每个会员必须开立一个保证金账户，在开始建立期货交易时，按交易金额的一定百分比交纳初始保证金。以后每天交易结束后，清算所都按当日结算价格核算盈亏。如果亏损超过规定的百分比，清算所即要求追加保证金。该会员须在次日交易开盘前交纳追加保证金，否则，清算所有权停止该会员的交易。

期货交易的做法有多种，其中最常见的是套期保值和投机交易。

(1) 套期保值。套期保值音译为“海琴”（Hedging）。通常做法是，在卖出或买入实际货物的同时，在期货市场上买入或卖出同等数量的期货。套期保值者一般是从事实物交易的经营者和生产者。套期保值之所以能转移现货价格波动的风险，是因为同一商品的实物价格与期货价格变化的趋势基本上是一致的。在购入（卖出）现货的同时出售（买入）期货，这样在现货市场和期货市场上作等量相反的交易，必然会出现一亏一盈的情况，套期保值者正是希望这样以盈补亏。

(2) 投机交易。前面所讲的套期保值的目的是转移价格风险，而从事投机交易者则是要承担风险，追求利润。投机交易的基本原则是低价购进，高价抛出，即贱买贵卖，以获取两次交易的差价。

期货市场上主要的投机活动是买空（Bull）和卖空（Bar）。

买空又称多头（Long）。指投机商在预计价格将出现上涨时先买进期货合约，使自己处于多头部位（Long Position），等到价格上涨后再卖出对冲，从中获利。

卖空又称空头（Short）。指投机商估计行市看跌，所以先抛出期货合约，使自己处于空头部位（Short Position），等价格下跌到一定程度再补进对冲，同样赚取差价。

投机商是根据他们各自对期货市场价格走向进行预测的基础上来决定是做多头或者空头的。他们进行投机交易时同时面临着盈利和亏损两种可能性，能否获利主要取决于他们对行情预测的准确程度。

5. 对销贸易

对销贸易（Counter Trade）是指在互惠的前提下，由两个或两个以上的贸易方达成协议，规定一方的进口产品可以部分或者全部以相对的出口产品来支付。主要有易货贸易（Barter Trade）、互购贸易（Counter Purchase）和补偿贸易（Compensation Trade）三种形式。

对销贸易不同于单边进口或单边出口，实质上是进口和出口相结合的方式，一方商品或劳务的出口，必须以其进口为条件，体现了互惠的特点，即相互提供出口机会。另外，在对销贸易方式下，一方从国外进口货物，不是用现汇支付，而是用相对的出口产品来支付。这样做有利于保持国际收支的平衡，对外汇储备较紧张的国家具有重要意义。

对销贸易是在第二次世界大战后开始发展起来的。20 世纪 70 年代，它在东西方之间以及发展中国家和发达国家之间逐步推广，80 年代又取得新的进展，达到相当的规模。究其原因，主要是由于对销贸易有利于发展中国家冲破贸易壁垒，扩大出口，并且在不增加外债的情况下，换取急需的技术、设备和物资，发达国家也可以通过对销贸易以较优惠的价格获得原材料。

但对销贸易也有它的局限性和不足之处，主要表现在以下几个方面。

（1）对销贸易是在互惠的原则下进行的，使得交易对象的选择和交易的达成及履行出现很大的困难。这已在我国对外开展补偿贸易中充分反映出来。

（2）对销贸易方式下，市场机制的作用受到很大削弱，价格往往与正常价格有很大偏离。对一国来说，难以获得社会劳动的最大节约。

6. 电子商务

电子商务（Electronic Commerce，EC）是企业应用现代信息技术，特别是网络互联技术和现代通信技术，使得商务活动所涉及的各方当事人借助电子方式，而无须依靠纸面文件或单据的传输，从而实现商务活动的电子化和虚拟化。

电子商务是泛指一切与数字化处理有关的商务活动。它不仅仅是商品或劳务通过网络进行的买卖活动，还涉及传统市场的方方面面。除了在网络上寻求消费者和客户，企业还通过计算机网络与供应商、财会人员、结算服务机构、政府机构建立业务联系，甚至企业通过收发和管理电子邮件与客户之间建立了虚拟沟通的渠道，取得了企业的竞争优势。

(1) 电子商务的种类。根据1997年11月国际商会的世界电子商务会议，电子商务可以按不同商务活动群体的业务性质分为以下四类。

①企业对企业（Business to Business，B2B）的电子商务。它是指机构之间通过计算机网络进行的统一结构标准信息的交换，目前作为支持B2B的EDI技术主要在行业内部开展得较为成功。而企业对企业的电子商务从未来发展看，仍将是电子商务的主流。

②企业对消费者（Business to Consumer，B2C）的电子商务。它是指借助于国际互联网所开展的在线式销售活动在企业与消费者之间进行的电子商务活动。这类电子商务仍将持续发展，成为推动其他类型电子商务活动的主要动力之一。

③企业对行政机构（Business to Administrations，B2A）的电子商务。指的是企业与政府机构之间进行的电子商务活动。例如，政府将采购的细节在国际互联网上公布，通过网上竞价方式进行招标，企业也要通过电子的方式进行投标。在美国，早在克林顿政府时期，就决定对70%的联邦政府的公共采购实施电子化。在瑞典，政府业已决定至少90%的公共采购将在网上公开进行。

④消费者对行政机构（Consumer to Administrations，C2A）的电子商务。它是指政府与个人之间进行的电子商务活动。这类电子商务活动目前还没有真正形成。然而，在个别发达国家，如在澳大利亚，政府的税务机构已经通过指定私营税务或财务会计事务所用电子方式来为个人报税。这类活动虽然还没有达到真正的电子化，但是，它已经具备了消费者对行政机构电子商务的雏形。

(2) 外贸企业电子商务的发展层次。电子商务的范围很广，但是企业仍是电子商务运作的主体。根据外贸企业电子商务的运作程度，可将其划分为三个层次，这三个层次也可以反映企业实施电子商务的不同发展阶段。

①初级层次——建立易于实施的可操作系统。初级层次是指外贸企业开始在传统贸易活动中的一部分引入计算机网络信息处理与交换，代替企业内部或对外部分传统的信息储存和传递方式。例如，企业建立内部电脑网络进行信息共享和一般商务资料的储存和处理（如建立企业自己的内联网）；通过国际互联网传输电子邮件；在国际互联网上建立网页，宣传企业形象；等等。

在初级层次，企业虽然利用电脑网络进行了信息处理和信息交换，但所做的一切并未构成交易成立的有效条件，或者并未构成商务合同履行的一部分。企业实施初级层次的电子商务投资成本低，易于操作。这一层次的电子商务并不涉及复杂的技术问题和法律问题。

②中级层次——维系牢固的商业链。中级层次是指外贸企业利用电脑网络的信息传递部分地代替某些合同成立的有效条件或者构成履行商务合同的部分义务。如企业实施网上在线式交易系统、网上有偿信息的提供、贸易伙伴之间约定文件或单据的传输等。在某种程度上，中级层次的电子商务是使企业走上建立外联网（Extranets）的道路。

在中级层次，企业实施电子商务的程度有所加深，特别是电子商务的操作要涉及交易成立的实质条件，或已构成商务合同履行的一部分。因此，这一层次的电子商务就要涉及一些复杂的技术问题（如安全问题）和法律问题（如法律有效性问题）等。

这一层次电子商务的实施，需要社会各界相互配合，特别是政府机构和商业团体应该为电子商务创造良好的发展环境，这一层次的电子商务是世界各国近期主要发展的目标。

③高级层次——实现全方位的数字自动化。高级层次是电子商务发展的理想阶段。它是将外贸企业商务活动的全部程序，用电脑网络的信息处理和信息传输所代替，最大程度地消除了人工干预。在企业内部和企业之间，从交易的达成，到产品的生产、原材料的供应、贸易伙伴之间单据的传输、货款的清算、产品提供的服务等，均实现了一体化的电脑网络信息传输和信息处理。一笔交易所涉及的信息是由相关人员一次性录入，并得到电脑网络的自动处理后，按照交易的流程自动生成适应内部或与外部交流的相关单据或文件。目前许多外贸企业都在尝试实施 ERP（Enterprise Resource Planning，被称为企业资源规划），就是在企业内部以及与外部厂商间实现全方位的计算机管理。

（3）电子商务在外贸业务运作中的作用。电子商务作为信息技术的应用，在外贸领域日益起到关键作用。它突出表现在计算机及其网络技术越来越多地帮助外贸企业从事业务的运用。通常可将外贸业务从运作角度分为三个阶段：交易准备阶段、交易磋商阶段和合同履行阶段。这三个阶段概括了每一笔外贸业务自始至终的业务程序。现代信息技术的应用逐渐充斥到了外贸业务的各个环节中。

在交易准备阶段，以互联网及其技术为核心的电子商务手段，虽然所涉及的媒体比较单一（如通过因特网），但是却能达到意想不到的效果。例如，企业可以通过这一单一的媒体来发布信息、产品广告，而效果则可以在全球市场上反映出来。另外，外贸企业还可以设立网上主页，向国外客户提供在线商品目录。电子邮件可以高效地传递有关交易的各项信息，从而突破了以往使用传真机的局限性，为企业大大节省了各项费用。

在交易磋商阶段，以往纸面的合同和签字方式被电子订单所代替。带有安全措施的电子邮件完全可以取代传真和邮件的传递方式。特别是以互联网为基础的 XML（Extensible Markup Language，扩展性标识语言）单证标准更是突破了传统私人网络 EDI 投资高昂的局限性，有望实现数据一次性录入而共享的目标。申领进出口许可证、租船订舱、报关、报验等有关业务环节，也都可望实现全部电子化。

在合同履行阶段，电子商务的作用更是不能小看。因为信息技术的手段已经将业务的各个环节连接起来。外贸企业使用一般软件就可以实现单据的自动生成。特别是在安全认证、跟踪运输以及实现网上支付等方面可望实现较大的突破。以国际互联网为基础的 XMI 单据传输可使外贸业务流程和单据的传输实现自动化，而又不增加过多的企业投资和成本。

从长远的发展看，实施信息技术的外贸企业将在物流、资金流和信息流三个方面进行有效的整合。外贸企业的电子商务的实施，不仅可实现以交易为核心的业务处理的自动化和电子化，而且其核心战略也会随着电子商务的应用程度的加深而发生变化。

本章小结

国际市场是在国际分工、国际贸易不断发展和深化的过程中逐渐形成的。本章阐述了国际市场的主要特征、交易方式，并从历史发展的前后顺序介绍了国际市场的演变，分析了在国际市场中价值规律如何发挥作用，介绍了国际价格的种类。

思考与练习

一 单选题

1. 国际市场是（　　）。

A. 商品和劳务交换的场所

B. 一国商品交换的场所

C. 原材料市场的总称

D. 有形商品市场的总称

2. 国际价值与国别价值（　　）。

A. 在质上与量上都是完全相同的

B. 在质上是完全相同的，而在量上则是不同的

C. 在质上是不同的，而在量上是相同的

D. 在质与量上都是不同的

3. 国际价值是在（　　）的基础上形成的。

A. 国际生产价格　　B. 国别价值

C. 劳动生产率　　D. 劳动强度

4. 国际市场价格是指在一定条件下在世界市场上形成的价格，这种价格是（　　）。

A. 企业价值及企业使用价值的货币表现

B. 国内价值及国内使用价值的货币表现

C. 一国生产价格及使用价值的货币表现

D. 国际价值及国际使用价值的货币表现

5. 国际市场价格由于受到供求关系的影响，总是围绕着（　　）。

A. 国内价值上下波动

B. 国内生产价格上下波动

C. 个别价值上下波动

D. 国际生产价格上下波动

思考题

1. 国际市场形成的标志是什么？
2. 当代国际市场的主要特征有哪些？
3. 国际商品市场是如何构成的？
4. 国际价值是怎样形成的？国际价值与国别价值的关系是什么？
5. 国际市场价格与国际价值是什么关系？
6. 影响供求关系的因素有哪些？
7. 国际市场价格有哪几种类型？

技能实训

查阅有关网站，了解中国企业走向国际市场的成功案例。

案例讨论

美的成为唯一入选全球品牌500强的中国家电品牌

2月20日，英国品牌价值咨询公司 Brand Finance 发布了2010年全球最有价值500品牌排行榜，沃尔玛、谷歌、美的、可口可乐等世界知名品牌位列其中。据了解，本次共有19家中国内地公司上榜，其中美的、比亚迪是仅有的两家中国民营企业，美的也是此次唯一入选全球最有价值500品牌的中国家电品牌。

全球最有价值500品牌排行榜，由国际五大品牌价值评估权威机构之一的英国著名品牌管理和品牌评估独立顾问公司 Brand Finance 每年发布一次，采用的信息均来自公开渠道，这一排名因其专业性和独立性而受到全球上市公司的广泛认可。

较之2009年，本次上榜的500个品牌总价值增加了26%，达到2.873万亿美元；这500个品牌的企业市值则实现了16%的增长，达到18.664万亿美元。其中，谷歌、IBM等科技企业占据前十位的四席。作为国内家电行业的领导者，美的一直秉承创新科技的经营理念，2009年在国际金融危机的大背景下，仍斥资1200万元重奖科技人才，这也是美的能够成为本次唯一入选全球最有价值500品牌国内家电企业的关键所在。

我们了解到，在近10年内，美的一直保持着高速、稳健的发展态势，销售收入增长了10倍。2009年，美的整体销售收入达到950亿元，美的品牌价值也从2000年的63.8亿元增加到453.33亿元，位居中国最有价值品牌榜第六位，品牌价值较去年增长9%，同比增幅在排名前十位的品牌中位居第一。

2010年，在新一轮全国家电下乡招投标工作中，美的旗下空调、冰箱、洗衣机近300个型号、500多款产品中标，成为今年家电下乡的最大赢家。据介绍，在全球经济转好的大背景下，美的预计2010年销售收入将突破1100亿元，不断加快国际化步伐，增强市场竞争力，将在未来6年（2010至2015年）实现再造一个美的的宏伟目标。

（资料来源：中国网新闻中心 http：//news. china. com. cn，2010年2月2日）

思考与讨论：

在全球经济低迷期，中国企业应如何提高竞争力，开拓国际市场？

第5章 国际服务贸易

学习目标：

了解国际服务贸易的含义、分类和特征；掌握国际服务贸易的四种具体交易方式；理解国际服务贸易发展的特点及对发展中国家的影响；熟悉《服务贸易总协定》和《与贸易有关的知识产权协定》的内容，并利用这些知识为我国服务贸易发展服务。

案例导入

中国服务外包的发展

中国，中国，中国，在这个特殊时刻，这几乎是所有人呼之欲出的潜台词。经济危机使所有的CEO都不得不盘算如何降低成本，提高利润，把一部分业务外包出去。选择印度还是选择中国？萨蒂扬丑闻使结果变得异常清晰。几乎每一个CEO都意识到，他们唯一的希望在中国，他们将来的业务、IT系统、应用等，很多都将要着眼于中国市场需求。

据工业和信息化部软件与集成电路促进中心发布的《2009中国软件信息服务外包产业发展报告》统计，2009年前三季度，中国软件与信息服务外包产业收入达到1 463.6亿元，同比增长约24.5%，预计全年收入将接近2 000亿元。——尽管受到全球金融危机的影响，中国的外包业依然保持了高速增长态势，产业规模继续扩大。

微软全球资深副总裁、微软中国研发集团主席张亚勤说，5年前，微软中国研发集团外包事业中心刚成立时，微软在中国一年的外包只有约1 000万美元，而2009年微软在华外包项目总额已达到1.42亿美元的新高。5年中成长了15倍，每年按照70%的增长率在成长。作为全球重要的外包发包方之一，微软在中国发包量的增长正是中国近年来外包业快速发展的一个缩影。

走过了最初的规模化积累阶段，如今，中国的外包业基本形成了东北、环渤海、长三角、珠三角、中西部“五大集群”、“东西映射”的良好发展格局，外包业务结构也日趋多样化。

《2009中国软件信息服务外包产业发展报告》预测，在未来的发展时期，中国软件与信息服务外包在整个产业中的比重将进一步加大，在鼓励发包和鼓励接包双重政策的引导下，外包市场的潜力将会逐渐被释放。中国取代印度成为新科冠军是软件外包业的必然。

(资料来源：《中国服务》2010年第1期)

分析：一方面，是中国充足的IT人力资源在中央到地方政府的大力支持下日渐形成具有一定规模的软件外包产业集群和本土外包领袖企业；另一方面，则是欧美等发达国家的潜力巨大的外包需求以及越来越多的跨国企业在中国设立研发中心。两相叠加，外包找中国，已成为越来越多发包方的选择。

5.1 国际服务贸易概述

5.1.1 国际服务贸易的含义

1. 服务的概念

服务是指以提供活劳动形式创造使用价值（效用）来满足他人需求的活动，是相对产品（有形产品）的一个经济学概念。服务是一种特殊形态的商品。区别于其他一般商品，服务没有固定的存在实体。但服务和一般商品一样有价值和使用价值，服务的特殊使用价值在于它提供了某种劳动，而对劳动的享有实质上就是对服务这种特殊商品使用价值的消耗。服务的生产要素包括资本、劳动力、知识及技术。

2. 国际服务贸易的内涵

在人类经济活动的历史上，服务与服务劳动早已存在。而服务贸易的概念却是在1972年9月经济合作与发展组织（OECD）提出的《高级专家对贸易和有关问题报告》中被正式提出。1974年美国在其《1974年贸易法》第301条中首次使用了“世界服务贸易”的概念。1994年关贸总协定乌拉圭回合签定的《服务贸易总协定》规定，国际服务贸易是指一国服务提供者向另一国服务消费者提供服务并获得外汇收入的交易过程。具体交易方式分为四种。

(1) 跨境提供（Cross-Border Supply），即从一成员方境内向另一成员方境内的服务消费者提供服务。在这种服务提供方式下，没有人员、物资和资金的流动，而是借助于远程通信手段，或者就是远程通信服务本身。例如，国际电话通信服务、视听服务、金融服务等。

(2) 境外消费（Consumption Abroad），即一成员方的服务消费者在另一成员方境内接受服务。在这种服务提供形式下，服务的消费者跨过国境进入提供者所在的国家或地区接受服务。出国旅游、出国留学实际上都是接受的这种服务提供方式。

(3) 商业存在 (Commercial Presence)，即一成员方的服务提供者到另一成员方境内建立、经营企业或专业机构提供服务。这种商业实体或商业存在，实际上就是外商投资企业。其企业形式可以是独立的法人形式，也可以仅仅是一个分支机构或代表处。在这里，服务的提供是以直接投资为基础的，其提供涉及资本和专业人士的跨国流动。例如，一国的某公司到外国开饭店或零售商店等。

(4) 自然人流动 (Movement of Personnel)，即一成员方的服务提供者个人到另一成员方境内提供服务。例如，一国教授、高级工程师或医生到另一国从事个体服务等。这种形式涉及提供者作为自然人的跨国流动。

5.1.2　国际服务贸易的分类

国际服务贸易涉及范围广泛，存在方式多样，根据不同的分类标准，人们对国际服务贸易进行了多种多样的分类。然而直到今天，人们关于国际服务贸易的分类尚没有形成统一的意见。以国际经济体系和国际服务贸易活动特点为依据，对服务业和服务产品进行分类，主要有以下几种形式。

1. 根据服务交易的地点及生产者、消费者的不同关系进行分类

瑞德尔在其所著《服务部门在经济发展中的作用：按发展类型区分的异同》一文中采用了该分类方法，而这种分类方法与乌拉圭回合《服务贸易总协定》的四种服务贸易提供方式相似，只是瑞德尔是按照生产者与消费者移动与否作为标准来对服务贸易作出明确分类的，见表 5-1。

表 5-1　服务贸易的分类

		生产者	
		不移动	移动
消费者	不移动	过境贸易	要素收益贸易
	移动	当地贸易	第三国贸易

(1) 过境贸易，瑞德尔又将其称为“被分离的服务”，其特点是借助国内信息手段进行服务而生产者和消费者均不移动，这类服务与货物贸易一同在出口国生产，经过国际间的交易在进口国消费。例如，保险、金融、电信服务、电子商务等。

(2) 要素收益贸易，是一种只有生产者移动的服务贸易方式。在这种贸易方式下，生产者将服务所需的生产要素从本国移动到进口国进行生产，如本国专家到国外进行讲学、技术专家到国外提供技术服务等。这种服务带有生产要素国际间流动的特征。但这种流动应当是一时的、短暂的、非永久移居。永久移居变成当地居民，或改变了国籍，就不属于国际服务贸易。

(3) 当地贸易，其最具有代表性的是旅游观光、医疗、教育等。如外国学生到中国留学，外国游客来中国旅游，或是中国人到境外旅游观光，外国人到中国来求医治病等。

（4）第三国贸易是生产者和消费者共同移动到第三国而提供的服务，如法国游客在中国旅游时住在美资的希尔顿酒店。

2.《服务贸易总协定》对服务贸易的分类

根据由日内瓦 WTO 统计和信息系统局（SISD）提供并经 WTO 服务贸易理事会评审认可的《国际服务贸易分类表》（1995 年 7 月 17 日内部发表），海运服务包括客运、货运、船舶包租、船舶的维护与修理、推船与拖船服务及海运的支持服务等 11 个大类，142 个服《服务贸易总协定》把服务贸易分为 12 个大类，即商业性服务，通信服务，建筑和相关工程服务，销售服务，教育服务，环境服务，金融服务，健康及社会服务，旅游及相关服务，文化、娱乐及体育服务，交通运输服务及其他服务等共 155 个项目，见表 5-2。对服务贸易内涵与外延的界定，是进行服务贸易统计的前提。

表 5-2 《服务贸易总协定》中对服务贸易的分类

大　类	项　目
1. 商业性服务	（1）专业性（包括咨询）服务；（2）计算机及相关服务；（3）研究与开发服务；（4）房地产服务；（5）无经纪人介绍的租赁服务；（6）其他商务服务
2. 通信服务	（1）邮政服务；（2）快递服务；（3）电信服务；（4）视听服务；（5）其他
3. 建筑和相关工程服务	（1）建筑物的总体建筑工程；（2）民用工程的总体建筑工程；（3）安装和组装工程；（4）建筑物的装修工程；（5）其他
4. 销售服务	（1）佣金代理服务；（2）批发服务；（3）零售服务；（4）特许经营；（5）其他
5. 教育服务	（1）初等服务；（2）中等服务；（3）高等服务；（4）成人教育；（5）其他
6. 环境服务	（1）污水处理服务；（2）废物处理服务；（3）卫生和相关服务；（4）其他
7. 金融服务	（1）所有保险和与保险相关的服务；（2）银行及其他金融服务；（3）其他
8. 健康及社会服务	（1）医院服务；（2）其他人类健康服务；（3）社会服务；（4）其他
9. 旅游及相关服务	（1）饭店和餐馆；（2）旅行社和旅游经营者服务；（3）导游服务；（4）其他
10. 文化、娱乐及体育服务	（1）文娱服务；（2）新闻机构服务；（3）图书馆、博物馆和其他文化服务；（4）体育和其他娱乐服务；（5）其他
11. 交通运输服务	（1）海运服务；（2）内河运输服务；（3）航空运输服务；（4）航天运输服务；（5）铁路运输服务；（6）公路运输服务；（7）管道运输服务；（8）所有运输方式的辅助性服务；（9）其他运输服务
12. 其他服务	不包括在上面 11 类中的服务

3. 国际货币基金组织对服务贸易的分类

国际货币基金组织过去在进行各国国际收支平衡表统计时，一直把服务贸易列入无形贸易一栏中，这种情况直到 1993 年才作出了调整，而我国过去一直把服务贸易称作劳务贸易。目前按照国际货币基金组织的要求，国际收支平衡表中将服务贸易分为 13 类分别进行统计，具体包括运输，旅游，通信服务，建筑服务，保险服务，金融服务，计算机和信息服务，专有权利使用费、特许费，咨询，广告、宣传，电影、音像，其他商业服务；别处未提及的政府服务。

5.1.3 国际服务贸易的特征

随着世界经济和科技的发展，服务贸易在世界经济中扮演着越来越重要的角色。由于服务本身存在的一些独特特点，导致国际服务贸易呈现出与国际货物贸易不同的特点。与国际货物贸易比较，国际服务贸易具有以下几个明显的特征。

（1）服务贸易中的服务是无形的。这里无形有两方面的含义，一方面是指在消费之前服务没有一种直观的具体的物理存在形态；另一方面是指服务贸易在各国海关进出口统计中没有记载，只在国际收支统计中才以非贸易收入形态出现。由于服务的无形性，消费者在购买前无法了解其质量，只能在消费中体验甚至消费后也难以了解服务质量，而供给方对服务质量相对了解较多，所以在供给方和需求方之间出现了信息不对称现象。服务贸易进出口的无形性也使政府对服务的进出口管理变得更加困难。

（2）服务贸易中的服务具有不可储存性，它的生产与消费往往是同时发生的，通常无法进行将服务转让从而达到赢利目的的活动，所以服务的生产和出口过程从一定程度上讲也就是服务的进口和消费过程。

（3）服务贸易所提供的服务存在异质性。异质性是指服务的构成成分及其质量水平经常变化，难以统一界定。服务行业是以人为中心的产业，同一种服务的质量因人（生产者或消费者）而异。造成异质性的原因有三个：一是服务提供者技术水平往往不一样；二是同一供给者不同条件下服务水平会发生变化；三是消费者在服务消费过程中的偏好感受也不尽相同。由于服务水平灵活多变，对服务质量制定统一标准更加复杂、困难。

（4）服务贸易的统计数据无法在各国海关进出口统计中显示出来，它的统计数据只能在各国国际收支平衡表中得到体现。对服务贸易的监控往往只能通过国家立法和制定行政法规来达到，因此它所涉及的法规形式和强度都远远超过货物贸易。

（5）国际服务贸易更多地依赖于生产要素的国际移动和服务机构的跨国设置，国际间的服务交换无论采取什么样的形式，它都与资本、劳动力和信息等生产要素的跨国界移动紧密相关。

（6）服务贸易标的的使用权和所有权呈现复杂性。一般货物贸易中，交易一旦结束，货物的交易权和所有权同时转让，卖方就无权使用和支配该货物了。而在国际服务贸易中就比较复杂了。一般来说，国际服务贸易中服务的提供和消费过程是服务的所有权和使用权相分离的过程。例如，技术贸易是技术许可方（服务的出口方）在一定条件下，将技术贸易的标的物的使用权转让给技术接受方（服务进口方）使用，而没有将其所有权转让给服务进口者。知识产权的交换都存在这样的特点。然而，服务是无形的、不可储存的，服务在交易完成后便消失了，在服务的提供和消费过程中，不涉及任何东西的所有权转移。

例如在国际旅游中，作为服务消费者的旅客所接受的服务涉及旅游的各种内容，在消费过程中实现和满足了其服务需求。但是，很难说明服务消费者获得了某种使用权或所有权。

(7) 服务贸易市场具有高垄断性和高保护性。服务贸易市场垄断性较强，很多服务部门如电信、交通运输、金融等属于自然垄断部门。服务贸易中的道德风险和逆向选择使市场发生失灵，政府干预（制订法定标准、执业资格等措施）不可避免；同时服务贸易在国际间的发展极不均衡，发展中国家处于严重的比较劣势，加之许多服务领域的开放，像电信、金融涉及国家的主权或其他敏感问题，所以服务贸易保护程度很高，各国政府往往采取非关税壁垒保护本国服务市场。

5.2 国际服务贸易的发展

5.2.1 二战后国际服务贸易的发展阶段

1. 作为货物贸易附属地位的服务贸易（20 世纪 70 年代之前）

这一时期，世界各国还未意识到服务贸易作为一个独立实体的存在，在实际经贸活动中，服务贸易基本上是以货物贸易的附属形式进行的，如仓储、运输、保险等服务。因此，尽管当时事实上存在着服务贸易，但却独立于人们的意识之外，所以对服务贸易缺乏具体的数量统计。

2. 服务贸易快速增长阶段（1970 年至 1994 年）

服务贸易从货物贸易附属地位逐渐独立出来，并得到快速发展。对服务贸易的确认始于 20 世纪 70 年代，1972 年 10 月，经合组织（OECD）最先在一份报告中正式使用服务贸易这一概念。1974 年美国在其贸易法第 301 条中第一次提出“世界服务贸易”的概念。服务贸易在这一阶段随人们的重视程度的提高而快速发展。根据国际货币基金组织统计，1970 年至 1980 年，国际服务贸易年均增长率为 17.8%，与同期货物贸易增长速度大体持平。服务贸易在 20 世纪 80 年代后开始超过货物贸易的增长速度，1980 年至 1990 年，国际服务贸易年平均增长率为 5.02%，而同期货物贸易年平均增长率为 3.69%，这一势头一直持续到了 1993 年。

3. 服务贸易在规范中向自由化方向发展阶段（1994 年以来）

1994 年 4 月，规范服务贸易的多边框架体系《服务贸易总协定》（GATT）签署后，服务贸易的发展进入了一个新的历史时期。服务贸易在高速发展的同时又有一些反复，1994 年至 1995 年，服务贸易的增长速度分别为 8.03%、13.76%，比同期货物贸易的增长速度略低，但自 1996 年以来，服务贸易和货物贸易几乎同步增长并略高于货物贸易的增长速度。《服务贸易总协定》的签署不仅规范了服务贸易的发展，还大大促进了货物贸易的发展；不仅给服务贸易以较为准确的定义，还规范了服务贸易的统计范围，使其成为国际贸易活动的三个组成部分（即货物贸易、服务贸易和技术贸易）之一。

5.2.2 二战后国际服务贸易发展的特点

1. 国际服务贸易持续快速增长

自 20 世纪 80 年代以来，国际服务贸易进入快速发展时期。从 1980 年到 2006 年，全球服务贸易总额从 7674 亿美元扩大到 53304 亿美元，26 年时间增长了 6.9 倍。服务贸易总额和贸易出口进入稳定增长时期。特别是 2003 年以来，全球服务贸易加速增长，服务出口与进口均保持了两位数的年均增长率，见表 5-3。国际服务贸易之所以有这样的表现，原因主要包括以下几方面：信息技术革命降低了信息传递、获取和处理成本，也使一些原本不能转移或贸易的服务产品有了转移或贸易的条件；密集和通畅的网络连接打破了贸易的空间限制，推动了远程办公、远程服务等业务方式；在 WTO 制度框架及多边贸易体制下，各国在服务领域的开放度不断提高，服务贸易壁垒逐步降低，使跨境经济活动的制度交易成本大大降低。

表 5-3 国际服务贸易的增长

	金额（亿美元）			年增长率（%）						
	1980	2000	2007	2000—2007	2000	2001	2002	2003	2004	2007
服务出口	3650	14928	32900	10.2	6.2	0.35	7.3	14.6	20	10.9
服务进口	4024	14766	30850	9.8	6.5	1.2	5.9	14	18.9	10.6

资料来源：WTO，Internation Trade Statistics（2001，2002，2003，2004，2005），P3，World Trade Report 2006，P7，中国商务部服务贸易指南网

未来几年中，伴随着世界产业结构的调整与升级，国际产业转移的重心将继续向服务业调整，服务业国际投资日益扩大，离岸服务外包不断兴起。可以预计，世界服务贸易将持续保持快速增长的态势。

2. 国际服务贸易结构进一步优化，服务贸易领域进一步扩大

第二次世界大战以前，服务贸易主要集中在劳务的输入和输出上，传统服务贸易占主导地位。第二次世界大战以后，由于第三次产业革命的兴起，电信、金融以及各种信息产业、高新技术产业得以迅速崛起并快速进入服务贸易领域，国际服务贸易迅速发展。1970 年国际运输服务贸易占 38.5%，国际旅游占 28.2%，其他服务则上升至 30.8%（这里所谓的其他服务，主要包括电信服务、建筑服务、金融服务、保险服务、信息服务、专利或许可、其他商业服务和文化娱乐服务等可统计项目）。从 20 世纪 80 年代开始，随着新兴服务行业的不断兴起，服务贸易的交易内容范围不断扩大，服务品种不断增加，服务贸易结构发生了很大变化，逐渐由自然资源或劳动密集型的传统服务贸易，转向知识、技术密集型或资本密集型的现代服务贸易。在全球服务贸易出口构成中，1980 年，国际运输服

务贸易占36.8%，国际旅游服务贸易占28.4%，其他服务贸易（这里的其他服务包括通信，建筑，计算机和信息，保险，金融，版税和许可证费用，其他商业服务，个人、文化和休闲服务，政府服务等9个部门，下同）占34.8%。2007年，国际运输服务贸易比重下降到22.8%，国际旅游服务贸易的比重下降到26%，其他服务贸易的比重则上升至51.2%。在全球服务贸易进口构成中，1980年，国际运输服务贸易占41.7%，国际旅游服务贸易占26.9%，其他服务贸易占31.4%。2007年，国际运输服务贸易比重下降到28.9%，国际旅游服务贸易的比重下降到25.2%，其他服务贸易的比重则上升至45.9%，见表5-4。

表5-4 全球服务贸易部门的构成

项目	出口额（亿美元）	比重（%）		进口额（亿美元）	比重（%）	
	2007	1980	2007	2007	1980	2007
全球服务贸易总额	32 900	100	100	30 850	100	100
运输服务	7 500	36.8	22.8	8 900	41.7	28.9
旅游服务	8 550	28.4	26	7 750	26.9	25.2
其他服务	16 850	34.8	51.2	14 150	31.4	45.9

（资料来源：WTO，World Trade Report 2008，中国商务部服务贸易指南网）

3. 国际服务贸易中发展中国家地位不断上升，但发达国家仍占据主导地位

由于世界经济发展不平衡，各主要地区的服务贸易额在世界服务贸易中所占的比例也有很大差别。同时，由于各国发展阶段和发展水平不同，在服务贸易规模和竞争力方面差异悬殊。根据世界贸易组织的统计，世界最大的服务进出口地区是欧盟，这一地区绝大多数是发达国家，服务部门专业化程度高且与经济环境吻合程度较高。因此，在1990年其进出口额分别占世界进出口总额的48.8%和53.7%，虽然自20世纪90年代以来该地区进出口份额有所下降，1999年进出口份额分别为44.9%和47%，但目前仍然是世界服务贸易最大的进出口地区且长期保持顺差，2005年占世界服务贸易的46.4%，2006年在世界前十大服务贸易经济体中，欧盟占了六位，约占世界服务贸易总额的30%。

从单个国家来看，发达国家仍占国际服务贸易的绝对主导地位，占全球服务进出口总额的3/4以上，其中，美、英、德三国就占了全球服务贸易总额的近30%。近年来，虽然发展中国家和地区在国际服务贸易中的地位趋于上升，但与发达国家相比，在服务贸易整体规模方面还有相当大的差距，且它们大多是服务贸易逆差国。世贸组织公布的数据显示，2009年，中国的服务贸易出口额只有1290亿美元，排名第五。而美国在服务贸易方面的出口几乎是中国的四倍，总额达到4700亿美元，高居榜首。即使是排名第二和第三的英国和德国，其出口额也只相当于美国的一半，分别为2400亿美元和2150亿美元。需要指出的是，在服务贸易领域，中国是贸易逆差国。2009年，中国在服务贸易方面的进口达到1580亿美元，位居全球第四，且是进口前十国家中唯一一个与2008年相比没有出

现下降的国家。美国、德国和英国的进口额分别以 3310 亿美元、2550 亿美元和 1600 亿美元排在前三位，但其进口额同比都出现了 10%左右的降幅。

4. 国际服务贸易的发展以高新技术为核心、以技术进步为基础

随着新一轮科技革命的不断推进以及知识经济时代的到来，国际服务贸易也在全球化的过程中呈现出知识化和高科技化特征。高新技术的发展和应用，促进了世界经济发展中以服务生产为核心的新的国际分工格局，同时扩大了服务的领域，改变了传统的服务提供方式，在一定程度上增加了服务的可贸易性。

科学技术的发展和应用，改变了国际服务贸易的方式、内容和构成。现代的电信和传递技术，使时间和空间这样的距离概念在经济生活中逐渐失去了它们本来带有的制约性的色彩，导致服务的不可储存性和运输的传统特性都发生了改变。从而，许多生产和消费原来需要同步进行的服务，现在可以实现生产与消费的分离。银行、保险、医疗、咨询和教育等原来需要供需双方直接接触的服务，现在可以采用远距离信息传递的方式。

通讯革命大大提高了服务的可贸易性，加速了生产专业化发展的进程。从而，服务贸易的主要内容从运输、工程建筑等传统领域转向知识、技术和数据处理等不断涌现的新兴领域。现代科技的发展使得物质生产和服务生产中的知识、信息投入比重不断提高，从而推动了服务贸易结构的变化。以劳动密集为特征的传统服务贸易地位逐渐下降，以资本密集、技术密集和知识密集为特征的新兴服务贸易逐渐发展壮大。

5. 跨国公司对国际服务贸易的发展起到了重要的推动作用

跨国公司对国际服务贸易的发展的推动作用主要表现在以下几个方面。

（1）跨国公司在世界范围的经济扩张过程和跨国生产过程中都需要大量的服务投入。

（2）跨国公司在进行全球性的投资活动、技术转让和国际性的生产专业化进程中，一方面促进了专家、技术人员和劳动力这些服务贸易中的劳动要素的跨国流动，另一方面也带动了金融、保险、法律、技术、运输、计算机和咨询等相关服务业的发展。

（3）跨国公司为了获取高额利润而越来越多地加大对服务业领域的投资，一大批服务业跨国公司纷纷兴起，直接而有力地推动了国际服务贸易的发展。

6. 国际服务贸易趋于自由化

随着服务贸易的强劲发展和服务贸易在世界各国经济中的重要性日益提高，世界服务贸易市场的竞争不断加剧，客观上促使各国对服务贸易自由化问题给予高度的关注。

所谓服务贸易自由化问题，就是各成员方通过多边贸易谈判，降低和约束关税，取消其他的服务贸易中的壁垒，消除国际贸易中的歧视待遇，提高各国的市场准入水平。当然，由于服务贸易壁垒具有隐蔽性和非数量性等特征，使得削减国际服务贸易壁垒的进程十分缓慢。

7. 全球服务外包发展迅猛

当前，全球服务外包市场呈现以下的特点。

（1）服务外包领域日益扩展。目前，在全球范围内，伴随着服务外包总量的扩大，新的服务外包领域在逐渐形成，服务外包的定义有了新的外延。总体上，全球服务外包涉及的范围已由传统的信息技术外包和业务流程外包拓展到金融、保险、会计、人力资源管理、媒体公共管理等多个领域。

（2）中国和印度日益成为全球两个最大的外包基地。世界发达国家和地区是主要服务外包输出地，在全球外包支出中，美国占了约2/3，欧盟和日本占近1/3，其他国家所占比例较小。发展中国家是主要的服务外包业务承接地，其中亚洲是承接外包业务最多的地区，约占全球外包业务的45%。中国、印度、爱尔兰、菲律宾和俄罗斯等20多个国家是全球外包市场的主要竞争者。但随着全球服务外包业的日益发展和完善，中国和印度已成为吸引发达国家制造业和服务业外包的最主要地区。并且，由于地缘因素以及历史因素的影响，中国的软件公司成为日本软件业外包的主要合作对象。

（3）IT和金融服务外包成为主导。当前，随着服务结构进一步朝着技术和知识密集型方向发展，与高新技术相关和以高新技术为手段的服务外包发展迅速，但其中还是以IT和金融服务外包为主导。此外，随着IT业与金融业的交叉和融合，二者以相互结合的方式强化了服务外包的离岸趋势。因为现代金融业已经是知识和信息技术密集型行业，从而金融业国际外包主要以各种IT服务为主，IT外包服务市场中金融业是最大的服务对象之一。

（4）垂直市场在全球服务外包中更加得到重视。通常外包服务项目和产业类别无关，尤其是在IT领域中。例如数据输入或维修服务器是不分垂直市场的。但是，一方面，随着外包市场竞争的日趋激烈，外包服务公司很难在与同行的竞争中凸现特色，以赢得有利的位置。另一方面，客户也迫切希望服务外包公司能提供更符合自身需求的外包服务。因此，近年来，通过掌握垂直市场所需的专业技术，切入垂直市场，获得为客户提供更专业服务的能力是一种很有效的策略。譬如，通过增加特定市场知识，具备担当不同行业IT外包服务风险的规模和实力，能够针对客户的不同需求提供外包服务，成为提供IT服务外包公司日趋重视的问题。

尽管服务外包发展迅速，但还远未到达成熟阶段，目前国际外包业务只占全部业务流程的1%～2%。世界最大的1000家公司中，约有2/3的企业尚未向其他国家外包任何商务流程，而且，多数服务外包仅仅处于国际产业重组的起始阶段，还有相当大的发展空间。未来几年中，国际服务外包无论在规模上还是在广度上，均会有很大的突破。

8. 国际投资倾向于服务业，商业存在成为服务贸易最主要的提供方式

在四种服务贸易提供模式中，通过外国直接投资实现的服务提供模式在服务贸易中的地位特殊。在跨国公司新一轮产业调整中，资本向服务业转移的趋势越来越明显。20世纪90年代以来，外国直接投资总额的一半以上流向了服务业。1990年，服务业外国直接投资流入存量占全世界外国直接投资流入存量的49.27%，流出存量占46.59%。到2004年，服务业外国直接投资流入存量上升到62.83%，流出存量上升至68.73%。截至2008年年底，服务业在全球外国直接投资总存量中占65.93%。从国际直接投资流量来看，

1990年，服务业对外直接投资流入量超过第一、第二产业的总和，比重达到49.27%；2008年服务业对外直接投资流入量占世界对外直接投资总流量的比重进一步上升，约为65.93%，见表5-5。

外国直接投资加速向服务业转移，使得通过商业存在实现的服务贸易规模日益扩大。据WTO估计，目前通过商业存在实现的服务贸易大约是跨境提供的1.5倍。同时，越来越多的服务离岸外包也带动了服务业跨国投资的发展，服务业转移由制造业追随型加速向服务业自主扩张型转变，众多跨国公司开始在全球范围内建立服务供应网络。美国《财富》杂志2006年评选的世界500强中，以服务业为主的跨国公司占到五成左右，营业收入也占近一半。

表5-5 外国直接投资存量产业分布

部门/产业	1990年			2008年		
	发达国家	发展中国家	全球	发达国家	发展中国家	全球
A. 外国直接投资流入存量	100	100	100	100	100	100
初级部门	9.68	7.42	9.26	2.58	6.87	3.8
制造业	40.65	45.16	41.47	30.45	32.34	30.27
服务业	49.67	47.42	49.27	67.70	61.54	65.93
B. 外国直接投资流出存量	100	100	100	100	100	100
初级部门	9.03	1.87	8.81	4.67	1.31	4.39
制造业	44.33	53.19	44.59	28.05	14.04	26.88
服务业	46.64	44.94	46.59	67.28	84.64	68.73

资料来源：根据UNCTAD，WTO，World Investment Report 2008，中国商务部服务贸易指南网

5.2.3 国际服务贸易对发展中国家的影响

1. 对经济效率的影响

总的来说，服务贸易自由化有利于发展中国家经济效率的提高，主要体现在以下几个方面。

（1）由于外国服务提供者进入市场，发展中国家的企业能够有更多的机会选择质优价廉的服务，提高企业的经济效益。

（2）发展中国家能够进口经济发展急需而本国又不能满足需求的生产性服务，从而有利于解决生产发展与服务业落后的矛盾。

（3）外国企业的竞争将迫使发展中国家的服务企业向国际先进水平看齐，吸收国外先进服务技术与经验，努力降低成本，提高质量和竞争能力，走向世界市场。

（4）有利于发展中国家发展自己具有优势的服务业，进口不具有相对优势的服务，从而促进经济资源的有效配置，为发展中国家有优势的服务业出口创造更多的机会。

2. 对国际收支的影响

服务贸易自由化对国际收支的影响是双重的。一方面，由于发展中国家减少对服务进

口的限制，短期内可能导致进口大量增加，造成国际收支恶化；另一方面，发展中国家可以利用自由化的国际环境设法扩大自己的服务出口。由于能够采用质优价廉的进口服务，发展中国家有可能降低其物质产品的成本，提高质量，增强货物出口的国际竞争力，从而增加收入。同时，适度开放金融服务市场还将有利于外资的流入，改善国际收支状况。

3. 对技术进步的影响

服务贸易自由化对技术进步的促进作用主要有两个方面。

（1）服务贸易本身可以成为技术转让的渠道。由于技术进步往往首先发生在服务领域，这样就可以使发展中国家通过技术引进、咨询、培训及其他技术服务形式获得先进技术和其他信息。

（2）国际竞争的压力会迫使发展中国家的服务业加快技术进步，以提高竞争力，并由此带动其他部门的技术进步。

当然服务贸易自由化也可能对技术进步产生消极影响，例如，一国过分依赖于外国的高技术服务就可能抑制本国在这方面的研究与开发。但一般来说，服务贸易自由化对技术进步的影响是积极的。

5.3 《服务贸易总协定》

服务贸易的多边谈判从1986年开始，持续了7年，经过各谈判方的努力，《服务贸易总协定》终于随着乌拉圭回合的顺利结束而正式形成。1994年4月15日，在摩洛哥的马拉喀什由111个国家和地区代表正式签署《服务贸易总协定》，并规定于1995年1月1日生效。这标志着世界上第一套有关服务贸易的、具有法律效力的多边国际服务贸易规范体系正式建立起来了。

5.3.1 《服务贸易总协定》的结构

《服务贸易总协定》由三大部分组成，见表5-6。

表5-6 《服务贸易总协定》的构成

部　分	内　容
第一部分	服务贸易总协定条款（共29条具体条款）
第二部分	附件（共8个） 包括：豁免条件；根据本协议自然人移动提供服务的附件；空运服务附件；金融服务附件一；金融服务附件二；海运服务谈判附件；电信服务附件；基础电信谈判附件
第三部分	各国提交的具体承诺表（共94个）

除以上三个主要部分外，《服务贸易总协定》还有9项相关文书，包括部长决定和金

融服务承诺谅解书，以及四项组织机构决定和一项关于服务贸易与环境的决定。

5.3.2 《服务贸易总协定》的主要内容

1.《服务贸易总协定》的宗旨和目标

《服务贸易总协定》序言说明了缔结该协定的宗旨、目标和总原则，具体表现在以下几方面。

（1）谈判各方希望在透明和逐步自由化的条件下，建立一个有关服务贸易的原则和规则的多边框架，以促进贸易各方的经济增长和发展中国家的经济与社会发展。

（2）在尊重各国政策目标的前提下，在互利的基础上，提高各参与方利益的目的和确保各方的权利和义务，希望能通过多轮多边谈判以促进服务贸易自由化的早日实现。

（3）希望能通过增强其国内服务业的能力、效率和竞争性来促进发展中国家在国际服务贸易中的更多参与和服务出口的增长。

（4）对最不发达国家在经济发展、贸易和财政需求方面的特殊困难予以充分的考虑。

2.《服务贸易总协定》的普遍义务和原则

《服务贸易总协定》的条款中所规定的义务分为两种，一是一般性义务，二是具体承诺义务。一般性义务适用于各个部门，不论《服务贸易总协定》的成员是否开放这个或这些部门；具体承诺的义务，是指必须经过双边或多边谈判达成协议后才承担的义务。这些义务（市场准入和国民待遇）只适用于各成员承诺开放的服务部门，而不适用于不开放的服务部门。这种将一般性义务与具体承诺的义务区分开来的做法，是《服务贸易总协定》的一个十分重要的特点。

《服务贸易总协定》条款中所规定的原则包括以下几点。

（1）最惠国待遇。这一原则是多边贸易体制的基础，也是多边服务贸易的基础，是各国普遍接受的。最惠国待遇条款规定，各缔约方应立即和无条件地给予他方服务和服务提供者以不低于其给予其他国家相似服务和服务提供者的待遇。《服务贸易总协定》规定一个成员可以在 10 年的过渡期内维持与最惠国待遇不符的措施，但要将这些措施列入一个例外清单。

（2）国民待遇。《服务贸易总协定》第 17 条国民待遇条款，是整个协议中最重要的条款之一。这一条款规定，各缔约方以其承诺单中所列服务部门或分部门及所列条件和限制为准，其所采取的与提供服务有关的措施所给予外国服务和服务提供者的待遇，不应低于给予本国相同服务和服务提供者的待遇。

（3）市场准入。市场准入也是《服务贸易总协定》中的一个关键条款。与国民待遇一样，市场准入也是一种经过谈判而承担的义务，实施对象既包括服务也包括服务提供者。《服务贸易总协定》规定，当以成员方承担对某个具体部门的市场准入义务时，它给予其他成员方的服务和服务提供者的待遇应不低于其在具体义务承诺表中所承诺的待遇。市场准入条款中列出了六项市场准入的限制措施，其中包括四项数量准入的限制，一项对法律实体形式的限制。各国应将与上述限制有关的各项措施列入承诺单，否则不能予以实施。

条款中所列限制以外的任何其他限制，只要不是歧视性的，均不在协定所管辖范围之内。

(4) 透明度。《服务贸易总协定》规定各国应立即公布其所有与服务贸易或对服务贸易协议产生影响的法律和规定，并要求各缔约方建立一个或多个咨询点，以便尽快地回答其他缔约方的询问。

(5) 增加发展中国家的参与。根据增加发展中国家的参与条款的规定，发达国家应采取具体措施，旨在加强发展中国家国内服务业，为发展中国家的服务出口提供市场准入的条件。发达国家将建立一些联系点，向发展中国家的服务提供者提供有关信息等。

允许发展中国家根据国内政策目标和服务业发展水平逐步实现服务贸易自由化，逐步扩大市场的开放程度，允许发展中国家对外国服务或服务提供者进入本国市场设置条件。

5.4 《与贸易有关的知识产权协定》

5.4.1 《与贸易有关的知识产权协定》的内容及基本原则

《与贸易有关的知识产权协定》（以下简称《协定》）是GATT（关税与贸易总协定）主持的乌拉圭回合谈判的成果之一，旨在加强世界范围内的知识产权的保护，减少国际贸易中的扭曲和障碍，有效和充分地保护知识产权，确保知识产权和程序不对合法贸易构成壁垒。同时该协定还注意了运用关贸总协定多边解决政府间争端的机制，以强化知识产权纠纷的处理。

该协定的主要内容包括总则和基本原则，知识产权的效力、范围及使用标准，知识产权法，知识产权的获得、维护及相关程序，争端的防止与解决，过渡性安排，机构安排等。

协定的基本原则包括：国民待遇原则；最惠国待遇原则；保护公共利益原则；其他原则。

5.4.2 知识产权保护的范围与标准

《协定》所界定的知识产权包括版权及相关权利、商标权、地理标志权、工业品外观设计权、专利权、集成电路布图设计（拓扑图）权、未公开信息权等。

1. 版权及相关权利

(1) 版权。又称著作权，是指文学、艺术和科学作品的作者依版权法及相关法律所享有的权利，包括翻译权、复制权、公开表演权、广播权、朗诵权、改编权、录制权、制片权、出租权等权利。

(2) 与版权相关的权利。即邻接权，分别指表演者对其表演的节目、唱片制作者对其录制的唱片及广播组织对其广播的节目享有的权利。

(3) 保护期限。版权保护期不得少于50年；表演者和录音制品制作者的权利保护期不得少于50年；广播组织的权利最少保护期限为20年。

2. 商标权

商标权是指注册商标的所有人对自己所注册的商标所享有的专有权利，防止任何第三方在贸易活动中未经许可使用与注册商标相同或近似的标记，来标示相同或类似的商品或服务。

商标的首次注册和各次续展注册的保护均不得少于 7 年。

3. 地理标志权

地理标志是指表明一种商品来源于某一成员的领土内或者该领土内的一个地区或地方的标志，并且该商品的特定品质、声誉或其他特征与该地理区域相关联。

《协定》对葡萄酒和烈酒的地理标志提出了更为严格的额外保护，表明该两种酒类的专用地理标志必须得到最充分的法律保护。

4. 工业品外观设计权

工业品外观设计又称工业设计，是指与工业产品外观有关的特征，如形状、装饰、图案、构造等。缔约成员有义务对符合新颖性或原创性的工业品外观设计给予保护，但该保护不应延及实质上由于技术或功能的考虑而产生的设计。

对工业品外观设计的保护期不得少于 10 年。

5. 专利权

所有技术领域的任何发明，不论是产品还是方法，只要它们具有新颖性、创造性并适合于工业应用，均可获得专利，专利权人即可受到保护。

（1）例外规定。缔约成员出于保护公共秩序或道德，包括保护人类、动植物的生命及健康，或者为避免对环境的严重污染的需要，对某些发明的商业应用不授予专利。

（2）专利权的范围。包括产品专利的所有人有权禁止第三方未经许可而制造、使用、销售，或为上述目的而进口该产品或为上述目的而进口该专利方法直接获得的产品。

（3）保护期限。不得低于自申请之日起的 20 年。

6. 集成电路布图设计（拓扑图）权

集成电路的布图设计是指集成电路中的两个以上元件（至少有一个是源元件）的部分或全部互联的三维配置，或者为集成电路的制造而准备的上述三维配置。

（1）保护范围。未经权利人许可不得有下述行为：为商业目的而进口、销售或发行受到保护的布图设计；为了商业目的而进口、销售或发行受到保护的布图设计的集成电路；为商业目的而进口、出售或发行包括非法复制的布图设计集成电路的产品。

（2）保护期限。集成电路布图设计的保护期不得少于 10 年。

7. 未公开信息权

未公开信息又称未披露信息，即通常所说的商业秘密。

（1）保护条件。保护条件应包括以下三个。

①属于秘密，通常不为从事该信息领域工作的人所普遍了解或容易获得；

②具有商业价值；

③权利人为保密已采取了合理措施。

(2) 保护内容。作为未公开信息的权利人包括自然人和法人，其有权防止他人未经许可而以非诚实商业的方式进行披露、获得或使用该信息。

本章小结

国际服务贸易是指一国服务提供者向另一国服务消费者提供服务并获得外汇收入的交易过程。具体交易方式分为四种：跨境提供；境外消费；商业存在；自然人流动。国际服务贸易涉及范围广泛，存在方式多样，因而对它的分类有各种不同的方法。最新的分类为12个大类共155个项目。

国际服务贸易具有以下几个特征：服务贸易中的服务是无形的；具有不可储存性和异质性；服务贸易的统计数据无法在各国海关进出口统计中显示出来；国际服务贸易更多地依赖于生产要素的国际移动和服务机构的跨国设置；服务贸易标的的使用权和所有权呈现复杂性；服务贸易市场具有高垄断和高保护性。

近年来，国际服务贸易呈现以下新的发展趋势：国际服务贸易持续快速增长；国际服务贸易结构进一步优化，服务贸易领域进一步扩大；国际服务贸易中发展中国家地位不断上升，但发达国家仍占据主导地位；全球服务外包迅猛发展；国际投资倾向于服务业，商业存在成为服务贸易最主要的提供方式等。

《服务贸易总协定》由三大部分组成：服务贸易总协定条款；附件（共8个）；各国提交的具体承诺表。《服务贸易总协定》的条款中所规定的义务分为两种，一是一般性义务，二是具体承诺义务。所规定的原则包括最惠国待遇、国民待遇、市场准入、透明度、增加发展中国家的参与。

《与贸易有关的知识产权协定》所界定的知识产权包括：版权及相关权利；商标权；地理标志权；工业品外观设计权；专利权；集成电路布图设计（拓扑图）权；未公开信息权等。

思考与练习

一 单选题

1. 服务贸易中通常不涉及服务（　　）的转让。

A. 所有权　　B. 使用权

C. 所有权和使用权　　D. 以上都不对

2. 国际服务贸易的具体交易方式不包括（　　）。

A. 跨境提供　　B. 境内消费

C. 商业存在　　　　　　　D. 自然人流动

三 思考题

1. 什么是服务贸易？国际服务贸易的具体交易方式有哪几种？
2. 按照不同分类方法，服务贸易有哪些分类？
3. 国际服务贸易的发展特点是什么，它对发展中国家有什么影响？
4.《服务贸易总协定》由哪些内容组成？
5.《与贸易有关的知识产权协定》中有关知识产权的保护范围和标准是什么？

技能实训

登录“中国服务贸易指南网”和“中国服务贸易网”网站，查阅入世以来我国服务贸易发展的情况，根据相关数据分析现阶段我国服务贸易发展的情况以及在国际服务贸易中的位置。

案例讨论

印度成功发展服务外包的原因

作为承接国际服务外包业务最早的国家之一，印度发展服务外包之所以能够取得成功，关键在于以下几个方面。

(1) 合理的业务选择。在印度国内，长期以来软件服务市场属于买方市场，严重供过于求。一方面，由于政府政策的鼓励，软件研发迅速发展。另一方面，印度国内基础设施薄弱，2000年，印度全国只有124万台个人电脑，人均拥有量居世界最低国家之列；每千人电话线拥有量只有8条，远远低于发达国家，甚至低于发展中国家的平均水平。因此，国内难以消化的软件供给，只能寻求国外市场。而此时的美国经济连续出现强势增长，需要大量的软件供给，部分企业开始将非核心的软件研发业务外包出去，以降低成本、提高核心竞争力。印度软件业正是把握住了这一机遇，大力发展对美国的软件外包。以软件外包为切入点，印度国内软件业供过于求的压力找到了释放的途径，从而形成了“研发促成软件外包、软件外包带动研发”的良性循环。

(2) 准确的市场定位。准确定位承接服务外包市场是印度服务外包得以迅速发展的关键因素。实践证明，印度做出了正确的选择——以与本国有密切联系的美国作为承接对象。这种联系一方面表现在，印度文化深受英语国家的影响，在文化上与美国有“认同感”；另一方面，印度的许多软件开发人员都有在美国研发的经历，了解美国IT技术发展的状况以及外包的技术取向，甚至很多外包业务都是“将在美国的工作带回到印度来做”而形成的。

(3) 完备的政策体系。印度政府为服务外包的迅速发展提供了良好的政策环境。从20世纪80年代中期，到“十五”计划（2002—2007年）明确将IT产业发展作为战略重点，印度政府扶持计算机和软件产业的发展，先后制定了多项支持鼓励政策。1991年6月，印度在班加罗尔创建了全国首个计算机软件技术园区，其后又在马德拉斯、海得拉巴、孟买、加尔各答等地建立了18个具有国际先进水平的软件技术园区，并对园区的企业实行各种优惠政策，对软件和服务公司的银行贷款实施“优先权”等。1998年，印度政府设立风险投资基金，用于支持中小企业发展。同时，为了保护知识产权，保护企业和消费者的信息安全，为信息服务纠纷解决提供法律规范，印度也在不断地完善相关法律；为了保证软件公司的规范运作，印度国家软件和服务公司协会还规定，凡拥有10名员工以上的软件公司必须实行ISO9001标准认证。

(4) 丰富的人才储备。20世纪80年代中期提出“要用教育和电子革命把印度带入21世纪”口号以后，在印度逐渐形成了“全民学软件”的风尚，培养了一大批被世界誉为“一高一低”型的“软件蓝领”。“一高”是专业素质高，“一低”是工资诉求低。以APTECH的培养模式为代表，目前印度已经形成了印度理工学院居于顶端、各大学居中、国家信息技术学院居于底层的金字塔式的人才培养体系，这一完整的体系每年为印度培养软件设计人员约1.78万人。在软件教育中，印度还十分重视软件研发的标准化建设。印度软件企业的质量管理及认证除了采用国际通用的ISO质量认证体系外，还采用目前世界软件业公认的权威性认证体系——美国梅隆·卡耐基大学软件工程设计院研发的软件能力成熟度模型CMM等级认证体系。目前，印度已有上百家软件企业获得了该体系最高的CMM5级认证证书。CMM认证体系目前已成为行业公认的选择外包合作者的“指标体系”，通过CMM体系等标准化建设促进了印度软件开发的国际化，使印度的软件服务外包竞争力得以大幅度提高。因此，系统规范的教育为印度软件外包的发展储备了丰富的、标准化的软件开发人才。

思考与讨论：

分析印度外包业务成功的经验，结合我国实际，讨论我国应该如何发展外包业务。

第6章 国际贸易政策

学习目标

了解对外贸易政策的含义和类型；理解对外贸易政策制定的依据；了解不同社会发展阶段主要资本主义国家的对外贸易政策；把握对外贸易政策的发展规律，为准确理解我国的对外贸易政策打下良好的理论基础。

案例导入

美国缘何频频出台贸易保护政策

美国商务部于2009年10月7日宣布对从中国进口的无缝钢管发起反倾销和反补贴税调查。此举可能导致美国对此类产品设置新关税。

美国商务部说，这项调查是应美国钢铁公司、V&M Star公司、TMKIPSCO公司以及美国钢铁工人联合会的要求发起的。美方公司要求对从中国进口的无缝钢管施以98.37%的反倾销税，并对中国政府的补贴征收额外的反补贴税。

美国国际贸易委员会将于2009年11月2日前后作出初步裁决。如果该委员会做出同意裁决，美商务部将分别于2009年12月和2010年2月就反补贴税和反倾销税做出初步裁决。

许多经济学家认为，美国的贸易保护主义行为近期增多。在世界经济处于脆弱复苏的关键时期，这势必影响世界经济的复苏进程，也不利于中美经贸关系的良性发展。

2009年9月，美国总统奥巴马还宣布对从中国进口的轮胎征收惩罚性关税。美国轮胎“特保案”使我国轮胎出口遭受重创，中国目前轮胎出口比“特保案”发生前下降了70%～80%。据悉，目前国内一些轮胎企业都在通过扩大内需降低出口减少造成的损失。

橡胶工业协会副秘书长徐文英说，WTO现已着手调查美国对中国输美轮胎加征关税一事，但世贸组织专家组一般需要至少半年才能做出裁决。而做出终裁则需要两年半。美国总统奥巴马批准未来3年对中国输美轮胎在4%的常规关税基础上分别加征35%、25%和20%的惩罚性关税。这也意味着，即使WTO终裁中国获胜，美国的轮胎特保时间也已经到期。

（资料来源：新华网，2009年10月8日）

分析：对外贸易政策是指一国在一定时期内，为了实现一定的目的而对外贸活动所采取的手段，是各国经济政策和对外政策的重要组成部分。美国频出贸易保护政策，是美国从本国国内国际处境综合考虑的结果。由美国开始的金融危机，不仅把美国也把世界经济带入低速增长期，在这样的背景下，以美国为首的贸易保护主义有所抬头。

6.1 国际贸易政策概述

国际贸易政策是各国对外贸易政策的总和。而对外贸易政策是一国在一定时期内参与国际贸易活动所遵循的总的方针和原则。随着国际分工和国际贸易的发展，各国在不同时期推行了不同的对外贸易政策，出现了不同的贸易理论。

6.1.1 对外贸易政策的含义

对外贸易政策是指一国在一定时期内，为了实现一定的目的（如保护本国市场，扩大本国产品的出口市场，促进本国产业结构调整等）而对外贸活动所采取的手段，是各国经济政策和对外政策的重要组成部分。它主要包括：对外贸易总政策；进出口商品与服务贸易政策；国别对外贸易政策。

对外贸易政策反映一国的经济发展水平和其在国际经济中所处的地位，以及其经济实力及产品竞争力。那些经济最发达、经济实力最雄厚、产品最具有竞争力的国家往往都提倡减少或者取消贸易限制，反之亦然。各国都会从本国的利益出发，采取不同的对外贸易政策，彼此间既有争斗又有协调。

6.1.2 对外贸易政策的类型

迄今为止，对外贸易政策有自由贸易政策和保护贸易政策两种基本类型。

1. 自由贸易政策

自由贸易政策是指国家取消对进口商品和服务贸易等的限制和障碍，取消对本国出口商品和服务贸易的各种特权和优待，使商品自由进出口，服务贸易自由经营，在国内外市场上自由竞争。

2. 保护贸易政策

保护贸易政策是指国家广泛利用各种限制进口和控制经营领域与范围的措施，保护本国产品和服务在本国市场上免受外国商品和服务等的竞争，并对本国出口商品和服务贸易给予优待和补贴。

6.1.3 对外贸易政策的演变

（1）资本主义生产方式准备时期（15 世纪初到 18 世纪初），为了促进资本的原始积累，西欧各国广泛实行重商主义的强制性的贸易保护政策，通过限制货币（贵重金属）出口和扩大贸易顺差的办法扩大货币的积累。

（2）资本主义自由竞争时期（18 世纪中叶到 19 世纪末），资本主义生产方式占据统治地位，世界经济进入了商品和资本国际化的阶段。这个时期对外贸易政策的基调是自由贸易，英国是主张实行自由贸易政策的国家。但由于各国经济发展水平不同，一些经济发展起步较晚的国家如美国和德国采取了贸易保护主义政策。

（3）资本主义垄断时期的前期（19 世纪 90 年代到第二次世界大战前），垄断加强，资本输出占据统治地位。1929 年至 1933 年资本主义经济大危机使市场问题急剧恶化，出现了超保护贸易政策。

（4）第二次世界大战后，发达国家的对外贸易政策发生了新变化。20 世纪 50 年代到 70 年代初期，由于资本主义世界经济的恢复和迅速发展，第三次科技革命对生产国际化的促进和国际分工的进一步深化，使贸易自由化成为主流。20 世纪 70 年代中期以后，战后的贸易自由化浪潮陷于停顿，改变为实行保护贸易政策的倾向。新的保护贸易主义抬头，这主要是因为 1974 年至 1975 年和 1980 年至 1982 年两次世界性经济危机使发达国家经济陷于衰退，发达资本主义国家经济发展不平衡，美、日和西欧在国际市场上竞争激烈，美国的传统产品开始处于劣势。20 世纪 80 年代中期以后，在新贸易保护的背景下，又出现了管理贸易倾向。

6.1.4 对外贸易政策的制定与执行

1. 对外贸易政策的制定

各国从各自利益出发选择不同的贸易政策。为了达到各自的目的，各国在制定对外贸易政策时一般考虑以下因素：经济发展水平和产品竞争力；本国的经济结构和产业结构；本国的经济发展战略；国内物价和就业；不同利益集团的力量对比；本国和他国的政治关系；政府领导人的经济理论和经济思想等。

一般各国对外贸易政策的制定与修改是由国家立法机构进行的。最高立法机关在制定和修改对外贸易政策及有关规章制度前，要征询各个经济集团的意见。如发达资本主义国家一般要征询大垄断集团的意见。各垄断集团通过各种机构如企业主联合会、商会的领导人经常协调、确定共同立场，向政府提出各种建议，直至派人参与制定或修改有关对外贸易政策的法律草案。

最高立法机关所颁布的各项对外贸易政策，既包括一国较长时期内对外贸易政策的总方针和基本原则，又规定某些重要措施以及给予行政机构的特定权限。例如，美国国会往往授予美国总统在一定范围内制定某些对外贸易法令、进行对外贸易谈判、签订贸易协定、增减关税、确定数量限额等权利。

资料卡

我国对外贸易政策的制定

在我国，目前有权制定对外贸易法或对外贸易政策的国家机关有全国人民代表大会及其常务委员会、国务院、商务部、海关总署、国务院关税税则委员会等。

对外贸易法律由全国人民代表大会及其常务委员会制定；有关对外贸易方面的行政法规由国务院制定；有关对外贸易方面的规章由商务部、海关总署、国务院关税税则委员会等部门制定。

此外，根据我国法律规定，省、自治区、直辖市人民代表大会及其常务委员会，民族自治地方的人民代表大会和省级人民政府，在不与国家法律法规冲突的前提下，可以制定某些地方性的对外贸易法规和规章。

2. 对外贸易政策一般的执行方式

（1）通过海关对进出口贸易进行管理。海关是国家行政机关，是设置在对外开放口岸的进出口监督管理机关。它的主要职能是：对进出国境的货物和物品、运输工具，进行实际的监督管理、稽征关税和代征法定的其他税费；查禁走私。一切进出国境的货物和物品、运输工具，除国家法律有特别规定的以外，都要在进出国境时向海关申报，接受海关的检查（查验）。

（2）国家广泛设立各种机构，负责促进出口和管理进口。

（3）国家政府出面参与各种国际贸易、关税等国际机构与组织，进行国际贸易、关税方面的协调与谈判。

6.2 保护贸易政策

保护贸易政策是指政府广泛利用各种限制进口的措施保护本国市场免受外国商品、服务和投资的竞争，并对本国商品、服务出口和对外投资给予优惠和补贴。保护贸易政策基本上是后进国家或竞争力弱的国家崇尚的贸易政策。它始自西欧资本原始积累时期的重商主义，在资本主义自由竞争时期出现了美国和德国保护幼稚工业的政策，在 1929 年至 1933 年大危机后，演变为流行的超保护贸易政策，20 世纪 70 年代以后，以美国为代表的新贸易保护政策盛行，延续至今。

6.2.1 重商主义

15 世纪末，西欧社会进入封建社会的瓦解时期，资本主义生产关系开始萌芽和成长；

地理大发现扩大了世界市场，给了商业、航海业、工业以极大的刺激；商业资本发挥着突出的作用，促进了各国国内市场的统一和世界市场的形成，推动了对外贸易的发展；在商业资本加强的同时，西欧一些国家建立起封建专制的中央集权国家，运用国家力量支持商业资本的发展。随着商业资本的发展和国家支持商业资本的政策的实施，逐渐形成了重商主义的经济政策。重商主义是 15 世纪到 17 世纪代表商业资本利益的经济思想和政策体系。重商主义的对外贸易政策是资本主义生产方式准备时期欧洲国家普遍实行的一种保护贸易政策，是当时欧洲各国旨在实现国家富强的一系列重商主义经济政策的一个重要组成部分。

重商主义对外贸易政策的基本观点是，金银货币是衡量财富的唯一标准，国家一切经济活动的目的就是为了获取金银。金银是真正的财富，除了开采金银矿以外，只有对外贸易才是货币财富的真正来源。因此，要使国家变得富强，国家就必须干预，尽量使出口大于进口，因为贸易出超才会导致贵金属的净流入。一国拥有的贵金属越多，就会越富有、越强大。因此，政府应该竭力鼓励出口，不主张甚至限制商品（尤其是奢侈品）进口。重商主义经历了两个发展时期，即早期重商主义和晚期重商主义，或称早期重金主义和晚期贸易差额论。早期重商主义流行于 15 世纪至 16 世纪中叶，晚期重商主义流行于 16 世纪下半叶至 17 世纪晚期。

1. 早期重商主义

早期重商主义也称早期重金主义，重金主义主张绝对禁止贵金属（黄金）外流，为此国家对货币出境严加防范，由国家垄断全部货币占有。外国与本国进行贸易时将销售货物所得全部用于购买本国的货物，反对一切进口交易。重金主义学说以英国人威廉·斯塔福（W. Stafford，1554—1612）的观点为代表。他认为一切进口都会减少本国的货币，而货币的减少是不利于本国的，因此对外国的产品是少买或根本不买。与此同时应该鼓励出口，向外国销售本国产品，并且越多越好，因为出口越多从外国吸收的货币也就越多。总之，防止货币外流是重金主义对外贸易政策的指导原则。

2. 晚期重商主义

16 世纪下半叶，随着商业资本的发达、工场手工业的产生和信贷事业的发展，商品货币经济获得快速发展。人们开始明白把货币一动不动地放在钱柜里是死的，而流通中的钱会不断升值，因此开始反对货币流动的限制。于是管制货币的政策被管制货物进出口、保证贸易顺差、以达到金银流入为目的的贸易差额论所取代。

贸易差额论最重要的代表人是托马斯·孟（Thomas Mun，1571—1641），他的主要著作《英国得自对外贸易的财富》被称为贸易差额论的圣经。托马斯·孟的主要观点是，货币产生贸易，贸易增加货币。他认为发展对外贸易是增加财富的手段，但必须遵循的原则是出口商品价值要大于进口商品价值，每年的进出口贸易要保持顺差，以增加货币的流入量。他的理论以追求对外贸易顺差为目的，因此被称为“贸易差额论”或“真正的重商主义”。

晚期重商主义比早期重商主义在认识上前进了一步。早期重商主义把货币和商品完全对立起来，孤立地看待货币，千方百计地把货币保存在国内；而晚期重商主义则把货币和商品结合起来，把货币投入对外贸易中，努力获得贸易顺差，换回更多的货币。

晚期重商主义政策的特点是：在金银货币上，允许输出，但要从事海外贸易；在对外贸易上，增加出口，扩大贸易顺差，只要使本国在一定时期内对外贸易保持顺差即可。晚期重商主义政策的实行，在生产上促进了工厂手工业的发展，有利于手工业制品的出口和扩大贸易顺差，为商业资产阶级积累了更多的货币资本。当时实行这一政策的主要是西欧国家，尤其以英国最为典型。英国重商主义政策的主要内容有：国家垄断对外贸易，独立进行对外贸易；限制进口，征收保护关税；在殖民地经营独占性贸易和海运，使其成为本国原料的供应地和本国制成品的出口市场；实行谷物法，限制谷物进口；实行航海法，规定一切输往英国的货物必须用英国船只或原出口国船只运输；鼓励外国技工移入，限制本国技工外流；鼓励人口出生，以增加劳动力。

在当时的历史条件下，重商主义的对外贸易政策对于促进资本主义商品货币关系的发展，加速资本的原始积累，推动封建制度向资本主义制度过渡，具有一定的积极作用。但是，它在理论上只考察了流通领域，而没有深入生产领域。因而，这种“重流通、轻生产”，忽略生产领域作用的理论是不科学的。

6.2.2 保护幼稚工业政策

在19世纪资本主义自由竞争时期，当英国高唱自由贸易赞歌的时候，美国与德国却反其道而行之，先后实行了保护幼稚工业的贸易政策。

1. 保护幼稚工业贸易政策的实践

美国建国后，美国第一任财政部长汉密尔顿（Alexander Hamilton，1757—1804）代表独立发展美国经济的资产阶级的要求，在1791年12月提出的“制造业报告”（Report on Manufacture）中他认为，为使美国经济自立，应当保护美国的幼稚工业，其主要的方式是提高进口商品的关税。德国在19世纪70年代以后，新兴的产业资产阶级为避免外国工业品的竞争，使之能充分发展，便不断要求实施保护贸易措施。1879年，德国首相俾斯麦改革关税，对钢铁、纺织品、化学品、谷物等征收进口关税，并不断提高关税率，而且与法国、奥地利、俄国等进行关税竞争。1898年，又通过修正关税法，提高关税，使德国成为欧洲高度保护贸易国家之一。

2. 保护幼稚工业贸易政策的理论

保护幼稚工业贸易政策的理论，就其影响而言，李斯特的保护幼稚工业的贸易理论具有代表性。

李斯特（Friedrich List，1789—1846）是德国历史学派的先驱者，早年在德国提倡自由主义。自1825年作为外交官出使美国以后，受到汉密尔顿的影响，并亲眼见到美国实施保护贸易政策的成效，转而提倡贸易保护主义。他在1841年出版的《政治经济学的国民体系》一书中，系统地提出了保护幼稚工业的贸易学说。

（1）对古典学派自由贸易理论提出批评。

①指出“比较成本说”不利于德国生产力的发展。李斯特认为，向外国购买廉价的商品，表面上看起来是要合算一些，但是这样做的结果是德国的工业不可能得到发展，而会长期处于落后和从属于外国的地位。如果德国采取保护关税政策，一开始会使工业品的价格提高，但经过一段时期，德国工业得到充分发展，生产力将会提高，商品生产费用将会下跌，商品价格甚至会低于进口商品的价格。

②指出古典学派自由贸易学说忽视了各国历史和经济上的特点。古典派自由贸易理论认为，在自由贸易下，各国可以按地域条件、按比较成本形成和谐的国际分工。李斯特认为，这种学说是一种世界主义经济学，它抹煞了各国的经济发展与历史特点，错误地以“将来才能实现”的世界联盟作为研究的出发点。李斯特根据国民经济的发展程度，把国民经济的发展分为五个阶段，即“原始未开化时期、畜牧时期、农业时期、农工业时期、农工商业时期”。[①] 各国经济发展阶段不同，所采取的贸易政策也应不同。处于农业阶段的国家应实行自由贸易政策，以利于农产品的自由输出，并自由输入外国的工业产品，以促进本国农业的发展，并培育工业化的基础。处于农工业阶段的国家，由于本国已有工业发展，但并未发展到能与外国产品相竞争的地步，故必须实施保护关税制度，使它不受外国产品的打击。而处于农工商业阶段的国家，由于国内工业产品已具备国际竞争能力，不再惧怕国外产品的竞争，故应实行自由贸易政策，以享受自由贸易的最大利益，刺激国内产业进一步发展。

李斯特认为英国已达到最后阶段（农工商业时期），法国在第四阶段与第五阶段之间，德国与美国均在第四阶段，葡萄牙与西班牙则在第三阶段。因此，李斯特根据其经济发展阶段的观点，主张当时的德国实行保护幼稚工业政策，促进德国工业化，以对抗价廉物美的英国工业产品的竞争。

（2）主张国家干预对外贸易。自由贸易理论视国家为被动的警察（Passsive Policeman），李斯特则把国家比喻为国民生活中如慈父般的有力指导者。他认为，国家的存在比个人的存在更为重要。国家的存在为个人与人类全体的安全、福利、进步以及文化等的第一条件。因此，个人的经济利益应从属于国家的真正的财富的增加与维持。他认为，国家在必要时可限制国民经济活动的一部分，以保持其整体的经济利益。他以风力和人力在森林成长中的作用来比喻国家在经济发展中的重要作用。他说：“经验告诉我们，风力会把种子从这个地方带到那个地方，因此荒芜原野会变成稠密森林，但是要培养森林因此就静等着风力作用，让它在若干世纪的过程中来完成这样的转变，世界上岂有这样愚蠢的办法吗？如果一个植林者选择树秧，主动栽培，在几十年内达到了同样的目的，这倒不算是一个可取的办法吗？历史告诉我们，有许多国家，就是由于采取了那个植林者的办法，胜

① 李斯特：《政治经济学的国民体系》，中译本，商务印书馆1961年版，第155页。

利实现了他们的目的。"[①] 因此，李斯特主张，在国家的干预下实行保护幼稚工业贸易政策。

（3）保护的对象与时间。李斯特保护贸易政策的目的是促进生产力的发展。经过比较，李斯特认为大规模机器制造工业的生产力远远大于农业。他认为重农业的国家，人民精神萎靡，一切习惯与方法偏于守旧，缺乏文化福利与自由；而着重工商业的国家则不然，其人民充满增进身心与才能的精神。根据这个看法，他提出，农业不需要保护。只有那些刚从农业阶段跃进的国家，距离工业成熟时期尚远，才适宜于保护。一国工业虽然幼稚，但在没有强有力的竞争者时，也不需要保护。只有刚刚开始发展且有强有力的外国竞争者的幼稚工业才需要保护。李斯特提出的保护时间以30年为最高限期。

（4）保护幼稚工业的主要手段。通过禁止输入与征收高关税的办法来保护幼稚工业，以免税或征收轻微进口税方式鼓励复杂机器进口。为保护幼稚工业，李斯待提出："对某些工业品可以实行禁止输入，或规定的税率事实上等于全部或至少部分的禁止输入。"[②] 同时，对"凡是在专门技术与机器制造方面还没有获得高度发展的国家，对于一切复杂机器的输入应当允许免税或只征收轻微的进口税"。[③]

总之，李斯特的保护贸易理论不仅对德国工业资本主义的发展起到了很大的促进作用，而且为较落后的国家指明了一条比较切合实际的国际贸易发展道路。

6.2.3 超保护贸易政策

在第一次世界大战结束和二次世界大战爆发之前，资本主义经济出现了垄断经济，并于1929年到1933年之间，资本主义世界爆发了空前的经济危机，矛盾变得异常尖锐，各国纷纷寻求自保。许多资本主义国家都提高了关税，通过外汇限制和数量限制等办法限制进口；同时，国家积极干预外贸，鼓励出口。这时候，英国也抛弃了自由贸易政策，超保护贸易政策在全球兴起。

超保护贸易政策与第一次世界大战前保护贸易政策的区别主要表现在以下几个方面。

（1）保护的对象扩大了。超保护贸易政策不但保护幼稚工业，而且更多地保护国内高度发达或出现衰落的工业。

（2）保护的目的变了。超保护贸易政策不再是培养竞争的能力，而是巩固和加强对国内外市场的垄断。

（3）转入进攻性。以前保护贸易政策是防御性地限制进口，超保护贸易政策是要在垄断国内市场的基础上对国内外市场进行进攻性的扩张。

（4）保护大企业资产阶级利益。从保护一般的工业资产阶级转向保护大企业资产阶级。

（5）保护的措施多样化。保护的措施不仅有关税，还有其他各种各样的奖励出口和限

---

① 李斯特：《政治经济学的国民体系》，中译本，商务印书馆1961年版，第155页。

② 李斯特：《政治经济学的国民体系》，中译本，商务印书馆1961年版，第261页。

③ 李斯特：《政治经济学的国民体系》，中译本，商务印书馆1961年版，第265页。

制进口的措施。

在上述历史背景下，各国经济学者提出了各种支持超保护贸易政策的理论根据，其中有重大影响的是凯恩斯的学说。

凯恩斯（John Magnaord Keynes，1883—1946）是英国资产阶级经济学家，是凯恩斯主义的创始人。他的代表作是《就业、利息和货币通论》，于 1936 年出版。凯恩斯的基本思想是，把对外贸易和国内就业机会结合起来，主张国家积极干预对外贸易，充分利用贸易顺差保持和扩大国内的就业机会，实现充分就业，增加有效需求，促进经济增长。

1. 新贸易顺差论

凯恩斯认为传统的外贸理论不适用于现代社会。古典学派的贸易理论是建立在国内充分就业这个前提下的。而 20 世纪 30 年代，大量失业存在，自由贸易理论“充分就业”的前提条件已不复存在。其次，古典学派自由贸易论者虽然以“国际收支自动调节说”说明贸易顺、逆差最终均衡的过程，但忽略了在调节过程中对一国国民收入和就业所产生的影响。凯恩斯认为应当仔细分析贸易顺差与逆差对国民收入和就业的作用。他认为贸易顺差能增加国民收入、扩大就业，而贸易逆差则会减少国民收入、加重失业。凯恩斯指出，一国总投资包括国内投资和国外投资。国内投资额由“资本边际效率”和“利息率”决定，对外投资量由贸易顺差大小决定。贸易顺差可为一国带来黄金，扩大支付手段，降低利息率，刺激物价上涨，扩大投资，有利于缓和国内危机和扩大就业量。因此，他赞成贸易顺差，反对贸易逆差。

2. 对外贸易乘数论

凯恩斯的支持者们在凯恩斯投资乘数理论的基础上引申出对外贸易乘数理论。他们认为，一国的出口和国内投资一样，有增加国民收入的作用；一国的进口，则与国内储蓄一样，有减少国民收入的作用。当商品和劳务出口时，从国外得到的货币收入会使出口产业部门收入增加，消费也增加。它必然引起其他产业部门生产增加，就业增多，收入增加。如此反复下去，收入增加量将为出口增加量的若干倍。反之亦然。

由此他们得出结论，国民收入的增加量将为贸易顺差的若干倍。这就是对外贸易乘数理论的含义。对外贸易顺差对国民收入的影响倍数公式为

$$\Delta Y = K\ (\Delta X - \Delta M)$$

式中　ΔY——国民收入的增加量；

ΔX——出口的增加量；

ΔM——进口的增加量；

K——对外贸易乘数。

由公式可见，一国越是扩大出口、减少进口，贸易顺差越大，对本国经济发展作用越大，解决失业问题的作用也越大。对外贸易乘数理论为超保护贸易政策提供了理论根据。

6.2.4 新贸易保护政策

20世纪70年代中期以后，随着西欧和日本经济迅速赶超美国，发达国家经济发展不平衡加剧，而两次石油危机使发达国家经济陷入滞胀和衰退，使他们对世界市场的争夺日益激烈，市场矛盾日益突出。在此情况下，以美国为首所推动的贸易自由化到70年代中期逐渐停顿下来，国际贸易中非贸易自由化倾向日趋加强。特别是随着外贸逆差的不断加强，美国国内贸易保护的呼声增加，以美国为代表的新贸易保护主义思潮因此兴起，并延续至今。

1. 新贸易保护的主要特点

(1) 保护政策目标发生改变。传统贸易保护主义是经济较落后国家为了发展本国民族经济、实现工业化目标，通过对某部门或行业实行保护措施来促进这些部门或行业迅速成长的理论或思潮。这种保护的最后趋势是走上自由贸易之路，它并不改变国际贸易自由化的总趋向。新贸易保护主义是经济发达国家为了保住昔日的经济优势地位，通过广泛实行保护措施来维持其政治与经济利益的理论或思潮，其政策行为可能影响到国际贸易自由化的总趋向。

(2) 保护的商品范围扩大。传统贸易保护主义主要在商品贸易与资本贸易领域实行保护，而新贸易保护主义的保护领域扩展到了服务贸易和技术贸易领域。在服务贸易方面，很多发达国家在签证申请、投资条例、收入汇回等方面做出保护性限制，以培育和确保自己的优势。在工业品方面，从纺织品、鞋、陶瓷、胶合板等“敏感商品”直到钢铁、彩电、汽车、计算机、数控机床等皆被列入保护范围。

(3) 保护措施体系化。传统贸易保护主义主要采用关税壁垒，但由于关贸总协定主持下的八轮多边贸易谈判使各国关税水平大幅度削减，发达国家的平均关税率从1948年的36%下降到2000年的4%左右，关税的保护作用日益减小。针对这一状况，20世纪70年代以来发达国家竞相采用非关税壁垒来限制商品进口，并使之体系化。主要表现在两个方面。

①强化非关税措施使用。据WTO统计，20世纪90年代，全世界非关税壁垒由20世纪70年代末的800多项增至8大类75种3000项。

②奖出限入的重点由限制进口转向鼓励出口，纷纷从经济、法律、组织等多方面促进商品输出。这些措施包括实行出口补贴、出口信贷及出口信贷国家担保制，实施商品倾销和外汇倾销，设立出口加工区；国家设立各种促进出口的行政机构，协助本国出口商对国外市场的扩张。有的国家还设立各种评奖制度，奖励在出口方面做出成绩的出口商等。

(4) 管理贸易制度系统化。管理贸易是一种介于自由贸易与保护贸易之间、以协调为中心、以政府干预为主导、以磋商为手段，政府对对外贸易进行干预、协调和管理的贸易制度。有人称为“不完全的自由贸易”和“不断装饰的保护贸易”。20世纪70年代中期以后，在世界各国各地区贸易保护主义色彩日益浓厚，而又没有谁公开声明反对自由贸易的情况下，管理贸易便在国际贸易中逐渐盛行。管理贸易具有如下基本特点。

①以立法形式使贸易管理法规化、制度化。为使国家对外贸易的管理合法化，各发达国家加强贸易立法，使国家管理对外贸易的法律由过去的单行法律发展为以外贸法为中心、与其他国内法相配套的法律体系。如美国 1974 年贸易法案中的“301 条款”授权总统对美国出口实施不公平待遇的国家进行报复。1988 年的“综合贸易法”更以反对一切不公平贸易为由，加强了保护的色彩。其中的“超级 301 条款”和“特别 301 条款”分别要求政府对公平贸易做得不好和对保护美国知识产权做得不好的国家进行谈判或报复。美国是使管理贸易合法化的代表，其涉及管理外贸的法律达 1000 多种。

②在不放弃多边协调的同时，更多地采用单边管理、双边协调。由于世界经济区域化、集团化倾向的加强，国际多边贸易体制受到削弱。为此，主要发达国家，尤其是美国，更多地借助双边贸易谈判，必要时不惜采取单边贸易制裁，以达到“公平、互惠”的目的。如美国以 1988 年“综合贸易法”为依据，强调对等互惠条件，加强针对性的双边贸易谈判，使“自由与公平”方针成为美国对外贸易的基石。在美国的压力下，西欧、日本等对美国有贸易盈余的国家都在许多具体领域做出了大量让步，有限度地开放市场，扩大内需。

③管理措施以非关税措施为主，行政部门拥有越来越大的裁量权。这是因为非关税措施大多由行政机构实行，在非关税措施使用日益广泛的情况下，行政机构对贸易政策的影响必然越来越大。

④新贸易保护主义使贸易上的歧视性有所增强。随着管理贸易体制逐步向双边和区域内多边体制的过渡，一些发达国家蓄意背离关贸总协定的无歧视原则，寻找各种借口对政治上不友好的国家或集团实行歧视性待遇。例如，欧盟、北美自由贸易区及其他区域性贸易集团，对非成员国商品的进口都有明显的差别待遇，以限制集团外产品的进口，保护集团成员国的利益。

（5）区域性贸易壁垒增强。区域上，传统贸易保护主义以国家贸易壁垒为基础，而新贸易保护主义趋向于区域性贸易壁垒，即由一国的贸易保护演变为区域性贸易保护。在区域范围内，国家之间仍实行自由贸易，而对区域外国家则实行共同的关税壁垒。

（6）跨国公司在管理贸易中的地位不断上升。随着经济实力的日渐壮大，跨国公司对发达国家的社会经济影响举足轻重。因此，各发达国家都通过跨国公司的跨国经营活动来贯彻其对外贸易政策，跨国公司日益成为各国实行管理贸易的主角。它体现在发达国家许多高技术、高层次、大规模的投资贸易活动都围绕跨国公司来进行，有时政府还直接参与公司具体的贸易活动。如 1996 年，美国政府就直接参与到美国柯达公司和日本富士公司的胶卷纠纷中，逼迫日本对柯达胶卷开放市场。

2. 新贸易保护主义政策兴起的理论基础

（1）国内市场扭曲矫正论。该理论认为，当国内市场由于环境污染、失业、技术外溢、生产要素不能有效流动等外部因素导致“扭曲”，价格机制不能充分发挥作用时，根据“次优原理”（Second Best Theory），采取关税或其他保护措施，以人为的“扭曲”矫正原来的“扭曲”，比实行自由贸易要好。

（2）维持国内高水平工资论。一些工资水平高的国家认为，经济发展比较落后而劳动力相对丰富的国家工资水平较低。如果自由进口这些国家的产品，难以维持较高的工资水平与生产水平。为了维持本国员工较高的工资水平，避免廉价劳动产品的竞争，必须实施保护政策。

（3）维护公平竞争论。该理论认为，国际贸易中的倾销和补贴违背了公平竞争原则。为了避免伤害，必须采取反倾销和反补贴等保护措施予以报复和制裁，以维护公平贸易秩序。

（4）改善国际收支论。该理论认为，当一国贸易收支或国际收支逆差较大，或出现通货膨胀与金融危机时，征收关税与限制进口措施可减少进口，有助于改善贸易收支和国际收支。

（5）战略贸易理论。在众多的学说观点中，以赫尔普曼（E. Helpman）和克鲁格曼（Krugman）等为代表的战略贸易理论（Strategic Trade Theory）为新贸易保护主义的国家贸易干预政策提供了最有力的理论依据。其核心观点是，通过关税、出口补贴等政府干预，支持企业进入战略性产业，形成竞争优势，扩大产品出口并带动相关产业的发展。

美国波音公司和欧洲空中客车公司在飞机制造业中的博弈模型很好地阐释了战略贸易理论。假定世界飞机制造业是只有空中客车公司和波音公司两家寡头竞争的战略性产业。图6-1（a）表示没有政府干预情形下双方的竞争态势。

(a)

波音公司 \ 空中客车公司	生产	不生产
生产	A(−5,−5)	B(100,0)
不生产	C(0,100)	D(0,0)

(b)

波音公司 \ 空中客车公司	生产	不生产
生产	A(−5,20)	B(100,0)
不生产	C(0,125)	D(0,0)

图 6-1　空中客车公司与波音公司的竞争分析

（a）政府不干预情形下的竞争态势；（b）政府干预情形下的竞争态势

如图 6-1（a）所示，在 A 情况下，两家公司都参与生产，则各亏损 5 万美元；在 B 和 C 情况下，一家退出，则另一家可获利 100 万美元。

现在假定，在空中客车公司想退出竞争时，得到政府 25 万美元的资助，则竞争的格局就发生了变化。在两家都经营下去的情况下，空中客车公司仍可获利 20 万美元。当波音公司支持不下去而退出竞争后，整个市场就被空中客车公司独占，如图 6-1（b）所示。

这一模型表明，政府的支持干预政策会改变企业在战略性行业中的竞争格局，实现政府的产业发展战略目的。

（6）保护国家安全论。该理论主张，为保证国家的经济安全，必须对关系到国计民生和国防安全的产业实行贸易保护，以达到国外供给骤减或断绝时能够自给自足。此外，为了保护良好的生态环境，防止他国输出污染，也需要采取保护措施。

6.3　自由贸易政策

6.3.1　英国的自由贸易政策

自由贸易政策为经济实力强的国家所采用，为国内成长产业集团所推动，它们是主要受益者。对经济实力薄弱的国家及幼稚产业，却意味着市场被外国占领，它们是主要受害者。因而自由贸易被认为是“强者”的政策。

英国是最早实行自由贸易政策的国家。在 18 世纪后半期，英国最先通过产业革命，确立了资本主义在国内的统治地位，大机器工业代替了手工工业，工业生产迅速发展。很快英国成为 19 世纪最强大的工业国家，1850 年其工业产量占世界工业总产量的 30%。同时英国又是最大的殖民帝国，版图占地球陆地面积的四分之一，殖民地面积超过本土 10 倍。英国成为“世界工厂”，它的商品销向全世界，原料、食品购自全世界。重商主义的保护贸易政策便成为束缚英国经济发展和阻碍英国工业资产阶级对外扩张的严重障碍。这就决定了英国必须冲破国内保护贸易的限制，积极推行自由贸易政策。

1. 废除谷物条例

该条例是当时英国重商主义保护贸易的重要立法，为保持国内粮食价格处于较高水平，用征收滑准关税的办法，限制谷物进口，保护贵族地主阶级的利益。谷物法的实施，引起了其他粮食输出国对英国工业品也提高关税，英国资产阶级的利益受到了损害。因此，工业资产阶级在自由贸易的口号下与贵族地主展开了反对谷物法的斗争。该条例终于在 1846 年废除，工业资产阶级从中获得降低粮价、降低工资的利益。

2. 改革关税制度

1825 年英国开始简化税法，废止旧税率，建立新税率。关税税率大幅降低，1842 年英国进口项目共有 1 052 个，1859 年减至 419 个，1860 年减至 48 个，以后又减至 43 个；同时把极复杂的关税税则加以简化，绝大部分进口商品不予征税，并基本上废除出口税。

3. 签订自由通商条约

1860 年英法通商条约以及后来的英意、英荷、英德等通商条约是以自由贸易精神签订的，其中相互提供最惠国待遇，放弃贸易歧视，意味着英国自由贸易政策在国际上的胜利。

4. 废除航海法

航海法是英国限制外国航运业竞争和垄断殖民地航运业的政策。从1824年开始，英国逐步废除这些限制法令。从1849年到1854年，英国的沿海贸易和殖民地贸易全部对其他国家开放，这使得航运业向所有国家开放。

5. 取消特权公司

在1813年和1834年东印度公司对印度和中国贸易的垄断权分别被废止，从此，对印度和中国的贸易开放给所有的英国人。

6. 取消对殖民地的贸易垄断

在18世纪英国对其殖民地的航运享有特权，殖民地的货物输入英国享受特惠关税的待遇。航海法被废止后，殖民地可以对任何国家输出商品，也可以从任何国家输入商品。通过关税税制的改革，废止了对殖民地商品的特惠税率，从此殖民地商品和外国输入商品在英国市场处于同等竞争地位。

自由贸易政策的理论基础是绝对成本学说、比较成本学说以及要素禀赋论等。这些理论的主要观点是各国可以按照绝对优势、比较利益、要素丰缺状况，专心生产对其最有利和有利较大或不利较小的商品，促成各国的专业化分工和交换，这样做有利于提高劳动生产率，有利于使生产要素（劳动或资本）得到最优化的配置。通过国际交换，还可以节约劳动，增加国民财富。

6.3.2 第二次世界大战以后的自由贸易政策

第二次世界大战后，随着资本主义世界经济的恢复和迅速发展，从20世纪50年代到70年代初，发达资本主义国家的对外贸易政策以贸易自由化为主。贸易自由化是指主要资本主义国家在世界范围内采取降低关税和放松其他进口限制以逐步实现国际商品自由流通的政策倾向。主要表现为以下几个方面。

1. 大幅削减关税

首先，在《关税与贸易总协定》范围内，各缔约方大幅削减关税。经过八轮多边贸易谈判，各缔约方的平均进口最惠国待遇税率从50%左右下降到5%以下。其次，欧洲经济共同体实行关税同盟，对内取消关税，对外通过谈判达成关税减让的协议，导致关税大幅下降。再次，通过实施普遍优惠制，发达国家对来自发达国家和地区的制成品和半制成品的进口给予普遍的、非歧视和非互惠的关税优惠，这也导致了关税的大幅度削减。

2. 降低或撤销非关税壁垒

战后初期，为了保护国内经济，发达国家对许多商品进口实行进口限额、进口许可证和外汇管制等措施，以限制进口。后来，随着经济的恢复和发展，发达国家不同程度上放宽了进口数量的限制，与此同时，还不同程度地放宽了外汇管制，恢复了货币自由兑换，实行外汇自由化。

本章小结

本章首先介绍了对外贸易政策的含义、对外贸易政策的类型、对外贸易政策的制定；然后沿着历史发展轨迹，对重商主义、保护幼稚工业政策、超保护贸易和新贸易保护政策的内容进行了阐述；同时对二战前和二战后主要资本主义国家的自由贸易政策进行了介绍。了解这些理论、政策提出的背景原因、理论主张、所起的积极作用和自身局限性以及目前国际贸易中各国对外政策的总体趋势，对我们借鉴其他国家的成功经验，结合我国的实际情况，采取有效对外贸易政策来发展我国对外贸易，促进我国经济的繁荣具有重要意义。

思考与练习

一 单选题

1. 对外贸易政策的基本类型有自由贸易政策和（　　）。

A. 超保护贸易政策　　B. 保护贸易政策

C. 管理贸易政策　　D. 战略性贸易政策

2. 15 世纪至 17 世纪，为了完成资本的原始积累，英法等欧洲资本主义国家信奉（　　）的学说和政策。

A. 互惠主义　B. 多边主义　C. 重商主义　D. 重金主义

3. 经过长期斗争之后，（　　）于 19 世纪前期成为带头实行自由贸易政策的国家。

A. 法国　B. 德国　C. 英国　D. 美国

4. 20 世纪 70 年代中期新贸易保护主义蔓延，贸易保护制度趋向于（　　）制度。

A. 互惠贸易　B. 管理贸易　C. 多边贸易　D. 双边贸易

5. 超贸易保护理论的代表人物是（　　）。

A. 李斯特　B. 凯恩斯　C. 弗里德曼　D. 威廉·斯塔夫

6. 李斯特提出通过禁止输入与（　　）的办法来保护幼稚工业。

A. 生产补贴　　B. 征收高关税

C. 保护国内市场　　D. 出口退税

7. 战略性贸易论作为新贸易理论的一部分，以不完全竞争和（　　）理论为基础。

A. 市场经济　B. 计划经济　C. 规模经济　D. 规模不经济

8. 李斯特的保护贸易学说存在的缺陷之一是对（　　）概念的理解是混乱的。

A. 幼稚工业　B. 生产力　C. 贸易保护　D. 关税

9. 管理贸易是以协调为中心，以（　　）干预为主导。

A. 国家　B. 政府　C. 行政　D. 法律

10. 美国 1988 年《综合贸易法》中的“特别 301 条款”是专门针对(　　)问题设置的。

A. 农产品　B. 纺织品　C. 知识产权保护　D. 工业制成品

三 思考题

1. 战后新贸易保护主义有哪些主要的特点？
2. 试述发达国家对外贸易政策的发展趋势和特点。
3. 简述李斯特保护幼稚工业学说的主要内容，并指出该学说存在哪些缺陷？
4. 举例说明战略性贸易理论的原理。
5. 对外贸易理论是从何演变而来的？

技能实训

学生分组收集有关“中国皮鞋反倾销案”的数据及资料，分析中国鞋业面临的现状，并探讨今后的对策。

案例讨论

霍利—斯穆特关税法出台始末

寻租，是一种为追求经济报酬所进行的非生产性活动。这种活动投入一定的人力、财力与精力（时间），由此增加交易中的成本。最为典型的案例就是欧美国家私营企业为获得国家贸易保护、维持垄断权利、谋求国家企业的转让所进行的各种院外活动。

一战结束后，各交战国在经济短期通货膨胀的景气后便发生了经济危机，为保护国内市场，各国相继开征新关税，并实行进口配额等非关税壁垒。经济危机期间，美国的出口市场受到沉重打击，不少工厂纷纷停工或关闭。先是橡胶、汽车、造丝工业的不景气，然后又波及各个部门，农业遭受的打击最大，并陷入长期慢性萧条之中。

农业的萧条对政府产生了很大的政治压力。1921年5月，来自各农业州的两院议员组成一个“农业集团”，要求政府立法保护农民的利益。当月，政府召开特别会议，通过紧急关税法，对小麦、玉米、肉类、羊毛、食糖等农产品的进口课以高关税。1922年9月19日，国会又通过了福德尼—麦坎伯关税法，恢复了1909年的高额关税和早期一些关税，例如恢复对钢铁的关税，提高纺织品的进口税，包括农产品和工业品在内的许多部门受到高关税的保护。这一法令对“战时幼稚工业”主要是化学工业和染料工业给予了特别的保护。1927年，战后首次世界经济会议在日内瓦召开，从会议提供的统计资料可以看出，这时的美国是仅次于西班牙的世界第二高关税国，见下表。

1925年世界一些国家的工业品关税

国　　家	关税税率
英国、荷兰	10%以下
丹麦、瑞士	10%～15%
奥地利、比利时、印度、瑞典	15%～20%
加拿大、法国、德国、意大利、南斯拉夫	20%～25%
阿根廷、澳大利亚、捷克斯洛伐克、匈牙利	25%～30%
波兰	30%～35%
西班牙、美国	35%以上

注：关税水准以商品价格的百分比表示。资料来源：J. H. 里查得逊《国际合作研究》，1931。

随着经济大萧条的到来，美国国内提高关税的呼声有增无减。1929年1月，国会召开关税改革听证会，再次试图帮助农场主摆脱萧条。4月国会议员霍利（Hawley）和斯穆特（Smoot）联名提出关税议案。同年10月，纽约股市崩溃，美国乃至世界经济陷入空前的大危机。此时不光是农业部门要求保护，一个个工业部门也大喊大叫要求增加保护以刺激就业。院外各压力集团的游说，院内议员相互交易，互投赞成票，最终导致1930年美国历史上最高关税法——霍利—斯穆特关税法诞生。该法律修订了1125种商品的进口税率，其中增加税率的商品有890种，有50种商品由过去的免税改为征税。尽管降低税率的商品有235种，并有75种商品由征税改为免税，但就总体来看，农作物原料的平均税率由38.1%提高到48.92%；其他商品的税率由31.02%提高到34.3%。根据1932年进口情况看，估计实际上税物品的平均税率达到53.2%。

尽管当时的胡佛总统认为这一关税法符合美国的最高利益，但它所产生的后果却是十分严重的。由于高关税限制了进口，1914年以来其他国家对美国的贸易逆差进一步扩大。为阻止危机蔓延，各国对进口都采取了严厉的措施，竞相征收新关税或采取其他限制手段，以保护本国产业，刺激国内生产复苏。

1931 年英镑贬值，1934 年美元跟着贬值，为了保护本国商品，法国和其他欧洲国家都实行了进口管制。这样一来，原先指望通过扩大贸易来恢复全球经济的幻想在各国严格的外贸管制下破灭了，世界经济状况进一步恶化。

1929 年至 1933 年经济危机后，整个资本主义世界陷入全面大萧条，这一状况直到 1936 年才略有好转，对外贸易的恢复则比生产复苏还要滞后。以世界进口总额为例，1928 年时已达到 601 亿美元，但到 1938 年仅为 246 亿美元，不足大危机前的一半，当然这里也有价格下跌的因素。美国的经济复苏问题后来通过罗斯福总统的新政才得以解决。

思考与讨论：

1. 本案例中寻租活动主要体现在哪些方面？

2. 本案例中的寻租活动给美国外贸政策的制定、对外贸易与经济发展带来了什么样的影响？

3. 导致本案例中寻租活动发生的原因是什么？

第7章 对外贸易措施

学习目标

掌握关税壁垒的特点、种类、计算方法以及海关税则和通关手续的办理，了解非关税壁垒的特点和种类，鼓励出口措施的种类，管制出口的措施，以及世界范围内主要的经济特区措施。

案例导入

美国针对中国轮胎的特保案

2009年4月20日，美国钢铁工人联合会以中国对美轮胎出口扰乱美国市场为由，向美国国际贸易委员会提出申请，对中国产乘用车轮胎发起特保调查。2009年6月29日美国国际贸易委员会以中国轮胎扰乱美国市场为由，建议美国在现行进口关税（3.4%～4.0%）的基础上，对中国输美乘用车与轻型卡车轮胎连续三年分别加征55%、45%和35%的从价特别关税。美国白宫北京时间2009年9月12日宣布，美国总统巴拉克·奥巴马决定对中国轮胎特保案实施限制关税，为期三年。白宫在一份声明中表示，第一年将对从中国进口的轮胎加征35%关税，第二年加征30%关税，第三年加征25%关税。我国轮胎年出口量占总产量的40%以上，根据统计，2008年中国对美国轮胎出口金额约22亿美元。如果削减输美轮胎半数产量，就意味着我国会出现12%的剩余轮胎产能。此外，根据WTO规则，如果奥巴马批准了对中国的特保制裁，相关国家可以直接援引美国的制裁方案。

（资料来源：http：//baike. baidu. com/view/2739414. htm）

分析：在当今世界经济中，国际贸易政策在各国经济增长和经济发展中起着非常重要的作用，已经成为国际贸易环境的重要组成部分，而各国贯彻实施国际贸易政策要通过具体的措施和手段来实现。近年来由于全球金融危机的严重影响，国际贸易保护主义不断升温，许多国家和地区纷纷采取贸易保护措施，突出表现在以下几个方面：一是滥用贸易救济措施；二是采取提高约束关税或对进口产品采取禁止或限制措施；三是对进口产品设置技术性贸易壁垒；四是出台扶持本国产业的补贴、资助措施；五是通过货币贬值等手段保持出口竞争力。这些贸易歧视、限制进口和贸易报复的手段影响了国际贸易的正常进行。

7.1 关税壁垒

关税是进出口商品经过一国关境时，由政府所设置的海关向其进出口商所征收的一种税。

关税是通过海关征收的。海关是设在关境上的国家行政管理机构，是贯彻执行本国有关进出口政策、法令和规章的重要工具。其任务是根据这些政策、法令和规章对进出口货物、货币、金银、行李、邮件、运输工具等实行监督管理，征收关税，查缉走私货物，临时保管通关货物和统计进出口商品等。海关还有权对不符合国家规定的进出口货物不予放行，或予以罚款、没收或销毁。

征收关税是海关的重要任务之一。海关征收关税的领域叫做关境或关税领域。它是海关所管辖和执行有关海关各项法令和规章的区域。一般说来，关境和国境是一致的，但有些国家在国境内设有自由港、自由贸易区和出口加工区等经济特区，这些地区不属于关境范围之内，这时关境小于国境。有些国家缔结成关税同盟，参加关税同盟的国家的领土即成为统一的关境，这时关境大于每个成员国国境。

7.1.1 关税的特点

关税是国家财政收入的一个重要组成部分。它与其他税收一样，具有强制性、无偿性和预定性。强制性是指税收是凭借法律的规定强制征收的，而不是一种自愿缴纳，凡要交税的，都要按照法律规定无条件地履行自己的义务，否则就要受到国家法律的制裁。无偿性是指征收的税收除特殊例外，都是国家向纳税人无偿取得的国库收入，国家不需付出任何代价，也不必把税款直接归还给纳税人。预定性是指国家事先规定一个征税的比例或征税数额，征、纳双方必须共同遵守执行，不得随意变化和减免。关税的特点主要体现在以下 4 个方面。

（1）关税的纳税主体即关税的纳税人是本国进出口商，关税的课税客体（课税对象）是进出关境的货物和物品。

（2）关税以货物或物品进出关境为征税环节。关税是主权国家对进出关境的货物和物品统一征收的税种。货物或物品进出口，通关过境是必不可少的环节，即使是零关税，也是关税。

（3）关税属于间接税。按照纳税人的税负（Incidence）转嫁与归宿，通常把税收分为两大类，即直接税和间接税。前者指纳税人依法纳税并直接承担，税负不能转嫁给他人。

后者指由纳税人依法纳税，但可通过契约关系或交易过程将税负的一部分或全部转嫁给他人。关税是对进出口商品征税，其税负可以由进出口商垫付税款，然后把它作为成本的一部分加在货价上转嫁出去。

（4）关税是体现对外贸易政策的重要手段。因为关税属于间接税，某种商品关税税率的高低会直接影响该种商品的价格，进而可起到调节进出口贸易的作用，因此许多国家通过制定和调整关税税率来调节进出口贸易，把它作为体现对外贸易政策的重要手段。在出口方面，通过低税、免税和退税来鼓励商品出口；在进口方面，通过税率的高低、减免来调节商品的进口。对于国内能大量生产或者暂时不能大量生产但将来可能发展的产品，规定较高的进口关税，以削弱进口商品的竞争能力，保护国内同类产品的生产和发展。对于非必需品或奢侈品的进口制定更高的关税，达到限制甚至禁止进口的目的。对于本国不能生产或生产不足的原料、半制成品、生活必需品或生产上的急需品的进口，制定较低税率或免税，鼓励进口，满足国内的生产和生活需要。

7.1.2　关税的分类

1. 按照征收的对象或商品流向划分

按照征收的对象或商品流向，关税可分为进口税、出口税、过境税。

（1）进口税。进口税（Import Duties）是进口国家的海关在外国商品输入时，根据海关税则对本国进口商所征收的关税。这种进口税在外国货物直接进入关境或国境时征收，或者外国货物由自由港、自由贸易区或海关保税仓库等提出运往进口国的国内市场，在办理海关手续时根据海关税则征收，因而又称为一般进口税。

进口税主要可分为最惠国税和普通税两种，最惠国税适用于与该国签订有最惠国待遇条款的贸易协定的国家或地区所进口的商品；普通税适用于与该国没有签订这种贸易协定的国家或地区所进口的商品。最惠国税率比普通税率低，两者税率差往往很大。例如美国对玩具的进口征收最惠国税率为 6.8%，普通税率为 70%。第二次世界大战后，大多数国家都加入了关税与贸易协定或者签订了双边贸易条约或协定，相互提供最惠国待遇，享受最惠国税率，因此这种关税通常又被称为正常关税。

进口国家并不是对所有进口商品都一律征收高关税。一般说来，大多数国家对工业制成品的进口征收较高关税，对半制成品的进口税率次之，而对原料的进口税率最低甚至免税。具体来说，各个国家对各类商品征收的关税税率也不尽相同。

（2）出口税。出口税（Export Duties）是出口国的海关在本国产品输往国外时，对出口商所征收的关税。征收这种税势必提高本国商品在国外市场上的销售价格，削弱商品的竞争能力，不利于扩大出口。因此发达国家一般都取消了出口税，发展中国家也有减少的趋势。征收出口税主要有以下几个原因：为了增加本国财政收入；为了保护本国生产或市场供应；发展中国家将其作为同跨国公司进行掠夺经营斗争的手段。我国目前绝大多数货物都免于征收出口关税，或者实行零关税政策。但对于那些低附加值高耗能产品，比如生铁（20%出口关税），还有那些国内稀缺资源，比如稀有金属，等等，也会征收相当比例的出口关税，以保证国内供给，促进经济的平衡发展。

（3）过境税。过境税（Transit Duties）又称通过税，它是一国对于通过其关境的外国货物所征收的关税。为了鼓励外国商品过境以增加本国有关行业的收益和财政收入，二战后，大多数国家都不征收这种税，只在外国商品通过其关境时征收少量的准许费、印花费、登记费和统计费等。

2. 按照征收关税的不同目的划分

按照征收关税的不同目的，关税可以分为财政关税和保护关税。

（1）财政关税。财政关税（Revenue Tariff）是以增加国家财政收入为主要目的而征收的关税。财政关税税率要适中或较低，税率过高将阻碍进口，达不到增加财政收入的目的。但随着世界经济的不断发展，财政关税在财政收入中的重要性已经日益降低。这一方面是由于其他税源增加，更重要的是在激烈的世界市场竞争中，发达国家广泛利用高关税限制商品的进口，保护国内市场和国内生产，财政关税已为保护关税所代替。

（2）保护关税。保护关税（Protective Tariff）是指以保护本国工业、农业和服务业以及科学技术发展为主要目的而征收的关税。保护关税税率越高越能达到保护的目的。如果税率高达100%以上，等于禁止进口，称为禁止关税（Prohibited Duty）。

3. 按照差别待遇和特定的实施情况划分

按照差别待遇和特定的实施情况，关税可以分为进口附加税、特惠税、普遍优惠制。

（1）进口附加税。进口附加税（Import Surtaxes）指对进口商品除了征收一般进口税外，往往还根据某种目的而额外加征的关税。

进口附加税通常是一种限制进口的临时性措施，其主要目的有：应付国际收支危机，维持进出口平衡；防止外国商品低价倾销；对国外某个国家实行歧视或报复等。因此，进口附加税又称特别关税。如1971年8月15日，美国为了应付国际收支危机，实行“新经济政策”，宣布对外国商品的进口一律征收10%进口附加税，这种做法遭到各国的强烈反对，同年12月20日这一决定被迫宣布取消。1984年7月19日智利为了反对外国商品倾销对40种进口商品征收15%的进口附加税。

进口附加税可以是对所有进口商品征收，也可以针对个别国家和个别商品征收，这种进口附加税主要采取反补贴税和反倾销税两种形式。

1）反补贴税（Counter-vailing Duty）。反补贴税又称抵销税或补偿税，是对于直接或间接地接受奖金或补贴的外国商品在进口时所征收的一种进口附加税。进口商品在生产、制造、加工、买卖、输出过程中接受了直接或间接的奖金或补贴，并使进口国生产的同类产品遭受重大损害就构成征收反补贴税的重要条件。反补贴税的税额一般按“补贴数额”征收。其目的在于提高进口商品价格，抵销其所享受的补贴金额，削弱其竞争能力，使它不能在进口国家的市场上进行低价竞争。

为了扩大出口，世界各国（地区）往往对出口实行补贴，而进口国家为了保护本国市场和产业的发展，以反补贴措施进行对抗。其结果是国际贸易中的补贴与反补贴措施影响了国际贸易的健康发展，扭曲或损害了贸易各国的利益，急需予以规范。因此二战后，在筹建国际贸易组织的《哈瓦那宪章》第四章第三部分以 9 个条款专门就补贴作了规定。在 1947 年 10 月 30 日签署的《关税与贸易总协定》中，在第 6 条、第 16 条和第 23 条中对其作了原则性规定。

《关税与贸易总协定》第 6 条有关反补贴税方面的规定，主要有以下几点：

①反补贴税一词应理解为：为了抵销商品在制造、生产或输出时直接或间接接受的任何奖金或补贴而征收的一种特别关税；

②补贴的后果会对国内某项已建的工业造成重大损害或产生重大威胁，或对国内某一工业的新建造成严重阻碍才能征收反补贴税；

③反补贴税的征收不得超过补贴数额；

④对于受到补贴的倾销商品，进口国不得同时对它既征收反倾销税又征收反补贴税；

⑤在某些例外情况下，如果延迟将会造成难以补救的损害，进口国可在未经缔约方全体事前批准的情况下，征收反补贴税，但应立即向缔约方全体报告，如未获批准，这种反补贴税应立即予以撤销；

⑥对产品在原产国或输出国所征的捐税，在出口时退还或因出口而免税，进口国对这种退税或免税不得征收反补贴税；

⑦对初级产品给予补贴以维持或稳定其价格而建立的制度，如符合该项条件不应作为造成了重大损害来对待。

此外，《关税与贸易总协定》还在第 16 条“补贴”和第 23 条“利益的丧失或损害”的有关方面又作了某些规定。这些条款在统一反补贴税的某些规定和调解有关国家的某些分歧方面起到了一定的作用，但由于这些条款比较简单、笼统和约束力不强，在执行过程中经常发生分歧。因此，在东京回合谈判中又制定并通过了《关于解释和应用关税与贸易总协定第 6 条、第 16 条和第 23 条的协议》，又称《补贴与反补贴守则》。它进一步明确和补充了总协定对补贴和反补贴税方面的条款。其目的在于保证签字国不使用补贴来损害其他签字国的贸易利益，不采用反补贴措施来不合理地阻碍国际贸易。该协议分 7 个部分，共 15 条加 1 个附件组成。该协议的主要内容有以下几个方面：

①反补贴税的调查程序和有关事项。该协议第 2 条规定，签字国必须按照规定的程序发起调查，才可征收反补贴税。一般应根据受影响的工业部门或易受影响的工业部门的名义提出书面要求发起调查，以确定所称补贴的存在、程度和影响情况。书面要求包括充分证据：a. 补贴存在。如可能，说明补贴的金额。b. 存在按本协议解释的总协定第 6 条的意思范围内的损害。c. 存在补贴的进口品与所称损害之间存在着因果关系。在特殊情况下，如有关当局在没有接到此种书面要求的情况下决定发起调查，他们必须拥有上述 a. 至 b. 项的充分证据才可进行调查。如调查机构确信不存在补贴或者所称补贴工业的影响并未引起损害，该调查即应中止。除特殊情况外，调查应在发起后一年之内结束。无论在发起调查之前，或者调查的过程中，都应向产品受调查的签字国提供适当的机会，进行磋

商，澄清事实真相，以达成双方同意的解决办法。不论调查结果是肯定的还是否定的，都应该发布公告，并把公告送达该调查结论涉及产品的签字国和有关的出口商。

②反补贴税的征收。协议第 4 条规定，在满足一切征税要求的情况下，是否要征收反补贴税，由进口签字国的机构作出决定，但反补贴税不得超过已查明的补贴数额。在出口国政府同意取消或限制补贴，或出口商同意修改其价格，使调查机构确信补贴的损害性影响已经消除的情况下，一般可中止或结束诉讼，不再征收反补贴税。

③损失的确定。协议规定，损害一词除另有规定外，是指对某种国内工业造成的实质损害，对某种国内工业有实质损害威胁，或者对建立此种工业有实质妨碍。损害的确定应包括两方面的客观审查：a. 补贴进口的数量及其对国内市场同类产品价格的影响。b. 这些进口商品对国内同类产品生产者所带来的影响，如产量、销售份额、利润、生产率、投资利润和设备利用等。由其他原因造成的损害不应归咎于补贴的进口货物。

④有关出口补贴的严格规定。在协议第 7 至第 11 条中对出口补贴作了严格的规定，主要有以下三点：a. 禁止对包括矿产品在内的工业商品实行出口补贴。b. 对农产品的出口补贴应“不以引起给与补贴的签字国占有超过这些产品的世界出口贸易中的公正份额的方式”进行。c. 各签字国为了推行社会和经济政策的目标而采用出口补贴以外的补贴，如政府对国内某些企业的资助等，应避免造成下列三种不利的影响：对其他签字国的国内工业造成损害；严重损害其他签字国的利益；可能抵消或减损另一签字国根据总协定所应得到的利益。

⑤对发展中国家特殊待遇的规定。协议第 5 部分对发展中国家作了某些规定。主要有以下几点：a. 不应妨碍发展中国家为扶植国内工业而采取的政策与措施，其中包括对出口部门的政策与措施。发展中国家可以对其工业品出口实行补贴，但这种补贴不得对其他签字国贸易和生产造成重大损害。b. 当某一发展中国家签字国补贴的使用违背其竞争和发展需要时，则应“尽力”作出保证，承诺减少或取消出口补贴。

在关贸总协定“乌拉圭回合”多边贸易谈判中把补贴和反补贴规则纳入重要议题，经过艰苦的谈判，达成了较“守则”更为明确、更易操作的《补贴与反补贴协议》，从而在世界贸易组织中确立了更为完善的补贴与反补贴措施的约束机制，其主要内容为：

①补贴的定义。补贴是指政府或任何公共机构对企业提供的财政捐助和政府对收入或价格的支持。其范围包括：a. 政府直接转让资金，即赠与、贷款、资产注入；潜在的直接转让资金或债务，即贷款担保；b. 政府财政收入的放弃或不收缴；c. 政府提供货物或服务，或购买货物；d. 政府向基金机构拨款，或委托、指令私人机构履行前述 a. 和 b. 的职能；e. 构成 1994 年关贸总协定第 16 条含义的任何形式的收入或价格支持。

②补贴的主要分类。补贴可分为以下三种：

A. 禁止使用的补贴。又称禁止的补贴，包括：

a. 在法律上或事实上与出口履行相关的补贴，即出口补贴。在协议中列出了具体的《出口补贴示范清单》。

b. 其他由公共开支的项目。

c. 国内含量补贴，即指前面述及补贴只与使用国产货物相联系，而对进口货物不给补贴。

B. 可申诉的补贴（Actionable Subsidy）。指政府通过直接转让资金、放弃财政收入、提供货物或服务的各种收入支持和价格支持对某些特定企业提供特殊补贴。这种补贴实际上就是指一国政府实施有选择的、有差别的或带有歧视性的补贴。如果这种特殊补贴造成其他缔约方国内有关工业的重大损害时，该国可诉诸争端解决机制加以解决。

C. 不可申诉的补贴（Non-actionable Subsidy）。指普遍性实施的补贴和在事实上并没有向某些特定企业提供的补贴。包括：

a. 不属于特殊补贴的补贴，即属于普遍性的补贴；

b. 扶植企业的科研活动、更高水平的教育或建立科研设施所提供的补贴，但属于工业科研项目的扶植不得超过其成本的75％或其竞争开发活动成本的50％；

c. 扶植落后地区的经济补贴；

d. 为适应新的环境保护要求，扶植改进现有设备所提供的补贴。但这种补贴仅限于改造成本的20％。上述这些补贴不可诉诸争端解决，尽管如此，却要求缔约方将这类补贴情况提前、及时通知各缔约方，如果有疑义，也须磋商解决。

③征收反补贴税的程序。该协议对征收反补贴税程序作了具体规定：

a. 申诉和调查；

b. 举证，即所有利害关系方提供书面证据；

c. 当事双方磋商解决问题；

d. 如果磋商后补贴方愿修改价格或作出其他价格承诺，补贴诉讼可暂停或终止；

e. 如承诺无实际行动，可继续调查，算出补贴数额，征收反补贴税；

f. 日落条款，即规定征收反补贴税的期限不得超过5年，除非国家负责部门在审定的基础上认定，取消反补贴税将导致补贴和损害的继续或再现。

④对发展中国家的特殊优惠规定。主要包括：

a. 禁止使用的出口补贴对最不发达国家以及那些人均国民生产总值不足1 000美元的发展中国家（如印度、巴基斯坦等）不适用；其他发展中国家则应在8年内逐步取消这类出口补贴；

b. 发展中国家达到出口竞争标准的产品，在2年内逐步取消补贴；

c. 原产于发展中国家的产品，其总补贴额不超过单位产品金额的2％；或者该产品不足同类产品进口总额的4％；或所有发展中国家的所有该种产品加起来不足同类产品进口总额的9％，则对该产品的补贴调查应立即终止。此外，从计划经济向市场经济过渡的转型经济国家的出口补贴，应在7年内逐步取消。

2）反倾销税（Anti-dumping Duty）。反倾销税是对于实行商品倾销的进口商品所征收的一种进口附加税。进口商品以低于正常价值的价格进行倾销，并对进口国的同类产品造成重大损害是构成征收反倾销税的重要条件。反倾销税的税额一般按倾销差额征收，其目的在于抵制商品倾销，保护本国的市场与产业。

反倾销税的征收有其合理的地方，但不少资本主义国家往往利用反倾销税作为实行贸易歧视、限制进口和贸易报复的手段，影响了国家贸易的正常进行。为此 1947 年《关税与贸易总协定》第 6 条专门对反倾销措施作了规定。

《关税与贸易总协定》第 6 条对倾销与反倾销的规定，主要有以下几点：

①用倾销手段将一国产品以低于正常的价格挤入另一国市场时，如因此对某一缔约方领土内已建立的某项工业造成重大损害或产生重大威胁，或者对某一国内工业的新建产生严重阻碍，这种倾销应该受到谴责。

②缔约方为了抵消或防止倾销，可以对倾销的产品征收数量不超过这一产品的倾销差额的反倾销税。

③“正常价格”是指相同产品在出口国用于国内消费时在正常情况下的可比价格。如果没有这种国内价格，则是相同产品在正常贸易情况下向第三国出口的最高可比价格，或产品在原产国的生产成本加合理的推销费用和利润。

④不得因抵消倾销或出口补贴，而同时对它既征收反倾销税又征收反补贴税。

⑤为了稳定初级产品价格而建立的制度，即使它有时会使出口商品的售价低于相同产品在国内市场销售的可比价格，也不应认为造成了重大损害。

《关税与贸易总协定》第 6 条在统一缔约方的反倾销税规定方面起到了一定作用，但这个条款也同样存在着简单、笼统和约束力不强的问题。因此，在“肯尼迪回合”谈判中制定了一个《国际反倾销法》。该法于 1968 年 1 月生效，只有签字国才受约束。签字国可以根据该法修正已有的国内反倾销法，也可以直接引进新法作为国内法。当时的签字国有 18 个，包括所有的西欧国家、北欧国家、美国、加拿大、日本、捷克斯洛伐克和南斯拉夫。

《国际反倾销法》的一些条款较原来的《关税与贸易总协定》第 6 条更为严谨，内容更为具体。在东京回合的多边贸易谈判中对其进行了修订，补充了某些规定的细则，制定了《实施关税与贸易总协定第六条的协议》，又称《反倾销守则》（修订本）。该协议分三部分，第一部分主要是有关采取反倾销措施的程序和征收反倾销税的规定；第二部分主要是有关成立反倾销措施委员会及磋商、调解和解决争端的规定；第三部分主要是有关接受和加入、生效、国家立法、推出等事项的规定。

这个协议与上述《补贴与反补贴税守则》的某些规定有类似之处，现对其主要内容简介如下：

①征收反倾销税的程序和有关事项。根据该协议第 5 条规定，如果倾销对某些协议签字国的国内工业造成重大损失，那么受到影响的工业可提出书面要求。这种书面要求应包括下列足够证据：a. 存在倾销；b. 存在按协议解释的总协定第 6 条以内的规定；c. 倾销进口货和所称损害之间存在着因果关系。有关当局在接到这些足够证据的书面要求后方可发起调查。在特殊情况下，如有关当局未收到这种书面要求，但如掌握上述各点足够证据也可进行调查。在调查过程中，进口国应向受调查的外国出口商和有关的当事方提供充分的机会，以便他们能够提供出一切有用的书面和口头的证据进行磋商，澄清事实真相。只

有经调查后确定了符合征收反倾销税的条件，方可征收反倾销税。

②损害的确定。根据协议第 3 条的规定，损害的确定应以无可辩驳的证据为依据，并须对下列两点作客观审查：a. 倾销的进口货的数量及其价格对国内同类产品的影响；b. 这种进口货对国内同类产品的生产者的影响。如果这种国内工业所受的损害是倾销以外的因素所造成的，则不应归咎于倾销的进口货。

③反倾销税的征收。根据协议规定，“对任何产品征收反倾销税时，应在非歧视的基础上对所有经查明进行倾销并造成损害的进口货征收适当数额的反倾销税。”“但反倾销税不应超过确定的反倾销差额。”同时，如果出口商作出价格保证，即修改价格或停止按倾销价格向有关地区出口，有关当局确信倾销的损害性影响已经消除，则可在不征收反倾销税的情况下终止诉讼。

④关于磋商、调解和解决争端问题的规定。协议规定，签字国对另一个签字国提出的关于影响协议执行的任何问题，应给予同情的考虑，并提供足够的磋商机会。如磋商不能达成解决的办法，有关签字国可将问题提交反倾销措施委员会进行调解。如该组织仍未能达成相互满意的解决办法，则需成立咨询小组来解决争端。

⑤有关发展中国家的特殊规定。协议第 13 条规定，在征收反倾销税时，要求发达国家对发展中国家的特殊情况给予特殊考虑。如果反倾销税影响发展中国家的基本利益，则在征收反倾销税前应仔细研究本协议提供建设性补救措施的可能性。

东京回合谈判中制定的《反倾销守则》在一定程度上弥补了以前一些规定的不足。但是，该守则的某些规定仍不够明确，这就使签字国在执行中有可能在很大程度上按其本国的利益对协议作出不同的解释。因此，在乌拉圭回合谈判中又对《反倾销守则》进行了修改和补充，达成了新的《反倾销协议》。这个协议与原守则相比，在一些方面有了发展。

在有关倾销的确定上，新协议进一步限制了使用国内销售价作为正常价格的场合，必要时可更多地使用向第三国出口的价格或结构价格来计算正常价格。在新协议中正式明确将低于成本的销售视为倾销。如果进口国主管当局认为被指控倾销产品或与其相似的产品在出口国国内市场上在一个持续的期间内虽有大量销售，但是其价格却不能弥补合理期间内的所有成本，则这种低于单位生产成本的销售价格可不被视为正常贸易做法情况下的销售，该价格也不能用来作为正常价格。在这种情况下，进口国可用该相似产品出口到一个适当的第三国的、有代表性的价格作为正常价格或者用结构价格的方法来推算出正常价格。

在工业损害问题上，新协议采用了累积进口的规定。累积进口是指进口国在确定工业损害时可以同时考虑来自多个国家或地区的倾销产品对其工业所造成的综合损害影响。这种规定对于那些初始进入市场的出口国的产品和出口量不大的出口国或地区来说具有严重的潜在影响，增加了他们的产品被裁定损害的可能性。

在反倾销立案调查的程序上，新协议作了某些补充规定，如反倾销申诉中必须有实质性的证据，否则申诉不能成立；对于损害或损害的威胁，要求有实际的证据表明损害或威胁事实存在。

在对发展中国家的特殊待遇方面，重申对发展中国家予以特别照顾，在反倾销措施将影响发展中国家的根本利益时，可考虑本协议规定的其他建设性的补救措施。同时，还明确了某些具体的规定。例如，在反倾销调查中，若倾销幅度为2%以下，以及来自一国的倾销产品的数量不足进口国同类产品的3%，则应终止倾销调查，不征收反倾销税。但若数个这种不足3%的单个国家的产品，共占进口国同类产品的7%时，则倾销调查要继续进行。

虽然《反倾销守则》和《反倾销协议》都规定了对发展中国家应给予一定的特殊待遇。但反倾销法的执行仍主要依赖于各签字国国内立法的规定，因而各国在实施反倾销法上不仅有所不同，而且有很大的随意性。从发达国家的反倾销案的实际情况看，被指控倾销的出口国家大多数是发展中国家。

不仅如此，在实施反倾销措施的过程中，发达国家在某些方面往往对市场经济国家和所谓非市场经济国家实行差别待遇。例如美国在确定进口商品价格是否低于"公平价格"标准时，将商品出口国家分成两种类型：对市场经济国家的出口商品价格，采用该出口国国内市场价格作为确定公平价格标准的基础；对所谓的非市场经济国家，则采用替代计算法，即由美国商务部选定一个与该非市场经济国家在经济发展水平上相似的市场经济国家作为替代国，以该替代国的国内市场价格作为确定公平价格标准的基础。结果，往往被裁定为倾销与扩大倾销差额幅度，严重损害了这些国家的利益。

资料卡

市场经济地位是反倾销调查确定倾销幅度时使用的一个重要概念。反倾销案发起国如果认定被调查商品的出口国为"市场经济"国家，那么在进行反倾销调查时，就必须根据该产品在生产国的实际成本和价格来计算其正常价格；如果认定被调查商品的出口国为"非市场经济"国家，将引用与出口国经济发展水平大致相当的市场经济国家（即替代国）的成本数据来计算所谓的正常价值，并进而确定倾销幅度，而不使用出口国的原始数据。如20世纪90年代，欧盟对中国的彩电反倾销，就是将新加坡作为替代国来计算我国彩电的生产成本。当时，新加坡劳动力成本高出中国20多倍，中国的产品自然被计算成倾销。加入世界贸易组织以后，中国一直与相关国家进行完全承认中国市场经济地位的谈判。2009年4月14日，新西兰率先承认中国的完全市场经济地位。截至2009年2月，全世界已有79个国家承认中国完全市场经济地位。

（2）特惠税。特惠税是指对从某个国家或地区进口的全部商品或部分商品，给予特别优惠的低关税或免税待遇。但它不适用于从非优惠国家或地区进口的商品。特惠税开始于宗主国与殖民地附属国之间的贸易。第二次世界大战后，西欧共同市场与非洲、加勒比和太平洋地区一些发展中国家之间也在实行特惠关税。特惠税有的是互惠的，有的是非互惠的。例如英联邦特惠税是互惠的，而《洛美协定》规定的是发展中国家单向接受优惠。

资料卡

1975 年 2 月 28 日，非洲、加勒比和太平洋地区 46 个发展中国家（简称非加太地区国家）和欧洲经济共同体 9 国在多哥首都洛美开会，签订贸易和经济协定，全称为《欧洲经济共同体—非洲、加勒比和太平洋地区（国家）洛美协定》，简称《洛美协定》或《洛美公约》。截至 1998 年 9 月，参加第四个《洛美协定》的国家共 86 个。其中，欧洲联盟（欧共体）15 国；非加太地区 71 国，其中非洲地区 48 国；加勒比地区 15 国，太平洋地区 8 国。2000 年初，欧盟和非加太地区国家就签署第五个《洛美协定》达成协议。协定有效期 20 年，除财政议定书外，大部分条款于 2000 年 5 月 31 日该协定正式签字后立即生效，其主要规定是：民主、人权、法制和良政为执行该协定的基本原则，欧盟有权中止向违反上述原则的国家提供援助；欧盟逐步取消对非加太地区国家提供单向贸易优惠政策，代之以向自由贸易过渡，双方最终建立自由贸易区，完成与世贸规则接轨；欧盟将建立总额为 135 亿欧元的第 9 个欧洲发展基金，用于向非加太地区国家提供援助，并从前几个发展基金余额中拨出 10 亿欧元用于补贴重债穷国等。

（资料来源：http：//baike. baidu. com/view/89065. htm? fr=ala0 _ 转自外交部网站）

（3）普遍优惠制。普遍优惠制简称普惠制，是发达国家承诺对从发展中国家或地区输入的商品，特别是制成品和半制成品，给予普遍的、非歧视的和非互惠的优惠关税待遇的一种制度。它是发展中国家在联合国贸易和发展会议上经过长期斗争，在 1968 年通过建立普惠制决议之后取得的成果。

普惠制的主要原则是普遍的、非歧视的和非互惠的。所谓普遍的，是指发达国家应对发展中国家或地区出口的制成品和半制成品给予普遍的优惠待遇。所谓非歧视的，是指应使所有发展中国家或地区都不受歧视，无一例外地享受普惠制的待遇。所谓非互惠的，是指发达国家应单方面给予发展中国家或地区关税优惠，而不要求发展中国家或地区提供反向优惠。

实行普惠制的目的是：增加发展中国家或地区的外汇收入；促进发展中国家或地区的工业化；提高发展中国家或地区的经济增长率。目前实施普惠制的国家有 31 个，享受普惠制关税优惠的发展中国家或地区达到 170 多个。

普惠制对发展中国家的出口有一定促进作用，但实施结果有很大差距。因为普惠制的给惠国，在提供普惠制待遇时，是通过普惠制方案来执行的。这些方案是由各给惠国或国家集团单独制定和公布的，各有特点，不尽相同。但在方案组成中，主要的规定如下：

1）对受惠国家或地区进行规定。普惠制在原则上应对所有发展中国家或地区都无歧视、无例外地提供优惠待遇，但有的给惠国从自身的经济和政治利益出发，把某些受惠国或地区排除在受惠国名单之外，如美国公布的受惠国名单中，不包括某些发展中的社会主义国家、石油输出组织成员国等。

2）对受惠产品范围进行规定。普惠制原则应对受惠国或地区的制成品和半制成品普遍实行关税减免，而实际上许多给惠国都不是这样，往往根据给惠国的经济贸易政策的需要列出自己的给惠产品清单与排除产品清单。在公布的受惠商品清单中，一般农产品的受惠商品较少；工业品的受惠商品较多。少数敏感性产品如石油产品等被排除在外，被列入排除产品清单中。

3）对受惠产品减税幅度的规定。减税幅度又称普惠制优惠幅度。受惠产品的减税幅度的大小取决于最惠国税率和普惠制税率间的差额。最惠国税率越高，普惠制税率越低，差幅就越大；反之，差幅就越小。一般说来，农产品的减税幅度小，工业品的减税幅度较大，但也有例外，如美国按照一定的标准，对受惠的农产品和工业品给予免税。为了削弱某些受惠产品的竞争能力，有些给惠国按各类受惠国产品分别规定不同的减税幅度。例如欧洲联盟对受惠产品按敏感性程度分为五类：非常敏感产品，如某些棉、麻、丝纺织品等的减税幅度为15%；敏感产品，如化工、鞋、电器等的减税幅度为30%；半敏感产品，如塑料制品、毛皮革制品、伞类、陶瓷玻璃制品、照相器材和钟表等的减税幅度为65%；非敏感产品，免征关税；部分工业品如某种石油产品，不给予关税减让，仍征收最惠国税。

同时各给惠国一般都在其方案中规定保护措施，以保护本国某些产品的生产和销售。保护措施有：

1）免责条款（Escape Clause）。又称例外条款，是指受惠国产品的进口量增加到对其本国同类产品或有直接竞争关系的产品的生产者造成或即将造成严重损害时，给惠国保留对该产品完全取消或部分取消关税优惠待遇的权利。

2）预定限额（Proior Limitation）。指预先规定在一定的时期内某项受惠产品的关税优惠进口限额，对超过限额的进口按规定恢复征收最惠国税率。预定限额包括：

①最高限额。是指给惠国对某项受惠产品的进口，在规定期限内给予关税优惠的进口最高金额或数量，超过这个限额就恢复最惠国税。最高限额又分为全球性最高限额和单一受惠国最高限额。前者指对来自所有受惠国或地区的某项产品所规定的关税优惠的进口最高限额；后者指给惠国对来自每一个受惠国或地区的某项产品单独规定的关税优惠的进口最高限额。

②分配配额。是指在经济集团如欧洲联盟内的成员国之间进行分配的最高限额，这种配额也分为全球性限额和单一受惠国限额。

③国家最大额度。是指给惠国对某项产品规定的每个受惠国享受关税优惠进口的限额，通常用每个受惠国占全球性最高限额的百分比来表示，一般为50%，也有40%或30%等。

欧洲联盟、日本和澳大利亚实行预定限额，它们分别事先规定限额，采取日管理、旬管理、月管理、季管理以及灵活管理的方式，通过统计监督加以控制。

3）竞争需要标准（Competitive Need Criterion）。又称竞争需要排除。美国采用这种标准。该标准规定在一个日历年内，对来自受惠国某项进口产品，如超过竞争需要限额或超过美国进口该项产品总额的一半，则取消下一年度该受惠国或地区该项产品的关税优惠待遇。如该项产品在以后年进口额降至上述限额内，则下一年度仍可恢复关税优惠待遇。

4）毕业条款（Graduation Clause）。美国从1981年4月1日起采用这项规定，欧洲联盟从1995年1月1日起也实施这项办法。即当一些受惠国或地区的某项产品或其经济发展到较高的程度，使它在世界市场上显示出较强的竞争力时，则取消该项产品或全部产品享受关税优惠待遇的资格，称之为“毕业”。这项条款按适用范围的不同，可分为“产品毕业”和“国家毕业”。前者指取消从受惠国或地区进口的部分产品的关税优惠待遇；后者指取消从受惠国或地区进口的全部产品的关税优惠待遇，即取消其受惠国或地区的资格。

5）原产地规则（Rules of Origin）。各国（地区）为了确定商品原产地和地区而采取的法律、法规和行政管理决定，也是衡量受惠国出口产品是否取得原产地资格、能否享受优惠的标准。其目的是确保发展中国家或地区的产品利用普惠制扩大出口，防止非受惠国的产品利用普惠制的优惠扰乱普惠制下的贸易秩序。各给惠国的普惠制方案中的原产地规则，一般包括原产地标准、直接运输规则和原产地证明文件三部分。

普惠制自1970年实行以来，对促进和扩大发展中国家或地区的出口起到了一定的积极作用。但由于普惠制方案的规定十分烦琐，而且采取了一系列限制性保护措施，使普惠制未能达到预期的目的。

7.1.3 关税的征收标准或方法

1. 从量税

从量税（Specific Duties）是以商品的重量、数量、容量、长度和面积等计量单位为标准征收的关税。例如，美国对蜂蜜的进口征收从量税，普通税率为每磅征收3美分，优惠税率为每磅征收1美分。从量税额的计算公式如下：

从量税额＝商品数量×每单位从量税率

在从量税率确定的情况下，从量税额与商品数量的增减成正比关系，但与商品价格无直接关系。按从量税方法征收进口税时，在商品价格下降的情况下，加强了关税的保护作用。反之，在商品价格上涨的情况下，用从量税的方法征收进口税，则不能完全达到关税保护的目的。这是因为商品价格上涨，而进口税额不变，财政收入相对减少，保护作用也随之减弱。目前各国普遍采用从价税的方法征收关税。

2. 从价税

从价税（Ad Valorem Duties）是以进口商品的价格为标准按一定比率计征的关税，其税率表现为货物价格的百分率。例如，美国对玩具进口征收从价税，普通税率为70%，优惠税率为6.8%。从价税额的计算公式如下：

从价税额＝商品总值×从价税率

从价税额与商品价格有直接关系。它与商品价格的涨落成正比关系，其税额随着商品价格的变动而变动，所以它的保护作用与价格有着密切的关系。如在价格下跌的情况下，其税率不变，从价税额相应减少，因而保护关税作用也有所下降。

一般说来，从价税有以下几个优点：

(1) 从价税的征收比较简单，对于同种商品，可以不必因其品质的不同，再详加分类。

(2) 税率明确，便于比较各国税率。

(3) 税收负担较为公平，因从价税额随商品价格与品质的高低而增减，比较符合税收的公平原则。

(4) 在税率不变时，税额随商品价格上涨而增加，既可增加财政收入，又可起到关税保护的作用。

在征收从价税中，较为复杂的问题是确定商品的完税价格。完税价格是经海关审定作为计征关税的货物价格，它是决定税额多少的重要因素。因此，如何确定完税价格是十分重要的。各个国家所采用的完税价格标准很不一致，大体上可概括为以下三种：以成本加运费、保险费价格（CIF）作为征税价格标准；以装运港船上交货价格（FOB）为征税价格标准；以正常价格作为征税价格标准。所谓正常价格是指独立的买卖双方在自由竞争的条件下成交的价格。若发票金额与正常价格一致，即以发票价格金额作为完税价格；如发票价格低于正常价格，则根据海关估定价格作为完税价格。

3. 混合税

混合税（Mixed or Compound Duties）又称复合税，是对某种进口商品，采用从量税和从价税同时征收的一种方法。混合税额的计算公式如下：

混合税额＝从量税额＋从价税额

如美国曾对男式开司米羊绒衫（每磅价格 18 美元以上者）征收最惠国税率，每磅从量税征收 37.5 美分加征从价税 15.5%。

4. 选择税

选择税（Alternative Duties）是对于一种进口商品同时订有从价税和从量税两种税率，在贸易保护主义情况下，征税时选择其税额较高的一种征税。例如，日本对坯布的进口征收协定税率 7.5%或每平方米 2.6 日元，征收其最高者。但有时为了鼓励某种商品进口，也会选择其中税额低者征收。

7.1.4 海关税则（Customs Tariff）

海关税则又称关税税则，是一国对进出口商品计征关税的规章和对进出口的应税与免税商品加以系统分类的一览表。海关税则包括两部分：一部分是海关课征关税的规章条例及说明；另一部分是关税税率表（税则号列、货物分类目录、税率）。海关税则是国家关税政策的具体体现，是实行差别待遇和贸易歧视的重要途径。

由于商品种类日益增多和生产技术上的需要，特别是为了更好地保护国内市场和实行有差别的政策，各国尤其是发达国家海关税则中的商品分类极为繁细。例如，有的按加工程序划分为原料、半制成品、制成品；有的按商品属性划分为水产品、农产品、畜产品等；有的按税率高低或字母顺序划分；有的按商品性质分类，然后再按加工程度分为小类等。对同类商品的不同类别规定不同的税则系列，对内可以更有针对性地限制某些商品进口，对外又可以作为贸易谈判的重要工具。

为了减少世界各国在商品分类上的矛盾，欧洲关税同盟研究小组于 1952 年 12 月拟定了《关税税则商品分类公约》，并设立了关税合作理事会，制定了《关税合作理事会税则目录》，又称《布鲁塞尔税则目录》。该税则将全部商品分为 21 类、99 章、1097 项税目号，对此各会员国不得随意变动。现已有 100 多个国家和地区采用这一目录。

海关税则主要可分为单式税则和复式税则两类。在垄断前资本主义时期，各国都实行单式税则。到垄断资本主义时期，发达资本主义国家为了在关税上搞差别与歧视待遇，或争取关税上的互惠，都将单式税则改为复式税则，目前绝大多数国家采用复式税则。

单式税则（Single Tariff）又称一栏税则。这种税则，一个税目只有一个税率，适用于来自任何国家的商品，没有差别待遇。现在只有少数发展中国家仍实行单式税则。

复式税则（Complex Tariff）又称多栏税则。这种税则，在一个税目下订有两个或两个以上的税率。对来自不同国家的进口商品，适用不同的税率。各国在复式税则中将商品分类规定得极为繁细，税率变动频繁，其目的在于使商品税率的高低或增减更具有针对性，以便加强关税的保护作用，实行差别待遇和贸易歧视政策。例如，欧盟实施五栏税则，第一栏是特惠税率，第二栏是协定税率，第三栏是普惠制税率，第四栏是最惠国税率，第五栏是普通税率。

在单式税则或复式税则中，依据制订税则的权限，又可分为自主税则和协定税则。自主税则（Autonomous Tariff）又称国定税则，是指一国立法机构根据关税自主原则单独制定而不受对外签订的贸易条约或协定约束的一种税则。协定税则（Conventional Tariff）是指一国与其他国家或地区通过贸易与关税谈判，以贸易条约或协定的方式确定的关税税率。这种税则是在本国原有的国家税则以外另行规定一种税率。它是两国通过关税减让谈判的结果，因此要比国定税率低。协定税则不仅适用于该条约或协定的签字国，而且某些协定税率也适用于享有最惠国待遇的国家，对于没有减让关税的商品或不能享受最惠国待遇的国家的商品，仍采用自主税则，这样形成的复式税则叫做自主—协定税则或国定—协定税则。

7.1.5 通关手续

进出口商品通关都要经过一定的程序和手续。具体过程如下：

（1）货物的进出口商办理货物的报关手续。货物运抵港口、车站或机场时，进出口商向海关提交有关单证和填写由海关发出的表格，向海关申报进出口。一般说来，除提交进口报关单、提单、商业发票或海关发票外，往往还根据海关特殊规定，提交原产地证明书、进口许可证或进口配额证书、品质证书和卫生检验证书等。

（2）海关按照海关法令与规定，查审核对有关单证。审核有关单证的具体要求是：应交验的单证必须齐全、有效；报关单填报的内容必须正确、全面；所报货物必须符合有关政策与法规的规定。

(3) 海关对进口货物检查，核实单货是否相符，防止非法进口。查验货物一般在码头、车站、机场的仓库、场院等海关监管场所内进行。

(4) 海关在审核单证、查验货物后，照章办理收缴税款等费用。进口税款用本国货币缴纳，如使用外币，则应按本国当时汇率折算缴纳。货物到达时，如发现货物缺失一部分，可扣除缺失部分的进口税。当一切海关手续办妥以后，海关即在提单上盖上海关放行章以示放行，进口货物即可通关。

货物到达后，通常进口商应在货物到达后所规定的工作日内办理通关手续。货物到达后，进口商如在规定的日期内未办理通关手续，海关有权将货物存入候领货物仓库，一切责任和费用均由进口商负责。如果存仓货物在规定期间内仍未办理通关手续，海关有权处理该批货物。如果进口商对于某些特定的商品，如水果、蔬菜、鲜鱼等易腐商品，要求货到时即刻从海关提出，可在货物到前先办理提货手续，并付一笔进口费，日后再正式结算进口税。如果进口商想延期提货，则可在办理存栈报关手续后将货物存入保税仓库，暂时不缴纳进口税。在存放仓库期间，货物可再行出口仍不必缴纳进口税。如果运往该国内市场销售，则应在提货前办理通关手续。许多国家的通关手续往往十分繁杂，为了及时通关提货，进口商也可委托熟悉海关规章的报关行代为办理通关手续。

7.2 非关税壁垒

非关税壁垒（Non-Tariff Barriers，NTBs）是指关税以外限制进口的各种措施。

从20世纪60年代开始，随着关税与贸易总协定缔约方进口关税税率的下降，贸易壁垒的重点从关税壁垒转向非关税壁垒。非关税壁垒措施的项目日益繁杂，同时非关税壁垒措施适用的商品范围日益扩大。以非关税壁垒限制的进口商品已从农产品蔓延到工业品，从劳动密集型产品延伸到技术密集型产品。此外，技术性贸易壁垒已经成为非关税壁垒的重要组成部分。随着世界经济全球化和国际贸易投资自由化进程进一步加快以及世贸组织各项协议的执行，世界各国纷纷大幅度降低关税并逐步取消配额、许可证等数量限制。技术性贸易壁垒已成为贸易保护的重要手段，它具有一定的合法性、隐蔽性、针对性、可操作性，灵活多变，使进口国家或地区难以应付。20世纪70年代初，在国际贸易的非关税壁垒中，有30%是由技术性因素造成的，进入90年代后，这一比重仍不断上升。美国商务部曾估计各种技术壁垒至少直接影响美国500亿美元的出口，并且成为另外200亿～400亿美元货物出口的障碍。

7.2.1 非关税壁垒的特点

非关税壁垒与关税壁垒都有限制进口的作用。但是，与关税壁垒进行比较，非关税壁垒具有以下特点。

1. 非关税壁垒具有更大的灵活性

一般说来，各国关税税率的制定必须通过立法程序，如要调整或更改税率，需符合较为繁琐的法律程序和手续，因此在需要紧急限制进口时往往难以适应。同时，关税在同等条件下，还受到最惠国待遇条款的约束，从有协定的国家进口的同种商品适用同样的税率，因而较难在税率上作灵活调整。但在制定和实施非关税壁垒措施上，通常采用行政程序，制定手续比较迅速，其制定的程序也较简便，能随时针对某国的某种商品采取或更换相应的限制进口的措施，较快地达到限制进口的目的。

2. 非关税壁垒更具有限制进口的有效性

关税壁垒是通过征收高额关税，提高进口商品的成本和价格，削弱其竞争能力，间接地达到限制进口的目的。如果出口国采用出口补贴、商品倾销等办法降低出口商品成本和价格，关税往往难以起到限制商品进口的作用。但一些非关税措施如进口配额等预先规定进口的数量和金额超过限额就直接禁止进口，这样就能把超额的商品拒之门外，达到关税未能达到的目的。

3. 非关税壁垒更具有隐蔽性

一般说来，关税税率确定后，往往以法律形式公布于众，依法执行。出口商通常比较容易掌握有关税率，但是一些非关税壁垒措施往往不公开，或者规定极为繁琐复杂的标准和手续，使出口商难以对付和适应。以技术标准而论，一些国家对某些商品质量、规格、性能和安全等规定了极为严格、繁琐和特殊的标准，检验手续繁琐复杂，而且经常变化，使外国商品难以对付和适应，因而往往由于某一个规定不符，使商品不能进入对方的市场销售。同时，一些国家往往针对某个国家采取相应的限制性的非关税壁垒措施，其结果大大加强了非关税壁垒的差别性和歧视性。

7.2.2 非关税壁垒的主要种类

1. 进口配额制

进口配额制又称进口限额制，是一国政府在一定时期（如一季度、半年或一年）之内，对某些商品的进口数量或金额加以直接的限制。在规定的期限内，配额以内的货物可以进口，超过配额则不准进口，或者征收更高的关税或罚款后才能进口。它是资本主义国家实行进口数量限制的重要手段之一。

进口配额制主要有绝对配额和关税配额两种：

（1）绝对配额。绝对配额（Absolute Quotas）是在一定时期内，对某些商品的进口数量或金额规定一个最高额数，达到这个额数后，便不准进口。这种进口配额在实施中又有以下两种方式：

1）全球配额。全球配额（Global Quotas；Unallocated Quotas）属于世界范围的绝对配额，对于来自任何国家或地区的商品一律适用。主管当局通常按进口商的申请先后或过去某一时期的实际进口额批给一定的额度，直至总配额发放完为止，超过总配额就不准进口。

由于全球配额不限定进口国别或地区，在配额公布后，进口商竞相争夺配额并可从任何国家或地区进口。同时，邻近国家或地区因地理位置接近的关系，到货较快，比较有利，而较远的国家或地区就处于不利的地位。因此，在限额的分配和利用上，难以贯彻国别政策。为了避免或减少这些不足，一些国家采用了国别配额。

2）国别配额。国别配额（Country Quotas）是在总配额内按国别或地区分配固定的配额，超过规定的配额便不准进口。为了区分来自不同国家和地区的商品，在进口商品时进口商必须提交原产地证明书。实行国别配额可以使进口国家根据它与有关国家或地区的政治经济关系分配给予不同的额度。

一般来说，国别配额可以分为自主配额和协议配额。

①自主配额（Autonomous Quotas）。又称单方面配额，是由进口国家完全自主地、单方面强制规定在一定时期内从某个国家或地区进口某种商品的配额。这种配额不需征得输出国家的同意，但往往由于分配额度差异而引起某些出口国家或地区的不满或报复。因此，有些国家便采用协议配额，以缓和彼此之间的矛盾。

②协议配额（Agreement Quotas）。又称双边配额，是由进口国家和出口国家政府或民间团体之间协商确定的配额。协议配额是由双方协调确定的，通常不会引起出口方的反感与报复，并可使出口国对于配额的实施有所谅解与配合，较易执行。

为了加强进口配额的作用，一些国家往往对进口配额规定得十分繁杂。例如对配额商品订得很细，有的按商品不同规格规定不同的配额，有的按价格水平差异规定不同的配额，有的按原料来源的不同规定不同的配额，有的按外汇管制情况规定不同的配额，有的按进口商的不同规定不同的配额等。

一般说来，绝对配额用完后，就不准进口。但有些国家由于某种特殊的需要和规定，往往另行规定额外的特殊配额或补充配额。如进口某种半制成品加工后再出口的特殊配额、展览会配额或博览会配额等。

（2）关税配额。关税配额（Tariff Quotas）是对商品进口的绝对数额不加限制，而对在一定时期内在规定配额以内的进口商品给予低税、减税或免税待遇，对超过配额的进口商品则征收较高的关税，或征收附加税或罚款。

关税配额按商品进口的来源，可分为全球性关税配额和国别关税配额。按征收关税的目的，可分为优惠性关税配额和非优惠性关税配额。前者是对关税配额内进口的商品给予较大幅度的关税减让，甚至免税，而对超过配额的进口商品即征收原来的最惠国税率。如西欧共同市场在普遍优惠制中所采取的关税配额就属于这一类。后者是在关税配额内仍征收原来的进口税，但对超过配额的进口商品，则征收极高的附加税或罚款。

进口配额是目前使用比较广泛的非关税壁垒措施之一，在举行贸易谈判时，配额制常被用来作为迫使其他国家让步的手段。

2. 自动出口配额制

自动出口配额制（Voluntary Export Quotas）又称自动出口限制，也是一种限制进口的手段。所谓“自动”出口配额制是出口国家或地区在进口国的要求或压力下，“自动”规定某一时期内（一般为 3～5 年）某些商品对该国的出口限制，在限定的配额内自行控制出口，超过配额不再出口。自动出口配额制带有明显的强制性。但对于进口国家来说，自动出口配额和绝对进口配额一样，都起到了限制商品进口的作用。自动出口配额有非协定的自动出口配额和协定的自动出口配额两种形式。

（1）非协定的自动出口配额。非协定的自动出口配额即不受国际协定的约束，由出口国迫于来自进口国方面的压力，自行单方面规定的出口配额，以限制商品出口。这种配额有的是由政府有关机构规定配额，并予以公布，出口商必须向有关机构申请配额，领取出口授权书或出口许可证才能输出。有的是由本国大的出口厂商或协会自动控制出口。

（2）协定的自动出口配额。协定的自动出口配额即进出口双方通过谈判签订“自限协定”或“有秩序销售协定”。在协定中规定有效期内某些商品的出口配额，出口国应据此配额实行出口许可证制或出口配额签证制，自行限制这些商品出口。进口国则根据海关统计进行检查。自动出口配额大多数属于这一种。

目前各种自限协定或有秩序销售协定内容不尽相同，一般包括协定有效期内配额水平、自限商品的分类、协定中各种自限商品限额相互融通（主要可分为水平融通和垂直融通两种）使用的权限、进口国有权通过一定程序限制或停止进口某些“扰乱市场”或使进口国生产者蒙受损害的商品保护条款（Safeguard Clause）、出口管理规定以及协定的有效期限等。

3. 进口许可证制

进口许可证制是指进口国家规定某些商品必须事先领取许可证才可进口，否则一律不准进口。乌拉圭回合谈判所达成的《进口许可证程序协议》规定：“进口许可证制度是进口国采用的行政管理手续，它要求进口商向有关行政管理机构呈交申请书或其他文件作为货物进口至进口国关境的先决条件。”即进口商在进口商品时，凭申请取得许可证后，才能从国外进口商品，否则，一律不准进口。

从进口许可证与进口配额的关系上看，进口许可证可以分为两种：一种为有定额的进口许可证，即国家有关机构预先规定有关商品的进口配额，然后在配额的限度内，根据进口商的申请，对于每一笔进口货发给进口商一定数量或金额的进口许可证。例如，原联邦德国对纺织品进口实行进口配额制，每年分三期公布配额数量，配额公布后进口商可提出申请，获得进口许可证后即可进口。进口配额一旦用完，原联邦德国政府有关当局不再发放进口许可证。一般说来，进口许可证是由进口国有关当局向提出申请的进口商颁发的，但也有将这种权限交给出口国自行分配使用的。另一种为无定额的进口许可证，即进口许可证不与进口配额相结合。资本主义国家有关政府机构预先不公布进口配额，有关商品的进口许可证只是在个别考虑的基础上进行。由于它是个别考虑的，没有公开的标准，因而就给正常贸易的进行造成更大的困难，起到更大的限制进口的作用。

从进口商品有无限制上看，进口许可证一般又可分为两种：一种为公开一般许可证（Open General Licence），又称公开进口许可证和自动进口许可证。它对进口国别或地区没有限制，凡列明属于公开一般许可证的商品，进口商只要填写公开一般许可证后，即可获准进口。因此属于这类许可证的商品实际上是“自由进口”的商品。另一种为特种进口许可证（Specific Licence），又称非自动进口许可证，进口商必须向政府有关当局提出申请，经政府有关当局逐笔审查批准后才能进口。这种进口许可证多数都指定进口国别或地区。

为了区分这两种许可证所进口的商品，有关当局通常定期分别公布有关的商品项目并根据需要随时进行调整。

4. 外汇管制

外汇管制（Foreign Exchange Control）是指一国政府通过法令对国际结算和外汇买卖实行限制以平衡国际收支和维持本国货币的汇价稳定的一种制度。

在外汇管制下，出口商必须把他们出口所得到的外汇收入按官定汇率卖给外汇管制机关，进口商也必须在外汇管制机关按官定汇价申请购买外汇，本国货币的携出入国境也受到严格的限制等。这样，国家的有关政府机构就可以通过确定官定汇价、集中外汇收入和控制外汇供应数量来达到限制进口商品品种、数量和原产国别的目的。

外汇管制的方式较为复杂，一般可分为数量性外汇管制、成本性外汇管制、混合性外汇管制。

（1）数量性外汇管制。所谓数量性外汇管制，是指国家外汇管理机构对外汇买卖的数量直接进行限制和分配，旨在集中外汇收入，控制外汇支出，实行外汇分配，以达到限制进口商进口数量和国别的目的。一些国家实行数量性外汇管制时，往往规定进口商必须获得进口许可证后，方可得到所需的外汇。

（2）成本性外汇管制。所谓成本性外汇管制，是指国家外汇管理机构对外汇买卖实行复汇率制度，利用外汇买卖成本的差异，间接影响不同商品的进出口。

所谓复汇率制，是指一国货币的对外汇率不只有一个，而是有两个以上的汇率。其目的是利用汇率的差别来限制和鼓励某些商品进口或出口。各国实行复汇率制不尽相同，但主要原则大致相似。在进口方面，对于国内需要而又供应不足或不生产的重要原料、机器设备和生活必需品，适用较为优惠的汇率；对于国内可大量供应和非重要的原料和机器设备适用一般的汇率；对于奢侈品和非必需品只适用最不利的汇率。在出口方面，对于缺乏国际竞争力但又要扩大出口某些出口商品，给予较为优惠的汇率；对于其他一般商品出口适用一般汇率。

（3）混合性外汇管制。所谓混合性外汇管制，是指同时采用数量性外汇管制和成本性外汇管制，对外汇实行更为严格的控制，以控制商品进出口。

1931 年资本主义世界金融危机爆发后，许多资本主义国家实行了外汇管制。第二次世界大战后初期，由于国际收支长期失衡，黄金外汇储备短缺，许多资本主义国家不得不继续实行外汇管制。进入 20 世纪 50 年代后半期以后，发达资本主义国家的国际收支平衡有所改善，“美元荒”日趋缓和，逐步放宽了外汇管制，最后实行了货币自由兑换。近年来，由于货币金融危机不断加深，某些国家的外汇又显不足，进口外汇管制又有逐渐加强之势。

5. 进口和出口国家垄断

进口和出口国家垄断是指在对外贸易中，对某些或全部商品的进、出口规定由国家机构直接经营，或者是把某些商品的进口或出口的专营权给予某些垄断组织。

发达国家的进口和出口的国家垄断主要集中在三类商品上面。第一类是烟和酒。这些国家的政府机构从烟和酒的进出口垄断中取得巨大的财政收入。第二类是农产品。这些国家把对农产品的对外垄断销售作为国内农业政策措施的一部分。美国的农产品信贷公司，就是资本主义世界最大的农产品贸易垄断企业。它高价收购国内剩余农产品，然后以低价向国外倾销，或按照所谓外援计划向缺粮国家，主要是发展中国家大量出口。第三类是武器。资本主义国家的武器贸易多数是由国家垄断。

6. 歧视性政府采购政策

歧视性政府采购政策（Discriminatory Government Procurement Policy）是指国家制定法令法规，规定政府机构在采购时要优先购买本国产品的做法。美国从 1933 年开始实行、并于 1954 年和 1962 年两次修改的《购买美国货法案》（Buy American Act）就是一例。它规定：凡是美国联邦政府所要采购的货物，应该是美国制造的，或是美国原料制造的。开始时，凡商品的成本有 50%以上是在国外生产的，就被称为外国货。接着又作了修改，即对在美国自己生产的数量不够，或者国内价格太高，或者不买外国货就会伤害美国利益的情况下，才可以购买外国货。优先采购美国商品的价格约高于国际市场价格的 6%～12%，而美国国防部和财政部常常采购比外国货贵 50%的美国货。《购买美国货法案》直到东京回合谈判，美国签订了政府采购协议后才废除。许多资本主义国家都有类似的制度。英国限定通信设备和电子计算机要向本国公司采购。日本有几个省规定，政府机构需用的办公设备、汽车、计算机、电缆、导线、机床等不得采购外国产品。

在关贸总协定东京回合谈判中，由发展中缔约方动议，在各缔约方的共同努力下，达成了《政府采购协议》，1981 年 1 月 1 日生效。1994 年 4 月 15 日在摩洛哥马拉喀什会议上，《政府采购协议》以诸边协议方式为乌拉圭回合谈判各方签署，成为世界贸易组织负责管辖协议的一部分。该协议的宗旨是确认政府采购在一定金额的基础上实现贸易自由化。

7. 进口最低限价制和禁止进口

（1）进口最低限价制（Minimum Price）。有些国家采用所谓最低限价的办法来限制进口。最低限价就是一国政府规定某种进口商品的最低价格，凡进口货价低于规定的最低价格则征收进口附加税或禁止进口以达到限制低价商品进口的目的。

（2）禁止进口。当一些国家感到实行进口数量限制已不能走出经济与贸易困境时，往往颁布法令，公布禁止进口商品的清单，禁止这些商品的进口。

8. 进口押金制

进口押金制（Advanced Deposit）又称进口存款制。在这种制度下，进口商在进口商品时，必须预先按进口金额的一定比率和规定的时间在指定的银行无息存入一笔现金，才能进口。这样就增加了进口商的资金负担，影响了资金的周转，从而起到了限制进口的作用。例如，第二次世界大战后意大利曾规定某些进口商品无论从哪个国家进口，都必须先向中央银行交纳相当于进口货值一半的现款押金，无息冻结6个月，据估计，这项措施相当于征收5%以上的进口附加税。

9. 专断的海关估价制

海关为了征收关税而确定进口商品价格的制度为海关估价制。有些国家根据某些特殊规定，通过提高某些进口货的海关估价，来增加进口货的关税负担，阻碍商品的进口，就成为专断的海关估价。用专断的海关估价来限制商品的进口，以美国最为突出。如为防止外国商品与美国同类产品竞争，美国海关当局曾对煤焦油制品、胶底鞋类、蛤肉罐头、毛手套等商品，依“美国售价制”这种特殊估价标准进行征税。这四种商品都是美国国内售价很高的商品，按照这种标准征税，使这些商品的进口税率大幅度提高。美国售价制引起了其他国家的强烈反对，直到东京回合谈判签订了《海关估价守则》后，美国才不得不废除这种制度。

乌拉圭回合达成了《海关估价协议》，该协议修改了《海关估价守则》，正式名称为《关于实施关税与贸易总协定第七条的协议》。它规定了主要以商品的成交价格为海关完税价格的新估价制度。其目的在于为签字国的海关提供一个公正、统一、中性的货物估价制度，不使海关估价成为国际贸易发展的障碍。这个协议规定了下列6种不同的依次采用的新估价法。

（1）进口商品的成交价格。根据协议的第1条规定，成交价格（Transaction Value）是指“商品销售出口运往进口国的实际已付或应付的价格”，即进口商在正常情况下申报并在发票中所载明的价格。如果海关不能按上述规定的成交价格确定商品海关估价，那就采用第二种办法。

（2）相同商品的成交价格。相同商品的成交价格（Transaction Value of Identical Goods）又称为同类商品的成交价格，是指与应估商品同时或几乎同时出口到同一进口国销售的相同商品的成交价格。根据协议第15条第2款，相同商品的定义为：“它们在所有方面都相同，包括相同的性质、质量和信誉。表面上具有微小差别的其他货物，不妨碍被认为符合相同货物的定义。”当发现两个以上相同商品的成交价格时，应采用其中最低者来确定应估商品的关税价格。如按以上两种估价办法都不能确定时，可采用第三种估价办法。

（3）类似商品的成交价格。类似商品的成交价格（Transaction Value of Similar Goods）是指与应估商品同时或几乎同时出口到同一进口国销售的类似商品的成交价格。所谓类似商品就是尽量与应估商品比较，各方面虽不完全相同，但它有相似的特征，使用同样的材料制造，具备同样的效用，在商业上可以互换的货物。

（4）倒扣法。倒扣法是以进口商品或同类或类似进口商品在进口国国内的销售价格为基础减去有关的税费后所得的价格。其倒扣的项目包括代销佣金、销售的利润和一般费用，进口国内的运费、保险金、进口关税和国内税等。倒扣法主要适用于寄售、代销性质的进口商品。

(5) 计算价格法。计算价格又称估算价格，是以制造该种进口商品的原材料、部件、生产费用、运输和保险费用等成本费以及销售进口商品所发生的利润和一般费用为基础进行估算的完税价格。这种方法必须以进口商能提供有关资料和单据并保存所有必要的账册等为条件，否则海关就不能采用这种办法确定其完税价格。

(6) 合理办法。如果上述各种办法都不能确定商品的海关估价，便使用第六种办法，这种办法未作具体规定，海关在确定应税商品的完税价格时，只要不违背协议的估价原理和总协定第 7 条的规定，并根据进口商品的现有资料，任何视为合理的估价办法都可行，因此这种办法称为合理法。

10. 技术性贸易壁垒

技术性贸易壁垒（Technical Barriers to Trade）是指在国际贸易中，一国为保护国家安全、生态环境、消费者权益，防止欺诈行为，在对本国市场上的商品进行管理时，采取一些与其他国家不一致的技术法规、标准、包装、标签、认可和检疫检验制度等手段，从而成为其他国家商品进入该国市场的障碍。随着全球市场竞争的日趋激烈，技术性贸易壁垒已经成为各国尤其是发达国家保护本国市场、控制进口的重要手段。

(1) 技术标准（Technical Standard）。商品必须符合一些进口国极为严格、烦琐的技术标准才能进口。例如，原西德不准意大利生产的车门从前往后开的汽车进口；法国严禁含有红霉素的糖果进口；美国则对进口的儿童玩具规定了严格的安全标准。

关于安全技术标准，很多国家都有严格的规定，如果一国出口商品达不到进口国的所谓标准，就难以向这些国家出口。

(2) 绿色技术壁垒。绿色技术壁垒是指那些为保护环境或以保护环境的名义而直接或间接采取的限制甚至禁止贸易的措施。一般把涉及保护环境或以保护环境名义采取的技术措施称为绿色技术壁垒。绿色技术壁垒包括绿色技术标准、绿色环境标志、绿色包装制度和绿色卫生检疫制度等。例如，自 1995 年 1 月 1 日起，日本加强成衣进口审查，以便消除童衣与内衣中所含有毒染料；德国颁布禁止在服装及纺织品中使用偶氮染料的规定，偶氮染料对染色工人有致癌危险。

以环境标志为特色的绿色技术壁垒正风行全球。环境标志又名绿色标志，是一种贴在产品或其包装上的图形，表明该产品不但质量符合标准，生产、使用、消费、处理等全过程中，也符合环保要求，对生态环境、人体健康无损害。1978 年德国实行“蓝色天使”标志，目前，美国、德国、日本、加拿大、挪威、瑞典、瑞士、法国、芬兰和澳大利亚等发达国家都已建立环境标志制度并正向协调一致、相互承认的方向发展。环境标志已成为进入这些国家市场的通行证。

此外，各国在卫生检疫方面的规定也越来越严格。如美国对其他国家或地区生产的食品、饮料、药品及化妆品，要求必须符合美国“联邦食品、药品及化妆品”的规定，还规定进口货物通关时均须经联邦食品药物管理署（FDA）检验。法国规定，果汁饮料中不得加入葡萄糖，这主要是为抵制美国货而制定的。近年出现在欧洲的疯牛病和亚太地区的口蹄疫、禽流感，其污染的商品被许多国家禁止进口。

(3) 商品包装和标签的规定（Packing and Labeling Regulation）。许多发达国家对于在国内市场上销售的商品规定了各种包装和标签条例。这些规定内容复杂，手续麻烦。进口商品必须符合这些规定，否则不准进口或禁止在其市场上销售。许多外国产品为了符合有关国家的这些规定，不得不更换包装、标签，费时费工，增加了商品成本，削弱了商品的竞争能力，影响了商品销路。如日本政府对向日本出口的各类新鲜水产品、肉类和新鲜蔬菜类实行明确的标签制度，规定销售者对其出售的食品的原产地、化冻（或是生鲜）和养殖要明确标示出来。美国对食品规定，进口食品必须在包装上标明所含各种成分及其所占比重，说明中不得写有该食品具有治疗疗效的文字，否则就要列入药品的范围，需特殊批准才能进口，如在食品中带有止咳生津、消暑止渴的字样，对美国出口将受限制。而加拿大政府规定进口商品必须英法文对照。

7.3 鼓励出口措施和出口管制

世界各国在采用关税和非关税措施限制进口的同时，还采用各种鼓励出口措施扩大商品的出口。在当今世界无论是采取自由贸易政策的国家，还是采取保护贸易政策的国家，都毫无例外地采用这种奖出限入的措施。此外，由于政治、经济或军事方面的原因，一些国家也会对某些重要的资源和战略物资实行出口管制、限制或禁止出口。

7.3.1 出口信贷

出口信贷（Export Credit）是一个国家为了鼓励商品出口，增强商品的竞争能力，通过银行对本国出口商或国外进口商提供的贷款。它是一国的出口商利用本国银行的贷款扩大商品出口，特别是金额较大、期限较长的商品如成套设备、船舶等出口的一种重要手段。

出口信贷按借贷关系可分为卖方信贷和买方信贷。

1. 卖方信贷

卖方信贷（Supplier's Credit）是出口方银行向本国出口厂商（即卖方）提供的贷款。这种贷款协议由出口厂商与银行签订，卖方信贷通常用于机器设备、船舶等的出口。由于这些商品出口所需的资金较大、时间较长，进口厂商一般都要求采用延期付款的办法。出口厂商为了加速资金周转，往往需要取得银行的贷款，出口商以此贷款为垫付资金，允许进口商赊购自己的产品和设备。出口商一般将利息等资金成本费用计入出口货价中，将贷款成本转移给进口商。

一般做法是在签订出口合同后，进口方支付5%～10%的定金，在分批交货、验收和保证期满时再分期付给10%～15%的货款，其余货款则由出口厂商在设备制造或交货期间向出口方银行取得中、长期贷款，以便周转。在进口商按合同规定的延期付款时间付讫余款和利息时，出口厂商再向出口方银行偿还所借款项和应付的利息。因此卖方信贷实际上是出口厂商从出口方银行取得贷款后，再向进口厂商提供延期付款的一种商业信用。

出口信贷的利率水平一般低于相同条件下资金贷放市场利率，利差由出口国政府补贴。由于出口信贷贷款期限长、金额大，发放银行面临着较大的风险，所以一国政府为了鼓励本国银行或其他金融机构发放出口信贷贷款，一般还设有国家信贷保险机构，对银行发放的出口信贷给予担保，或对出口商履行合同所面临的商业风险和国家风险予以承保。在我国主要由中国出口信用保险公司承保此类风险。

2. 买方信贷

买方信贷（Buyer's Credit）是出口方银行直接向外国的进口厂商（即买方）或进口方的银行提供的贷款。其附带条件就是贷款必须用于购买债权国的商品，因而起到促进商品出口的作用，这就是所谓约束性贷款（Tied Loan）。

买方信贷有两种方式：

（1）当出口方银行直接贷款给外国进口商时，进口厂商先利用本身的资金，以即期付款方式向出口厂商交纳买卖合同金额15%～20%的订金，其余货款以即期付款方式将银行提供的贷款付给出口厂商，然后按贷款协议所规定的条件，向出口方银行还本付息。

（2）当出口方银行贷款给进口方银行，进口方银行以即期付款方式代进口商支付应付的货款，并按贷款协议规定的条件向出口方银行归还贷款和利息等。至于进口厂商与本国银行的债务关系，则按双方商议的办法在国内结算清偿。买方信贷不仅使出口厂商可以较快地得到货款和减少风险，而且使进口厂商对货价以外的费用比较清楚，便于它与出口厂商讨价还价。因此，这种方式在目前较为流行。

为了做好出口信贷，发达国家一般都设立专门银行，办理此项业务。例如美国的进出口银行、日本的输出入银行和法国的对外贸易银行等，除对成套设备、大型交通工具等商品的出口提供国家出口资助外，还向本国私人商业银行提供低利率贷款或给予补贴，以资助他们的出口信贷业务。

7.3.2　出口信贷国家担保制

出口信贷国家担保制（Export Credit Guarantee System）是指国家为了扩大出口，对于本国出口商或商业银行向外国进口商或银行提供的信贷，由国家设立的专门机构出面担保，当外国债务人拒绝付款时，这个国家机构即按照承保的数额给予补偿。

这类担保的项目通常是商业保险公司不承保的出口风险比较大的项目。主要有两类：一是政治风险，二是经济风险。前者是由于进口国发生政变、战争以及因特殊原因政府采取禁运、冻结资金、限制对外支付等政治原因造成的损失。后者是进口商或借款银行破产无力偿还、货币贬值或通货膨胀等原因所造成的损失。

1. 担保对象

（1）对出口厂商的担保。出口厂商输出商品时提供的短期信贷或中、长期信贷可向国家担保机构申请担保。担保机构本身不向出口厂商提供出口信贷，但它可以为出口厂商取得出口信贷提供有利条件。例如有的国家采用保险金额的抵押方式，允许出口厂商所获得的承保权利，以“授权书”方式转移给出口方银行而取得出口信贷。这种方式使银行提供的贷款得到安全保障，一旦债务人不能按期还本付息，银行即可从担保机构得到赔偿。

(2) 对银行的直接担保。通常银行所提供的出口信贷均可申请担保，这种担保是担保机构直接对贷款银行承担的一种责任，往往给银行更为优厚的待遇。例如英国出口信贷担保署（The Export Credit Guarantee Department）对商业银行向出口商提供的某些信贷，一旦出现过期未能清偿时，可给予100%偿付，而不问未清偿的原因，但保留对出口厂商要求偿付的追索权。这种办法有利于银行扩大出口信贷业务，从而促进商品输出。

2. 担保期限与费用

根据出口信贷期限，担保期限通常分为短期与中、长期。短期信贷担保为6个月左右，承保范围往往包括出口商所有海外的短期信贷交易。为了简化手续，有的国家对短期信贷采用综合担保（Comprehensive Guarantee）的方式。出口商只要一年办理一次投保，就可承保在这期间对海外的一切短期信贷交易。一旦外国债务人拒付，即可得到补偿。至于中、长期信贷担保，由于金额大、时间长，而采用逐笔审批的特殊担保（Specific Guarantee）方式。中、长期担保时间通常为12～15年。承包时间可从出口合同成立日起到最后一笔款项付清为止，也可以从货物装运出口直到最后一次付款为止。承保金额一般为贸易合同金额的75%～100%。

出口信贷国家担保制的主要目的在于担保出口厂商与贷款银行在海外的风险，以扩大商品出口，因此所收的费用一般不高，以减轻出口厂商和银行的负担。通常保险费率根据出口担保的项目、金额大小、期限长短和输往的国别或地区而有所不同。此外，各国保险费率也不一样，英国一般为0.25%～0.75%，德国为1%～1.5%。

随着出口信贷业务的扩大，国家担保制也日益加强。英国的出口信贷担保署、法国的对外贸易保险公司、德国的信贷保险公司等都是这种专门机构。

7.3.3 出口补贴

出口补贴（Export Subsidies）又称出口津贴，是一国政府为了降低出口商品的价格，加强其在国外市场上的竞争能力，在出口某种商品时给予出口厂商的现金补贴或财政上的优惠待遇。出口补贴的方式有直接补贴和间接补贴两种。

1. 直接补贴

直接补贴（Direct Subsidies）是指政府对于某种出口商品，直接付给出口厂商的现金补贴。第二次世界大战后美国和西欧一些国家对某些农产品的出口就采用这种补贴。这些国家农产品的国内市场价格一般比国际市场价格要高。按国际市场价格出口时就出现亏损，这种差价或亏损部分由该国政府给予补贴。出口补贴的幅度和时间的长短，往往随着国内市场与世界市场之间的差价的变化而变化。有时为了鼓励某种商品出口，补贴金额甚至大大超过实际差价。

2. 间接补贴

间接补贴（Indirect Subsidies）是指政府对某些出口商品给予财政上的优惠。如政府退还或减少出口商品缴纳的消费税、销售税等国内税款，暂时免税进口原料和半制成品、提高出口商品的竞争能力，退还进口税，免征出口税，提供比在国内销售货物更优惠的运费等。

7.3.4 商品倾销

商品倾销（Dumping）是指大企业在控制国内市场的条件下，以低于国内市场的价格，甚至低于商品生产成本的价格，在国外市场抛售商品，打击竞争者以占领市场。

商品倾销通常由私人大企业进行，但是随着国家垄断资本主义的发展，一些国家设立专门机构直接对外进行商品倾销。例如美国政府设立商品信贷公司，以高价在国内收农产品，而按照比国内价格低一半的价格在国外倾销农产品。按照倾销的根本目的和时间的不同，商品倾销可分为以下三种。

1. 偶然性倾销

偶然性倾销（Sporadic Dumping）通常是因为销售旺季已过，或因公司改营其他业务，将国内市场上不能销售的"剩余货物"，以倾销方式在国外市场抛售。这种倾销对进口国的同类产品的生产当然会造成不利的影响，但由于时间短暂，进口国家通常较少采用反倾销措施。

2. 间性或掠夺性倾销

间性或掠夺性倾销（Intermittent or Predatory Dumping）是以低于国内市场价格甚至低于成本的价格，在某一国外市场上倾销商品，在打垮或摧毁了所有或大部分竞争对手、垄断了这个市场之后，再提高价格。这种倾销的目的是占领、垄断和掠夺国外市场获取高额利润。具体说来，有的是为了打垮竞争对手，以扩大其产品的销路；有的是为阻碍当地同类产品或类似产品的生产和发展，以继续在当地市场维持其垄断地位；有的是为了在国外建立和垄断新产品的销售市场等。这种销售严重损害了进口国家的利益，因而许多国家都采取反倾销税等措施进行抑制。

3. 长期性倾销

长期性倾销（Long-run Dumping）是长期以低于国内市场的价格，在国外市场出售商品。这种倾销具有长期性，其出口价格至少应高于边际成本，否则货物出口将长期亏损。因此，倾销者往往采用规模经济的方法，扩大生产以降低成本。有的出口厂商还可以通过获取本国政府的出口补贴来进行这种倾销。

倾销商品可能会使企业利润暂时减少甚至亏本。它们一般采用以下办法取得补偿：

（1）在贸易壁垒的保护下，用维持国内市场上的垄断价格或压低工人的工资等办法，榨取高额利润，以补偿出口亏损；

（2）国家提供出口补贴以补贴该企业倾销时的亏损；

（3）大企业在国外市场进行倾销，打垮了国外竞争者、占领了国外市场后，再抬高价格，攫取高额利润，弥补过去的损失。

7.3.5 外汇倾销

外汇倾销（Exchange Dumping）是出口企业利用本国货币贬值的机会，向外倾销商品以争夺国外市场的特殊手段。当一国货币贬值后，出口商品以外国货币来表示的价格降低，提高了该商品的竞争能力，从而扩大了出口。不仅如此，在货币贬值后，货币贬值的国家以本币表示的进口商品的价格却上涨了，从而削弱了进口商品的竞争。因此，货币贬值起到了促进出口和限制进口的双重作用。

但外汇倾销只有具备两个条件时才能起到扩大出口和限制进口的作用：

（1）货币贬值的程度大于国内物价上涨的程度。货币贬值必然引起一国国内物价上涨。当国内物价上涨程度赶上或超过货币贬值的程度，对外贬值与对内贬值差距也随之消失，外汇倾销的条件也不存在了。但是，国内价格与出口价格的上涨总要有一个过程，并不是本国货币一贬值，国内物价立即相应上涨。在一定时期内它总是落后于货币对外贬值的程度，因此垄断组织就可以获得外汇倾销的利益。

（2）其他国家不同时实行同等程度的货币贬值或采取其他报复性措施。如果其他国家也实行同幅度的贬值，那么两国货币贬值幅度相互抵消，汇价仍处于贬值前的水平，而得不到货币对外贬值的利益。如果其他国家采取提高关税等其他限制进口的报复性措施，也会起到抵消的作用。

7.3.6 促进出口的行政组织措施

为了扩大出口，许多国家在行政组织方面采取了各种措施，主要包括：

（1）设立专门部门来研究和制定出口战略，扩大出口。

（2）建立商业情报，加强商业情报的服务工作，及时向出口商提供商业信息和资料。

（3）组织贸易中心和贸易展览会推销本国商品。

（4）组织贸易代表团出访和接待来访。

（5）组织出口商的评奖活动。

7.3.7 出口管制措施

所谓出口管制措施是指通过法令和行政措施，对本国出口贸易实施管理和控制。一般来说，世界各国都会实行鼓励出口的政策，但是，出于某些政治、经济和军事目的，各国也都有可能对某些商品实施管制。

1. 出口管制的商品

实施出口管制的商品主要可分为以下几类：

（1）战略物资及其有关的先进技术资料。如武器、军事设备、军用飞机、军舰、先进的电子计算机及有关技术资料等。大多数国家对这类商品与技术资料均严格控制出口，这些商品必须领取出口许可证方能出口。

（2）国内紧缺物资。国内生产所需的原材料、半成品及国内市场供应不足的某些必需品，如英国的某些化学品、石油、药品、活牛、活猪，日本的矿产品、肥料、某些食品，瑞典的废金属、生铁等都控制出口。

（3）需“自动”限制出口的商品。为了缓和与进口国在贸易上的摩擦，在进口国的要求或压力下，“自动”控制出口的商品，如发展中国家根据纺织品“自限协定”自行控制出口的商品。我国2005年对纺织品出口所采取的限制措施也正是因为此种原因。

（4）历史文物和艺术品。对某些重要的文物、艺术品、黄金、白银等特殊商品，大多数国家都规定需特许才能出口。

（5）本国在国际市场上占主导地位的重要商品和出口额大的商品。对于一些出口商品单一、出口市场集中且该商品的市场价格容易出现波动的发展中国家来讲，对这类商品的出口管制目的是为了稳定国际市场价格，保证正常的经济收入。比如，欧佩克（OPEC）对成员国的石油产量和出口量进行控制，以稳定石油价格。

2. 出口管制的形式

（1）单边出口管制。它是指一国根据本国的出口管制法律，设立专门的执行机构，对本国某些商品的出口进行审批和发放许可证。单边出口管制完全由一国自主决定，不对他国承担义务与责任。

（2）多边出口管制。它是指几个国家的政府，通过一定的方式建立国际性的多边出口营制机构，商讨和编制多边出口管制的清单，规定出口管制的办法，以协调彼此的出口管制政策与措施，达到共同的政治与经济目的。

1949年11月成立的输出管制统筹委员会即巴黎统筹委员会，也叫巴统组织，就是一个典型的国际性的多边出口管制机构。

3. 出口管制的手段

一般而言，一国实施贸易政策的目的是扩大出口和减少进口，但是一些国家出于政治和经济的考虑而实施出口管制政策。出口管制是一国对外实行通商和贸易的歧视性手段之一，实施出口管制会对被管制国家和实施该政策的国家经济造成负面影响。

一国控制出口的方式有很多种，例如可以采用出口商品的国家专营、征收高额的出口关税、实行出口配额等，但是出口管制最常见和最有效的手段是运用出口许可证制度，出口许可证分为一般许可证和特殊许可证。

（1）一般许可证。一般许可证又称普通许可证，这种许可证相对较易取得，出口商无须向有关机构专门申请，只要在出口报关单上填写这类商品的普通许可证编号，在经过海关核实后就办妥了出口许可证手续。

（2）特殊许可证。出口属于特种许可范围的商品，必须向有关机构申请特殊许可证。出口商要在许可证上填写清楚商品的名称、数量、管制编号以及输出用途，再附上有关交易的证明书和说明书报批，获得批准后方能出口，如不予批准就禁止出口。

出口管制仅是国家管理对外贸易的一种经济手段，也是对外实行差别待遇和歧视政策的政治工具。20世纪70年代以来，各国的出口管制有所放松，特别是出口管制政治倾向有所减弱，但它仍作为一种重要的经济手段和政治工具而存在。

7.3.8 其他措施

为了鼓励出口，各国还采取一些其他相应的措施，主要有：

1. 外汇分红

外汇分红是指政府允许出口厂商从其所得的出口外汇收入中提取一定百分比的外汇用于进口，鼓励其出口积极性。

2. 出口奖励证制

政府对出口商出口某种商品以后发给一种奖励证，持有该证可以进口一定数量的外国商品，或将该证在市场上自由转让或出售，以从中获利。

3. 复汇率制

政府规定不同的出口商品适用不同的汇率，以促进某些商品的出口。

4. 进出口连锁制

政府规定进出口商必须履行一定的出口义务才可获得一定的进口权利，或获得一定的进口权利的进出口商必须承担一定的出口义务。通过进出口相联系的办法，达到有进有出、以进带出的目的，或以出许进的方式扩大出口。

7.4 促进对外贸易发展的经济特区措施

经济特区是一个国家或地区在其关境以外所划出的一定范围内，修建或扩建码头、仓库、厂房等基础设施和实行免除关税等优惠待遇，吸引外国企业从事贸易与出口加工等业务活动的区域。经济特区的目的是促进对外贸易发展，鼓励转口贸易和出口加工贸易，繁荣本地区和邻近地区的经济，增加财政收入和外汇收入。

各国或地区设置的经济特区名目繁多，主要有以下几种。

7.4.1 自由港或自由贸易区

自由港（Free Port）有的称为自由口岸，是自由贸易区的前身。自由港一般具优越的地理位置和港口条件，其开发目标与运营能力和港口本身的集散作用密切结合，以吸引外国商品，扩大转口贸易，发挥商品集散中心的作用。

自由贸易区（Free Trade Zone）有的称为对外贸易区、自由区、工商业自由贸易区等。无论自由港或自由贸易区都是划在关境以外，并且允许在港内或开展商品自由储存、展览、拆散、改装、重新包装、整理、加工和制造等业务活动，以便于本地区的经济和对外贸易的发展，增加财政收入和外汇收入。

1. 自由港或自由贸易区的种类

一般说来，自由港或自由贸易区可以分为两种类型：一种是把港口或社区的所在城市都划为自由港或自由贸易区，如香港整个是自由港。在整个香港，除了个别商品外，绝大多数商品可以自由进出，免征关税，甚至允许任何外国商人在那里兴办工厂或企业。另一种是把港口或社区的所在城市的一部分划为自由港或自由贸易区。例如，汉堡自由贸易区是由汉堡市的两部分组成的，而只有划在卡尔勃兰特（Carl Brandt）航道以东的归自由港，划在卡尔勃兰特航道以西的几个码头和邻近地区才是汉堡自由贸易区，这个自由贸易区位于港区的中心，占地5.6平方英里。因此，外国商品只有运入这个地区才能享有免税等优惠待遇。

2. 自由港或自由贸易区的规定

各国家自由港或自由贸易区的规定大同小异，归纳起来主要有以下几点：

（1）关税方面的规定。对于允许自由进出自由港或自由贸易区的外国商品，不必办理报关手续，免征关税。少数已征收进口税的商品如烟、酒等的再出口，可退还进口税。但是，如果港内或区外的外国商品转运入所在国的国内市场上销售，则必须办理报关手续，缴纳进口税。

（2）业务活动的规定。对于允许进入自由港或自由贸易区的外国商品，可以储存、展览、拆散、分类、分级、修理、改装、重新包装、重新贴标签、清洗、整理、加工和制造、销毁、外国的原材料与所在国的原材料混合、再出口或向所在国国内市场出售。

（3）禁止和特别限制的规定。许多国家通常对武器、弹药、爆炸品、毒品和其他危险品以及国家专卖品如烟、酒、盐等禁止输入或规定需凭特种进口许可证才能输入；有些国家对少数消费品的进口要征收高关税；有些国家对某些生产资料在国内或区内使用也应缴纳关税，例如意大利规定在的里雅斯特自由贸易区内使用的外国建筑器材、生产资料等也包括在应征关税的商品之内。此外，有些国家如西班牙等，还禁止在区内零售。

设立自由港或自由贸易区的主要目的是为了方便转口和进行简单的加工，主要面向商业，并以转口邻近国家和地区为主要对象，多设在发达国家和地区。

7.4.2 保税区

保税区（Bonded Area）又称保税仓库区，是海关所设置的或经海关批准注册、受海关监督的特定地区和仓库。外国商品存入保税区内，可以暂时不缴纳进口税；如再出口，不缴纳出口税；如要运进所在国的国内市场，则需办理报关手续，缴纳进口税。运入区内的外国商品可进行储存、改装、分类、混合、展览、加工和制造等。此外，有的保税区还允许在区内经营金融、保险、房地产、展销和旅游业务。

有些国家如日本、荷兰等，没有设立自由港或自由贸易区，但实行保税区制度。因此，许多国家对保税区的规定与自由港、自由贸易区的规定基本相同，起到了类似自由港或自由贸易区的作用。

7.4.3 出口加工区

出口加工区（Export Processing Zone）是一个国家或地区在其港口或临近港口、国际机场的地方，划出一定的范围，新建或扩建码头、车站、道路、仓库和厂房等基础设施，提供免税等优惠待遇，鼓励外国企业在区内投资设厂，生产以出口为主的制成品的加工区域。

出口加工区是20世纪60年代后期和70年代初在一些发展中国家或地区建立和发展起来的，如台湾、马来西亚、新加坡、菲律宾等，其目的在于吸引外国投资，引进先进技术与设备，促进本地区的生产技术和经济的发展，促进加工工业和出口的发展，增加外汇收入。

出口加工区脱胎于自由港和自由贸易区，采用了自由港和自由贸易区的一些做法，但它又与自由港和自由贸易区有所不同。一般说来，自由港和自由贸易区，以发展转口贸易、取得商业方面的收益为主，是面向商业的；而出口加工区是自由贸易区与工业加工的结合体，以发展出口加工工业、取得工业方面的收益为主，是面向工业的。

出口加工区一般分为两种：一种是综合性出口加工区，即在区内可以经营多种出口加工工业。如菲律宾的巴丹出口加工区所经营的项目包括服装、鞋类、电子或电器产品、食品、光学仪器和塑料产品等的生产加工。目前世界各地的出口加工区大部分是综合性出口加工区；另一种是专业性出口加工区，即在区内只准经营特定的出口加工产品。例如印度在孟买的圣克鲁斯飞机厂附近建立的电子工业出口加工区，专门发展电子工业的生产和增加这类产品的出口。在区内经营电子工业生产的企业可享有免征关税和国内税等优惠待遇，但全部产品必须出口。

由于在出口加工区进行投资的外国企业所需的生产设备和原材料大部分依靠进口，所生产的产品全部或大部分输出外国市场销售，因此出口加工区应该选择那些运输条件较好的地区如国际港口、国际机场或在港口、机场附近，这些地方进出口运输方便、运输费用最节省。

为了充分发挥出口加工区的作用，许多国家规定了一系列的吸引外资投资办厂的鼓励措施，这些措施包括：

（1）关税的优惠规定。凡是在区内投资设厂所需进口生产设备、原料、燃料、零部件、元件及半成品一律免征进口税；商品出口免征出口税；减免外国投资的企业所得税、营业税、贷款利息税等。

（2）放宽外国企业投资比率的规定，投资比率可达100%。

（3）保证外商投资利益，在出口加工区外国企业的资本、利润、股息可以全部汇回本国。

（4）对于报关手续、土地仓库和厂房等的租金、贷款利息、外籍职工的服务及其家属的居留权等给予优惠待遇。

7.4.4　多种经营的经济特区

多种经营的经济特区简称多种经营特区，是指一国在其港口或港口附近等地划出一定的范围，新建或扩建基础设施，提供减免税收等优惠待遇，吸引外国或境外企业在区内从事外贸、加工工业、农牧业、金融保险和旅游业等多种经营活动的区域，我国所设立的经济特区就属于这一种。

从 1979 年以来，我国先后在深圳、珠海、汕头等地设立了这种经济特区。这是我国贯彻与实行对外开放政策所采取的一系列重要措施的组成部分。

7.4.5　自由边境区

自由边境区（Free Perimeter）过去也称自由贸易区，这种设置仅见于拉丁美洲少数国家。一般设在本国的一个省或几个省的边境地区。对于在区内使用的生产设备、原材料和消费品可以免税或减税进口。如从区内转运到本国其他地区出售，则须照章纳税。外国货物可在区内进行储存、展览、混合、包装、加工和制造等业务活动，其目的在于利用外国投资开发边疆地区的经济。

自由边境区与出口加工区的主要区别在于：自由边境区的进口商品加工后大多是在区内使用，只有少数用于再出口。由于建立自由边境区的目的是开发边区的经济，因此一般都对优惠待遇规定了期限。当这些边区生产能力发展后，就逐渐取消某些商品的优惠待遇，直到废除自由边境区。例如墨西哥设立的一些自由边境区期限已满，就取消了原有的优惠待遇。

7.4.6　过境区

过境区（Transit Zone）又称中转贸易区，指某些沿海国家为方便内陆邻国的进出口货运，根据双方协定，指定某些海港、河港或国境城市作为过境货物的自由中转区，对过境货物简化海关手续，免征关税或只征小额的过境税。过境货物可短期储存和重新包装，但不得加工制造。过境区主要分布在非洲国家，如坦桑尼亚的达累斯萨拉姆、塞内加尔的达喀尔、象牙海岸的阿比让、莫桑比克的马普托等。泰国的曼谷、印度的加尔各答、阿根廷的布宜诺斯艾利斯和巴西的圣多斯等，也是以中转贸易为主的过境区。

本章小结

对外贸易措施主要包括关税壁垒、非关税壁垒、鼓励出口措施和出口管制措施。

关税是进出口商品经过一国关境时，由政府所设置的海关向其进出口商所征收的一种税，它是一种间接税。关税按照标准不同的又可以分为进口关税、出口关税、财政关税、保护关税，进口附加税、普惠制和特惠税。计算关税税额最普遍的方法是从价征收，除此之外还有从量税、混合税和选择税，海关针对进出口商品的管理规章制度及商品关税税率一览表都体现在海关税则里，进出口商品通关都要经过一定的程序和手续。

非关税壁垒是指关税以外的限制进口的措施，它具有有效性、灵活性和隐蔽性的三大特点，所以近年来受到越来越多国家的青睐。非关税壁垒的种类包括进口配额、自动出口配额、进口许可证、外汇管制、进口和出口国家垄断、歧视性政府采购政策、最低限价、禁止进口、进口押金制、专断的海关估价制、技术性贸易壁垒等。

各国针对本国商品的出口一般会采取鼓励出口措施，包括出口信贷、出口信贷国家担保制、出口补贴、商品倾销、外汇倾销、促进出口的行政组织措施和其他措施，此外出于某些政治、经济和军事的目的，各国也都有可能对某些商品实施出口管制。

各国或地区设置的经济特区名目繁多，主要有自由港或自由贸易区、保税区、出口加工区、多种经营的经济特区、自由边境区和过境区。

思考与练习

一 单选题

1. 正常关税一般是指（　　）。

A. 最惠国税率　B. 普通税率　　C. 财政税率　　D. 进口附加税

2. 在下列哪种情况下本国可对外国进行外汇倾销？（　　）

A. 本国货币贬值10%，国内物价上涨12%

B. 本国货币贬值10%，外国货币贬值15%

C. 本国货币贬值10%，国内物价上涨8%

D. 本国货币贬值10%，外国货币贬值10%

3. 歧视性政府采购政策要求政府优先使用（　　）。

A. 外国产品　　B. 进口产品　　C. 本国产品　　D. 合资产品

4. 绝对配额和关税配额的区别主要体现在（　　）。

A. 对进口数量的控制上　　　　B. 对关税的征收上

C. 对进口商品价格的控制上　　D. 对附加税和罚款的处理上

5. 普惠制的主要特点是（　　）。

A. 普遍的、歧视的、互惠的

B. 普遍的、非歧视的、非互惠的

C. 非普遍的、非歧视的、非互惠的

D. 普遍的、非歧视的、非互惠的、永久的

三 思考题

1. 什么是进口附加税？反补贴税与反倾销税有何异同？
2. 什么是非关税壁垒？与关税壁垒比较非关税壁垒有何特点？
3. 什么是进口配额制？绝对进口配额与关税配额、自动出口配额的主要区别是什么？
4. 进口许可证可分为哪几种？哪种更能起到限制进口的作用？
5. 外汇管制可分为哪几种？它如何起到限制进口的作用？
6. 出口信贷分为哪两类？它们之间有何异同？
7. 外汇倾销是如何促进出口限制进口的？
8. 自由贸易区与出口加工区有何区别？出口加工区与自由边境区有何区别？

技能实训

1. 挪威某进口商拟从我国进口长毛绒玩具一批，价值 20 万美元，同样从日本进口只需 19.5 万美元。挪威长毛绒玩具的普通税率为 30%，最惠国税率为 15%，普通税率为零。问进口商最终应从哪个国家进口？进口成本会因此减少多少？

2. 我国向美国出口男式开司米羊绒衫 500 打，每件重 1 磅，单价为 20 美元。对此羊绒衫美国每磅从量税征收 37.5 美分加征从价税 15.5%，则美国进口商要为这批羊绒衫支付多少关税？

案例讨论

保护贸易的主要手段——技术性贸易壁垒

1998 年 9 月 11 日，美国农业部长签署了一项新的法令，要求所有来自中国的木质包装和木质铺垫材料须附有中国出入境检验机关出具的证书，否则不能出口到美国。如果违规，整批产品不准进入美国或者在美国监视下销毁，一切损失由中国负责。日本 1999 年 1 月 16 日出台的《家畜传染病预防实施细则》中规定中国等 9 个国家的猪牛羊肉及其制品要经过指定设备加热消毒处理后才可进口。从 2000 年 7 月 1 日起，欧盟执行了新的茶叶农药残余限量标准，新标准不仅扩大了检测项目，且大幅度提高检测标准，可见，我国农产品所受到的环境壁垒限制日益增加。

1994年4月1日，德国正式禁止含偶氮染料的纺织品进口，凡违反规定者都视同犯罪，产品将被销毁。这使我国正在使用的104种偶氮染料的纺织品对德出口中断；欧盟对纺织品目前最为流行的环境标签是OKO-Tex Standard 100（生态纺织品标准100），是纺织品进入欧洲市场的通行证，对服装和纺织品中的某些物质的含量要求高达ppb级，如对苯乙烯的要求不超过5ppb，乙烯环乙烷不超过2ppb。这无疑给我国的纺织品出口贸易造成了很大的困难。

我国的机电产品，如收音机、电视、灯具等的出口都居世界第一位，而且主要销往欧美、日本等国，而这些国家的环保法规涉及机电产品的性能、排污量限制、兼容性、可回收率、节能性等多方面，这对我国机电产品的出口造成了不少限制和困难。自1996年1月1日欧盟对工业产品进入市场实行CE认证后，澳大利亚、美国、加拿大和德国等也相继对电子产品、机械产品和电器产品实行认证制度，这些认证制度使我国机电产品的出口更加困难。

1999年12月7日，欧盟正式发布1999年/815/EC指令，规定采用聚氯乙烯（PVC）原料生产的供3岁以下儿童使用的玩具中，邻苯二甲酸酯类增塑剂含量最高值不得超过0.1%；而我国出口的玩具大部分为PVC原料，其中供3岁以下儿童使用的占50%，目前，各国针对含PVC产品制定的国际标准日益提高，“禁令”涉及的产品范围与日俱增，如果没有有效的应对方法，我国玩具出口贸易将会受到巨大的损失。

我国医药产品的出口也同样受到来自发达国家的严格限制，如出口到美国的药品必须通过美国和药物管理局（FDA）的检查。而目前，我国仅有20多个厂家的单个品种通过了FDA检查，可见，仅对美国医药产品的出口我们就已大受限制。

（资料来源：在线国际商报 http://ibdaily.mofcom.gov.cn/show.asp?id=3772）

思考与讨论：

从上述事实可以看出技术性贸易壁垒作为保护贸易的主要手段，在贸易实践中对我国的产品出口造成了重大的影响。请结合案例，分析技术性贸易壁垒的主要特点，并提出相应的对策。

第8章 国际资本移动与跨国公司

学习目标

掌握国际资本移动的含义和基本类型；掌握跨国公司的含义和主要特征；了解跨国公司国际直接投资理论的基本内容；理解跨国公司操纵转移价格的原因以及跨国公司内部贸易的原因及其对国际贸易的影响。

案例导入

龙永图认为“跨国公司在华投资运作方式正发生改变”

“世界跨国公司在中国的投资正经历三个不同的阶段，从最初将中国视为‘市场中心’，到后来看作是‘研发中心’，如今，中国已成为世界跨国公司的‘战略中心’。”博鳌亚洲论坛秘书长龙永图在苏州举行的第二届苏商发展年会上说，跨国公司对华继续投资的方式已改变，正反其道寻商机。

他说，随着发达国家的经济增长放缓，发展中国家展现出巨大的增长机会，许多世界跨国公司开始反其道而行之，采取“反向创新”：在新兴市场开发新产品，然后推向全球市场。这样做既是出于开拓市场的考虑，也是为了防止新兴国家的巨头开发出类似产品，颠覆自己在发达国家的市场地位。

龙永图认为，这种“反向创新模式”的出现同中国目前所处的国际地位是分不开的。发达国家产业转移的步伐没有停止。

分析：中国的制造业下一步最重要的一个转向是重化工业和高端的装备工业，而这也正是世界跨国公司投资的重点领域。可以预测，在绿色经济的概念提出后，金融危机期间及之后催生出的新技术将推动新一轮绿色工业革命，同时成为下一阶段经济全球化的动力。

8.1 国际资本移动

国际资本移动也称国际投资，是指资本从一个国家或地区，转移到另一个国家或地区的一种国际经济活动，包括直接投资、证券投资及银行间的相互借贷等形式。按不同的标准可以把国际资本移动分为不同的种类，按资本持有者的性质不同可分为国家资本移动和私人资本移动两大类；按投资期限的长短可分为长期资本移动和短期资本移动；按投资方式不同可分为直接投资和间接投资。这里主要介绍直接投资和间接投资这两种形式。

8.1.1 国际直接投资

1. 国际直接投资的概念

国际直接投资（Foreign direct Investment，FDI），是一国的投资者跨越国境投入资本或投入其他生产要素，以获取或控制相应的企业经营管理权为核心，以获得利润或稀缺生产要素为目的的投资活动。

2. 国际直接投资的分类

按照不同的标准，国际直接投资可分为以下几类：

(1) 按投资者对投资企业拥有的股权比例的不同分类。

①独资。独资是指投入企业的资本完全由一国的投资者提供，投资者对投资企业的股权拥有的比例在95%以上。独资企业包括设立分支机构、附属机构、子公司等。它可以采取收购现有企业或建立新的企业等方式来进行。

②合资。合资是指两国或两国以上的投资者在一国境内根据投资所在国的法律，按一定比例或股份共同投资建立、共同管理、分享利润、分担亏损和风险。合资企业可分为股份公司、有限责任公司或企业、无限共同责任公司，并且具有法人地位。至于采取何种合资方式则由投资各方商定。汽车行业目前大部分都是合资形式，比如上海一汽和大众的合作、广汽集团和丰田的合作、华晨和宝马的合作等。

从投资者的角度看，合资企业有以下几点好处：可利用合营对象的销售网和销售手段进入特定地区市场或国际市场，开拓国外市场；合营各方可以在资本、技术、经营能力等方面相互补充，增强合资企业自身的竞争力；有利于获得当地的重要原料、资源或生产基地。

当然，合资企业也有一些不利因素，主要表现在投资各方的目标不一定相同，经营决策和管理方法不一定一致，市场意向和销售意向方面可能产生分歧，投资的长、短期利益难以统一等，因而导致投资者之间的摩擦。所以，合资企业经营的成功往往取决于投资者各方的共同意愿和共同努力。

(2) 按照投资者的投资动机的不同分类。

①资源导向型投资。资源导向型投资是为了开发油田、矿产等自然资源以及林业、水

产资源，在当地投资，建立企业。

资料卡

中国造纸行业的老大金光集团是印尼第一大财团，英文缩写为 APP。APP 在中国拥有 17 家全资或控股的浆纸企业和 20 多家林场，总资产约 540 亿元人民币，年加工生产能力约 500 余万吨，生产生活用纸、工业用纸、文化用纸（复印纸、铜版纸），各种纸杯等纸制品，超市经常能看到的金光的产品有清风、真真。金光集团还在中国广西建立了一家大型林浆纸一体化基地。

②市场导向型投资。市场导向型投资是指以扩大商品销售、占领市场为目的而进行的投资。这一类型的投资有三种情形：利用当地各种廉价资源，低成本生产，当地销售；实现规模经济，降低单位产品成本，提高产品的竞争力；绕过对方的贸易壁垒，实现对市场的占领。

③生产要素导向型投资。生产要素导向型投资是指在生产要素中劳动力的流动受到限制，土地等自然资源则没有流动性，为利用这些资源而到拥有这些资源的国家去投资。如美国劳动力工资过高，日本土地过少，他们就可以转移到生产要素丰裕的中国来投资。

④地缘导向型投资。这种投资以地理位置、空间距离来决定投资、建立企业。这种情况的发生往往以某个工业较发达的地区为中心，呈辐射型状态向外扩散。例如，美国对印度班加罗尔的投资，日本、韩国到中国的上海、大连来投资。

⑤全球战略导向型投资。全球战略导向型投资是指企业为了实现其全球发展战略，取得最佳经营效果进行投资、建立企业。它是跨国公司进行全球扩张的一种经营战略，跨国公司将其全球范围的经营活动视为一个整体，依据资源和市场的分布情况在世界范围内进行灵活、有效和统一的经营，有计划地对生产、销售和技术开发等方面进行直接投资。一般说来，这种类型是国际投资发展到较高层次的体现。

（3）按投资者投资的部门结构关系不同分类。

①垂直型对外直接投资。垂直型对外直接投资又分为两种，一种是一国投资者为了在生产过程的不同阶段实行专业化而将生产资本直接输出到另一国进行设厂或建立企业的投资活动。这种对外直接投资在资源的开采、提炼、加工和制成品制作过程中使用较多。另一种是把劳动密集型产品的某些生产阶段采用投资的方式转移到劳动力成本较低的国家或地区进行。这种投资方式，在发达国家或一部分新兴工业化国家与地区进行产业结构调整时经常采用。如电子元器件和产品的设计、制造由美国或日本的电气公司完成，而将其运到香港、韩国或我国台湾省的附属公司进行组装。这种类型的垂直型对外直接投资一般是依据每一生产阶段的不同特点和要求，利用有关国家或地区的资源、加工条件、优惠措施等进行的。

②水平型对外直接投资。水平型对外直接投资是指一国的公司或企业作为投资者将生

产资本输出到另一国，在投资所在国设立子公司，根据当地情况从事某种产品的设计、规划、生产和销售等全部经营活动。

8.1.2 国际间接投资

国际间接投资（Foreign Indirect Investment，FII），是指以资本增值为目的，以取得利息或股息为形式，以被投资国的证券为对象的跨国投资，主要包括证券投资和借贷资本输出，其特点是投资者不直接参与这些资本企业的经营和管理，投资活动主要通过国际资本市场（或国际金融证券市场）进行。

1. 证券投资

证券投资是指投资者在国际证券市场上购买外国企业和政府的中长期债券，或在股票市场上购买上市的外国企业股票的一种投资活动。由于属于间接投资，证券投资者一般只能取得债券、股票的股息和红利，对投资企业并无经营和管理的直接控制权。

2. 借贷资本输出

借贷资本输出是指以贷款或出口信贷的形式把资本供给外国企业和政府。一般有以下几种方式：

（1）政府援助贷款。政府援助贷款是各国政府或政府机构之间的借贷活动。这种贷款通常带有援助性质，所以贷款利息较低，还款期较长，可达20～30年，有时甚至是无息贷款，这种贷款一般又有一定的指定用途。

资料卡

2008年冰岛面临破产，向各个国家申请贷款，冰岛政府申请贷款总额为60亿美元，数额巨大，因为各大资本主义国家自身难保，所以借款困难，后来得到俄罗斯的承诺，可借款40亿美元，但附带条件。后又申请IMF国际货币基金组织借款20亿美元来渡过难关。

（2）国际金融机构贷款。国际金融机构一般包括国际货币基金组织、世界银行、国际开发协会、国际金融公司及各洲的开发银行和联合国的援助机构等。来自国际金融机构的贷款条件一般比较优惠，但并不是无限制的。

①国际货币基金组织。国际货币基金组织的贷款对象是成员国政府，贷款用途只限于解决短期性国际收支不平衡问题，用于贸易和非贸易经常项目的支付。在向国际货币基金组织贷款时要求借款国以相应数量的本币购买外币，偿还贷款时再用国际货币基金组织指定的货币购回本币。国际货币基金组织的这种贷款利率较低，此外还需支付一定数额的手续费。

②世界银行。世界银行只对成员国政府或经成员国政府担保的公共机构和私人企业提

供贷款，主要面向发展中国家，贷款重点用于能源、农业、交通运输、教育等方面。贷款期限短则3～5年，长则20年，宽限期为5年。贷款利率随国际金融市场利率水平定期调整，但低于国际金融市场利率水平。贷款收取的杂费很少，只对签约后未支用的贷款额收取0.75％的承诺费。世界银行的贷款一般与特定的某一工程项目相联系。银行一般只提供该贷款项目所需建设资金总额的30％～50％，其余部分由借款国自行准备（通称配套资金）。另外银行贷款必须专款专用，接受银行的监督，保证银行贷款只用于双方已规定的项目和目的。应该注意的是银行贷款的使用不能限定在某一特定的成员国内进行采购，而要通过国际公开招标的方式进行。

③国际开发协会。国际开发协会属于世界银行的下设机构，又称第二世界银行，专门从事对最不发达国家提供无息贷款的业务。世界银行的成员国均为国际开发协会的成员国。协会的成员国分为两类：第一类是经济上比较发达或收入水平较高的国家，它们是协会资金的主要提供者；第二类为发展中国家，是协会贷款的接受者。与世界银行的贷款相同，国际开发协会的贷款也要经过严格的审查，但它的贷款条件更为优惠。国际开发协会的贷款为无息贷款，只收取少量的手续费（一般为0.75％），并对已承诺未支用的贷款收取0.5％的承诺费。贷款期限一般为35～40年，宽限期平均为10年。贷款可部分或全部用本国货币偿还。能够获取国际开发协会贷款的国家人均收入水平必须低于某一标准，大多数国家的人均年收入不到500美元，许多国家甚至远远低于这个水平。在申请协会贷款时，不仅具有资格标准，协会还要考虑借款国有效使用资金的能力和借款国的资信情况。

④国际金融公司。国际金融公司是世界银行的另一个附属机构，专门从事对成员国私营部门的贷款业务。向发展中国家的私营部门提供中、长期贷款是国际金融公司的主要任务。国际金融公司的投资活动分为两种形式，一是贷款，二是参股。国际金融公司的投资活动不论是贷款还是参股，公司的投资对象均为成员国的私营企业，有时也向有利于私营部门发展的公私合营或为私人企业提供资金的国营金融机构发放贷款或参股投资。公司的贷款完全按商业利率进行，但期限较长，一般为5～15年，甚至更长，并有一定的宽限期。

资料卡

国际金融公司在提供贷款或投资入股时一般遵循三个原则：一是对成员国私人企业提供资金无须政府担保，但仍需政府认可；二是公司只向资金结构健全、管理能力较强、保证盈利的项目提供贷款，并尽可能挑选有创汇能力的项目，以确保公司能收回贷款并有一定盈利；三是公司投资入股时，公司的股份一般不超过私营企业资本总额的25％，投资额一般在100万～5 000万美元之间，并且不参加该企业的经营管理，也不在该企业董事会上行使所拥有的投票权。

（3）国际金融市场贷款。国际金融市场分为货币市场和资本市场。前者是经营短期资金借贷的市场，后者是经营长期资金借贷的市场。货币市场的贷款期限在1年以内，资本市场的贷款期限在1年以上，属中长期贷款。中期贷款期限一般为1～5年，长期贷款期限一般在5年以上，最长可达10年。一般来讲，国际金融市场贷款利率较高，但可用于借款国任何需要，对贷款的用途没有限定。

（4）出口信贷。出口信贷是指一个国家为了鼓励商品出口，加强商品的竞争能力，通过银行对本国出口厂商或国外进口厂商或进口方的银行所提供的贷款。

8.1.3 国际间接投资与国际直接投资的区别

1. 控制权不同

国际间接投资对筹资者的经营活动无控制权，而国际直接投资对筹资者的经营活动拥有控制权。

2. 流动性和风险性不同

国际间接投资与企业生产经营无关（因为无控制权），随着金融市场的日益发达与完善，证券可以自由买卖，流动性大，风险性小。

国际直接投资一般都要参与一国企业的生产，生产周期长，一般在10年以上，由企业的利润直接偿还投资。资金一旦投入某一特定的项目，要抽出投资比较困难，其流动性小，风险性大。

3. 投资渠道不同

国际间接投资必须通过证券交易所才能进行投资，国际直接投资只要双方谈判成功即可签定协议进行投资。

4. 投资内涵不同

国际间接投资又可称为“国际金融投资”，一般只涉及金融领域的资金，即货币资本运动，运用的是虚拟资本。

国际直接投资是生产要素的投资，它不仅涉及货币资本运动，还涉及生产资本和商品资本运动及其对资本使用过程的控制，运用的是现实资本。

5. 获取收益不同

国际间接投资的收益是利息和股息，国际直接投资的收益是利润。

8.2 跨国公司与国际贸易

8.2.1 跨国公司

1. 跨国公司的含义

跨国公司是指由两个或两个以上国家的经济实体所组成，并从事生产、销售和其他经营活动的国际性大型企业，又称国际公司或多国公司。跨国公司的雏形最早出现在 16 世纪，成长于 19 世纪 70 年代之后，现已经成为世界经济国际化和全球化发展的重要内容、表现和主要推动力。

综合众多关于跨国公司的定义，可以将跨国公司的定义总结为：跨国公司是指发达资本主义国家私人垄断企业通过对外直接投资方式，以本国为基地在世界各地设立分支机构或分公司，或控制东道国当地企业使之成为其子公司，从事国际化生产、销售和其他经营活动的国际型企业。

2. 跨国公司的构成要素

跨国公司必须具备以下三个条件：

（1）经济实体：跨国公司首先是一个企业，要有固定的经营场所。并且它不像普通的国内企业，只需要在一国内建立一个或几个经营场所就可以了，它必须在两个或两个以上的国家同时从事经营活动，才能被称为跨国公司。

（2）目标一致：这种企业在一个中央决策体系下进行经营决策，并指定共同的政策，这些政策可能反映出跨国企业的共同战略目标，各个分公司被共同的战略目标连为一体。

（3）共享利益，分担责任：各个分公司可以共同利用公司资源，包括资产、专利、商标、信息以及人力资源，同时负担责任。

3. 跨国公司的特征

（1）跨国公司具有全球战略目标和高度集中统一的经营管理。跨国公司作为在国内外拥有较多分支机构、从事全球性生产经营活动的公司，与国内企业相比较，是有很大区别的。这些区别表现在：

①跨国公司的战略目标是以国际市场为导向的，目的是实现全球利润最大化，而国内企业是以国内市场为导向的。

②跨国公司是通过控股的方式对国外的企业实行控制，而国内企业参与的涉外经济活动较少，大多是以契约的方式来实行控制。

③国内企业的涉外活动不涉及在国外建立经济实体问题，国内外经济活动的关系是松散的，发生涉外经济活动（比如做出口贸易）往往在交易完成后就立即终止，不再参与以后的再生产过程；而跨国公司则在世界范围内的各个领域，进行全面的资本、商品、人才、技术、管理和信息等交易活动，并且这种“一揽子”活动必须符合公司总体战略目标，所以跨国公司对其分支机构都实行高度集中的统一管理。

（2）跨国公司从事多种经营。

1）跨国公司从事多种经营一般有以下几种形式：

①横向水平型多种经营。此类公司主要从事单一产品的生产经营，母公司和子公司很少有专业化分工，但公司内部转移生产技术、销售技能和商标专利等无形资产的数额较大。

②垂直型多种经营。此类公司按经营内容又可分为两种。一种是母公司和子公司生产和经营不同行业的、但却相互有关的产品。它们是跨行业的公司，主要涉及原材料、初级

产品的生产和加工行业，如开采种植、提炼、加工制造、销售等行业。另一种是母公司和子公司生产和经营同一行业不同加工程度或工艺阶段的产品，主要涉及汽车、电子等专业化分工水平较高的行业。比如美国的美孚石油公司就是前一种垂直型的跨国公司，它在全球范围内从事石油和天然气的勘探、开采，以管道、油槽和车船运输石油和天然气，经营大型炼油厂，从原油中精炼出最终产品，批发和零售几百种石油衍生产品。而法国的珀若—雪铁龙汽车公司则是后一种垂直型的跨国公司，公司内部实行专业化分工，它在国外的84个子公司和销售机构，分别从事铸模、铸造、发动机、齿轮、减速器、机械加工、组装和销售等各工序的业务，实现了垂直型的生产经营一体化。

③混合型多种经营。这种公司经营多种产品，母公司和子公司生产不同的产品，经营不同的业务，而且它们之间互不衔接，没有必然联系。比如日本的三菱重工业公司原是一家造船公司，后改为混合多种经营，经营范围包括汽车、建筑机械、发电系统产品、造船和钢构件、化学工业、一般机械、飞机制造业等。

2）跨国公司重视多种经营的原因：

①便于分散风险，稳定企业的经济收益。

②防止“过剩”资本形成。

③有利于资金合理流动与分配，提高各种生产要素和副产品的利用率。

④能节省共同费用，增强企业机动性。

（3）以开发新技术推动跨国公司的发展。二战后，全世界的新技术、新生产工艺、新产品基本上都掌握在跨国公司手中，这是跨国公司能够几十年不衰反而不断发展壮大的根本原因之一。通常跨国公司都投入大量人力物力开发新技术、新产品。跨国公司不仅注重开发新技术，而且非常善于通过对外转让技术获得高额利润及实行对分公司、子机构的控制。

资料卡

20世纪80年代中后期，美国电话电报公司（相当于中国电信，主要做国际电话和网络服务）研究与开发中心平均每年的研究经费高达19亿美元，并聘用了1.5万名科研人员，其中2 100人获博士学位，4人曾先后获得4项诺贝尔物理奖。又如，美国的3M公司（它以产品繁多著称于世。在其近百年历史中开发出5万多种高品质产品，如砂纸、胶粘剂、隐形眼镜、心肺仪器、新潮的人造韧带和几百种胶条等，甚至还有一次性尿片），1994年夏季就新上市近400种半组合式五金类用品，其新产品层出不穷，其原因用3M加拿大分公司DIY产品部门行销经理的话解释为：该公司每年营业额的7%用在研制新产品上，业务宗旨是每年必须有30%的销售收入来自4年前尚未上市的新产品。由此可见其研究的超前。

（4）竞争是跨国公司争夺和垄断国外市场的主要手段。在国际贸易中，传统的竞争手段是价格竞争。企业通过降低生产成本，以低于国际市场或其他企业同类商品的价格，在国外市场上打击和排挤竞争对手，扩大商品销路。而今，由于世界范围内尤其是发达国家生活水平的提高、耐用消费品支出占总支出比重的增大，世界范围内的持续通货膨胀造成物价持续上涨，以及产品生命周期普遍缩短等因素影响，价格竞争已很难为跨国公司争取到最多的顾客，取而代之的是非价格竞争。事实证明，非价格竞争是当代跨国公司垄断和争夺市场的主要手段。非价格竞争是指通过提高产品质量和性能，增加花色品种，改进商品包装装潢及规格，改善售前售后服务，提供优惠的支付条件，更新商标牌号，加强广告宣传和保证及时交货等手段，来提高产品的素质、信誉和知名度，以增强商品的竞争能力，扩大商品的销路。目前，跨国公司主要从以下几方面提高商品非价格竞争能力：提高产品质量，逾越贸易技术壁垒；加强技术服务，提高商品性能，延长使用期限；提供信贷；加速产品升级换代，不断推出新产品，更新花色品种；不断设计新颖和多样的包装装潢，注意包装装潢的“个性化”；加强广告宣传，大力研究改进广告销售术。

(5) 跨国公司经营方式多样化。和一般的国内企业或一般的涉外公司相比较，跨国公司的全球性生产经营方式明显较多，包括进出口、技术转让、合作经营、管理合同和在海外建立子公司等。其中，尤以在海外建立子公司为主要形式开展和扩大其全球性业务。

8.2.2　跨国公司内部贸易

跨国公司的贸易活动分为企业外贸易活动和企业内贸易活动，就是向企业集团外顾客出售产品和向企业内部其他公司转让产品两种不同性质的业务活动，后一种活动就构成了企业内部交易，即跨国公司的母公司与国外子公司之间在产品、技术和服务方面的内部交易。因为跨国公司的目的是追求世界范围内利润最大化，而内部贸易有利于实现它的目的。所以跨国公司将很大部分的国际贸易纳入其内部交易体系。据联合国有关部门统计，目前跨国公司内部贸易高达全球贸易额的 1/3，已成为世界经济活动中非常显著的一个现象。

1. 跨国公司内部贸易的动机

跨国公司内部贸易的动机主要有以下几点：

(1) 避免外部市场经营的不确定性。由于完全受市场自发力量的支配，企业经营活动面临着诸多的风险，即投入供应数量不确定，投入供应质量不确定，投入供应价格不确定，不同生产工序和零部件分别由其他的独立企业承担，这在协调上又有可能产生问题。如果这些原材料、零部件都由公司内部的子公司来提供，进行公司内部贸易就可以大大降低经营的不确定性，将生产中上游和下游活动置于公司的统一控制下，通过内部调拨把它们联系起来，可保证生产投入的供应和产品的销售，使得生产活动能够持续顺利进行，这样企业跨国经营的稳定性就有了坚实的内部保障。

(2) 防止技术优势的扩散，确保跨国经营的优势。对技术的垄断是跨国公司的特有优势，也是跨国公司存在和发展的关键，如果公司的技术产品频繁地在公司外部交易，有可能被竞争对手模仿而蒙受损失，内部贸易就可避免此类事情的发生。跨国公司始终把握新技术，并只在公司内部转让，这样就可确保跨国经营的优势。

(3) 降低成本，增加利润。公司内部贸易可以大幅度减少通过外部市场交易所付的费用，节约交易成本，增加利润。使用外部市场是必须付出成本代价的，构成外部市场交易成本的重要内容之一就是买卖双方为寻求和达成有利的价格所花费的时间和费用，其次还包括国际政治风险、经济风险以及交易行为本身的履约风险所构成的风险成本。在内部贸易过程中，因为交易双方同为一个统一经济利益主体，都属于跨国经营企业整体中的一个内部成员，所以上述外部市场交易所特有的成本的支出就从中避免，而成本的节省就是实现经济利益最大化的最有效方法。

2. 跨国公司内部贸易的特点

与跨国公司之间的国际贸易相比，跨国公司内部贸易具有以下特点：

(1) 内部贸易多发生在高新技术部门。一般来说，在研究与开发的密集度较高的部门多发生公司内部贸易，公司内部贸易呈现这种特点的原因，主要是跨国公司的核心优势即在技术上和管理上拥有的某些优势的获得往往是以付出高昂的研究与开发费用为代价的，因此为了保持企业在技术和管理上的垄断优势，为了不使已付出的高昂的代价付诸东流，将所有技术类交易都在公司内进行，也可以说是一种明智的选择。

(2) 产品构成主要是最终产品，其次是有待加工和组装的中间产品。系统的研究证明，公司贸易的内部化率与产品的加工程度成正比关系，即产品的加工程度越高，其内部化率越高；反之，则内部化率越低。

(3) 内部贸易多发生在发达国家。公司内部贸易与贸易伙伴国收入水平呈正相关关系，即跨国公司的子公司所在国收入水平越高，它们之间的贸易额越多。这是因为精密、复杂的制成品在高收入国家间贸易中所占的份额较大，这些产品价值较高且常通过内部转让，而低收入国家出口贸易主要是原材料和劳动密集型产品，常采取市场交易方式进行。

3. 跨国公司内部贸易的运作

跨国公司内部贸易是一种特殊形式的国际贸易，其核心特点有两个：

(1) 实行计划性管理。公司内部贸易的计划性主要是指内部贸易的商品数量、商品结构以及地理流向等受公司长远发展战略计划、生产投资计划、市场营销计划和利润分配计划的控制和调节。跨国公司实施内部贸易计划管理的目的是，调节公司内部的资源配置，使之不断适应公司发展战略和外部环境变化的要求，在激烈的竞争环境中立于不败之地。

(2) 实行转移价格。实行转移价格有助于克服公司内部分工的统一性与各部门利益不一致性的矛盾。海外子公司采取的是多样化股权形式，使得母公司与各子公司之间形成多样化、多层次的经济关系。这种经济利益的差异性必然导致跨国公司的总体利益与各子公司的局部利益之间的矛盾和冲突。跨国公司实行转移价格是克服这一矛盾的有效方法。转移价格使整个公司的经营活动在全球战略目标指导下实现内部交换，并在协调的基础上使各自的利益得到满足。以上两个特点最为核心的就是转移价格的制定。

4. 转移价格

(1) 转移价格的含义。转移价格是指跨国公司根据其全球战略目标，在公司内部销售商品和劳务的价格，又称调拨价格。转移价格既不反映成本也不受市场供求关系的影响，它由母公司高级管理人员制定，具有随意性和机密性，是实现全球战略目标的工具，也是跨国公司获取利润最大化的一种手段。

由于各国环境因素的差异，公司所面临的公开市场是不完全竞争的或是有缺陷的。这种情况下，公司很难通过公开的市场（也就是自由市场）实现全球利润最大化。所以越来越多的公司在世界范围内投资建立起自己的，由子公司、附属机构等构成的内部交易体系，把公开市场上大量的交易转换成公司内部的市场交易。

通过转移价格可以调整各个子公司的生产成本和销售利润，从税收上看，可以把高税区的利润转移到低税收地区，从而减少整个公司的应交税额，提高经济效益。据统计，当代国际贸易中，跨国公司内部交易已占世界贸易额的 30%以上，而且这一比例还在逐年提高。

【例 8-1】 某国际企业内有 A、B 两个子公司。假设 A 子公司的年销量是 1 万件，其中有 4 000 件销给 B 子公司，即内部贸易占 40%。外部市场的产品单价是每件 50 美元。每件产品的可变成本（包括员工的工资、技术开发费用、广告费用等）是 30 美元，固定成本（包括购买原材料、设备的折旧费等）是 10 万美元。试分析 A 子公司实行转移价格对其销售利润的影响。

解：净收入＝销售额－（可变成本＋固定成本）

A 公司净收入的计算见表 8-1。

表 8-1 计算表

	销给外部消费者	销给 B 子公司	总计
销售额	6 000×50＝300 000	4 000×50＝200 000	500 000
可变成本	6 000×30＝180 000	4 000×30＝120 000	300 000
固定成本			100 000
净收入			100 000

如果国际企业出于全球战略的种种安排，而在内部贸易中以转移价格取代外部市场价格，那么 A、B 两者的利润分配就发生了很大变化。如将转移价格提高到 100 美元，则 A 子公司的净收入发生的变化见表 8-2。

表 8-2 计算表

	销给外部消费者	销给 B 子公司	总计
销售额	6 000×50＝300 000	4 000×100＝400 000	700 000
可变成本	6 000×30＝180 000	4 000×30＝120 000	300 000
固定成本			100 000
净收入			300 000

反之，如将转移价格降至 20 美元而低于产品的可变成本，A 子公司的净收入发生的变化见表 8-3。

表 8-3 计算表

	销给外部消费者	销给B子公司	总计
销售额	6 000×50=300 000	4 000×20=80 000	380 000
可变成本	6 000×30=180 000	4 000×30=120 000	300 000
固定成本			100 000
净收入			−20 000

B子公司从外部市场购买需要

4 000×50=200 000（美元）

从A子公司购买同量产品需要

4 000×20=80 000（美元）

可节约

200 000−800 000=120 000（美元）

可见，跨国公司通过转移价格使资金在各子公司之间进行转移，从而实现利润最大化。其所采用的方式一般有两种，即高于相应市场价格的转移定价，或低于市场价格的转移定价。当母公司以高于市场价的转移价格将一批货物卖给它的一个附属子公司时，就有一笔资金，这笔资金就是高于市场价的差价货款，由该子公司转移到了母公司。从帐面上看，母公司得到超额利润而子公司相应亏损；反过来，如母公司以低的转移价格卖给子公司，相应的一笔资金就由母公司转移到了子公司。就转移方向而言，低价卖出与高价买进达到资金转移出去的目的；高价卖出与低价买进达到资金转移进来的目的。

（2）采用转移价格的目的和作用。总目的是为了实现公司全球利润最大化。具体来说有以下几个目的：

①减轻所得税负担。跨国公司的子公司分布在世界各地，它们必须按照利润的大小向东道国政府缴纳所得税，而各国的所得税法规和税率有较大差别。因此，公司为实现其利润最大化，可以要求在所得税高的国家的子公司，以较高的价格从需缴纳所得税率低的国家的子公司买进原材料或产品，再以较低的价格向其他子公司售出。这样高买低卖，增加了在高所得税国家子公司的成本，降低了利润，利润少，所缴纳的所得税就少；因为低所得税国家的子公司是低价买进，就降低了它的成本，提高了利润，利润高，但所得税水平低，这样从总体上来看减轻了跨国公司的所得税负担。

【例 8-2】 跨国公司布朗国际集团有3个关联公司A、B、C，分别设在甲、乙、丙3个国家，3个国家的公司所得税税率分别为50%、30%和20%。A公司为B公司生产组装电视机用的零部件。现A公司以200万美元成本生产了一批零件，本应以240万美元的直接售给B公司，经B公司组装后按300万美元的总价格投放市场。为了减轻税负，A公司将该批货物以210万美元卖给C公司，C公司转手以280万美元的价格卖给B公司，B公司经组装后以300万美元的总价格投放市场。通过这种方式，布朗集团减少了多少纳税？

解： 原应纳税额：A：40万×50%=20万，B：60万×30%=18万，共38万。

实际纳税：A：10 万×50%=5 万。B：70 万×20%=14 万。C：20 万×30%=6 万。共 25 万。公司减少纳税 38−25=13 万。

因为世界上有一些地区是不收所得税的，如像百慕大、巴哈马、汤加、开曼群岛等地，所以这些地方成为很多跨国公司的“避税天堂”。

②规避关税。根据不同国家的关税规定，灵活运用转移价格还可以规避关税。针对一些进口关税较高的国家，跨国公司利用转移价格使集团内的出口企业以低价向高关税子公司出口，对于进口子公司来说，尽管关税税率较高，但进口的产品价位下降，缴纳关税的基数减少，应纳关税就会减少。某些国家对产成品征收较高关税，而对半成品或原材料征收关税较低，可以较低价格向该国子公司提供产成品而以较高价格提供半成品或原材料，从而灵活地绕开关税壁垒，节约关税支出。

另外，还可利用区域性关税同盟规避关税。例如，欧盟规定，如果商品价值的 50%以上是在成员国中增值的，由一成员国运往另一成员国时可免予缴纳关税。因此，如果中国跨国企业想在欧盟销售商品，可以把半成品运往设在法国的子公司，制成成品后在欧盟销售，就可以人为调低半成品销价，使它符合 50%在法国增值的目的，从而逃避了产成品直接运往欧盟销售的大量关税。

③控制市场，增强竞争地位。一是跨国公司利用转移价格来支持国外子公司的竞争。在市场竞争激烈的地区，母公司向子公司供应原材料、零部件或产品时，往往以较低的价格使子公司在价格竞争中击败对手。二是扶植新公司，增强新建子公司的竞争能力。跨国公司可以向新建子公司高价收购、低价销售，使该子公司在当地市场上呈现盈利可观的良好形象，从而帮助子公司在当地市场打开局面。

（3）转移价格的具体形式。

①货物价格。在跨国公司的转移价格中，货物价格的使用占了很大比重。公司通过使用货物转移价格高于或低于正常交易原则下的市场价格，实现利润的转移、资金的流动。例如，由母公司向子公司低价供应零部件产品，或由子公司高价向母公司出售零部件产品，来减少子公司的产品成本费用，获取较高的利润。反之，通过母公司向子公司高价出售零部件产品，或由子公司向母公司低价出售零部件产品，来增加子公司的产品成本费用，减少子公司的利润。

②劳务费用。在跨国公司体系中，各公司之间可以通过提供服务，收取高额或低额服务费用来实现转移价格。比如通过技术和咨询服务、管理、租赁、商标、专利出口等费用来影响子公司产品的成本和利润。如母公司利用其本系统的金融机构来影响子公司提供优惠的贷款，不收或少收利息，使子公司减少产品的费用。相反，也可通过较为高昂的利息费用来增加子公司的产品成本。

③提供内部贷款。在母公司对子公司进行投资的过程中，贷款具有更大的灵活性，母公司还可以根据整个公司情况制定利息率的大小，可以以较低利率贷给子公司，避免子公司在公开金融市场借贷的高额利息。

除此之外，跨国公司还有很多隐蔽的办法，利用转移价格来影响子公司的成本和利润。跨国公司就是利用这种内部贸易和转移价格来实现它的全球战略目标的。

8.3 跨国公司理论

8.3.1 垄断优势理论

1. 垄断优势理论的含义

垄断优势理论是最早研究国际直接投资的独立理论，是由国际直接投资理论的先驱——美国麻省理工学院教授海默于1960年首先提出的。他的导师金德贝格在20世纪70年代对该理论进行了补充和发展。垄断优势理论是一种阐明当代跨国公司在海外投资具有垄断优势的理论。此理论认为，考察国际直接投资应从“垄断优势”着眼。

2. 垄断优势理论的依据

海默认为跨国公司进行直接投资的动机源自市场缺陷，这种缺陷就是市场的不完全竞争。

首先，不同国家的企业常常彼此竞争，但市场缺陷意味着有些公司居于垄断或寡占地位，因此，这些公司有可能通过同时拥有并控制多家企业而牟利。

其次，在同一产业中，不同企业的经营能力各不相同，当企业拥有生产某种产品优势时，就自然会想方设法将其发挥到极致。这两方面都说明跨国公司和直接投资有出现的可能性。

海默还进一步指出，从消除东道国市场障碍的角度看，跨国公司的优势有一种补偿的作用，它们起码足以抵消东道国当地企业的优势。也就是说，一个企业之所以要对外直接投资，是因为它有比东道国同类企业有利的垄断优势，在国外进行生产可以赚取更多的利润。海默的导师金德伯格对此作了进一步引申，列出了各种可能的补偿优势，如商标、营销技巧、专利技术和专有技术、融资渠道、管理技能、规模经济等。

这种垄断优势可以划分为两类：一类是包括生产技术、管理与组织技能及销售技能等一切无形资产在内的知识资产优势；一类是由于企业规模大而产生的规模经济优势。这一理论既解释了跨国公司为了在更大范围内发挥垄断优势而进行的横向投资，也解释了跨国公司为了维护垄断地位而将部分工序，尤其是劳动密集型工序，转移到国外生产的纵向投资，因而对跨国公司对外直接投资理论的发展产生了很大影响。

8.3.2 产品生命周期理论

产品生命周期理论最先由弗农于1966年提出，是第二次世界大战之后解释制成品贸易的著名理论。该理论认为，由于技术的创新和扩散，制成品和生物一样，也具有一个生命周期。制成品的生命周期可以大致划分为三个阶段：

（1）产品创始阶段。一般集中在国内生产，国外市场的需求基本上是靠出口来满足。

(2) 成熟阶段。在竞争的压力下，以对外直接投资的方式占据国外主要销售市场。

(3) 标准化阶段。生产区位更多的是由成本差别因素所决定的。

在产品生命周期的不同阶段，各国在国际贸易中的地位是不同的。

产品生命周期理论对企业生产战略的影响也分为以下三个阶段：

第一阶段即新产品阶段，由于某一或几个企业拥有技术垄断优势和市场寡占地位，竞争者很少，市场激烈程度远不充分，替代品很少且附加值高，企业对产品的成本关注不是很大，技术或产品可以通过出口源源不断地输向世界各地。

第二阶段即成熟产品阶段，由于创新企业的技术垄断和市场寡占地位被打破，一批国际化的跨国企业开始掌握此技术，于是，竞争者增加，市场竞争越来越激烈，替代产品增加。为了获取更多的利润，更多的企业开始重视产品成本的下降，较低的成本开始处于越来越有利的位置。为了提高市场占有率，各跨国公司开始从成本出发，在有较大需求的国家和地区设立工厂，推行国际化生产战略，以满足当地消费者的需要，最大限度地获取利润。

第三阶段即标准化产品阶段，由于产品的生产技术、生产规模及产品本身已经完全成熟，趋于标准化，这时对生产者技能的要求不高，加入越来越多的竞争者，原产品的技术垄断优势已经完全消失，成本、价格成为决定性的因素，这时，作为具有技术先导力的跨国公司，对此产品没有任何优势可言，因此，其有可能自己尽量少生产，甚至不生产，把生产直接给那些更具有成本优势的企业，然后再贴自己的牌，利用自己的品牌影响，直接投放市场。

在这里面，涉及的企业包括国际一流跨国公司、一般国际化公司、具有相对成本优势的小公司。必须说明的是，它们在产品生命周期理论中的地位并不是一成不变的，而是会随着实力的不断变化、技术掌握程度的不断变化而使其地位也不断地发生变化。

8.3.3　比较优势理论

比较优势理论是日本一桥大学教授、经济学家小岛清在 20 世纪 70 年代中期提出来的。小岛清认为，各国经济情况均有特点，所以根据美国对外直接投资状况研究出来的理论无法解释日本的对外直接投资。他认为，日本对外直接投资之所以成功，主要是由于对投资企业能够利用国际分工原则，把国内失去优势的部门转移到国外，建立新的出口基地；在国内集中发展那些具有比较优势的产业，使国内产业结构更趋合理，促进对外贸易的发展。由此，他总结出“日本式对外直接投资理论”，即对外直接投资应该从投资国已经或即将陷于比较劣势的产业，即边际产业依次进行。其主要观点是从国际分工原则出发，以比较成本、比较利润率为基础的比较优势指导一国的对外直接投资；具有比较优势的企业可以通过出口贸易的发展保持其市场份额，而失去比较优势的企业则应当利用其标准化技术和雄厚的资金来开拓对外直接投资；垄断优势并不是进行直接投资的必要条件，直接投资也应遵循国际贸易中的比较利益原则。

该理论是根据双方国家的比较优势来解释对外直接投资的，因而是一种宏观理论，它很好地反映了当时日本对外投资的特点。它比较适合新兴工业化国家对发展中国家的直接投资。但也存在不足：它否定了垄断因素在直接投资中的作用，规避了发达国家通过对外直接投资维护不合理的国际分工格局的后果。

8.3.4 市场内部化理论

市场内部化理论是由英国里丁大学的巴克利和卡森提出，并由加拿大学者鲁格曼等加以发展的。内部化是指企业内部建立市场的过程，以企业的内部市场代替外部市场，从而解决由于市场不完整而带来的不能保证供需交换正常进行的问题。巴克利等人认为：

(1) 外部市场机制失败，这主要是同中间产品（如原材料、半成品、技术、信息、商誉等）的性质和买方不确定性有关。买方不确定性是指买方对技术不了解，卖方对产品保密，不愿透露技术内容，因此跨国公司愿意纵向一体化。横向和纵向都愿意向国外投资。

(2) 交易成本受各种因素的影响，公司无法控制全部因素。如果实现市场内部化，即把市场建立在公司内部，通过内部转移价格可以起到润滑作用。

(3) 市场内部化可以合理配置资源，提高经济效率。国际直接投资倾向于高技术产业，强调管理能力，使交易成本最小化，保证跨国公司经验优势，都是为了实现上述各方面要求。由于内部化理论综合吸收了其他理论的合理内核，能解释大部分对外直接投资的动因，因而有助于对跨国公司的成因及其对外投资行为进一步深入理解。

内部化理论的主要观点可概括如下：由于市场的不完全，若将企业所拥有的科技和营销知识等中间产品通过外部市场来组织交易，则难以保证厂商实现利润最大化目标；若企业建立内部市场，可利用企业管理手段协调企业内部资源的配置，避免市场不完全对企业经营效率的影响。企业对外直接投资的实质是基于所有权之上的企业管理与控制权的扩张，而不在于资本的转移。其结果是用企业内部的管理机制代替外部市场机制，以便降低交易成本，拥有跨国经营的内部化优势。

内部化过程的决定要素主要有以下四个：

(1) 行业特定因素，主要是指产品性质、外部市场结构以及规模经济；

(2) 地区特定因素，包括地理位置、文化差别以及社会心理等引起的交易成本；

(3) 国别特定因素，包括东道国政府政治、法律、经济等方面政策对跨国公司的影响；

(4) 企业特定因素，主要是指企业组织结构、协调功能、管理能力等因素对市场交易的影响。

内部化理论认为，上述四组因素中，行业特定因素对市场内部化的影响最重要。当一个行业的产品具有多阶段生产特点时，如果中间产品的供需通过外部市场进行，则供需双方关系既不稳定，也难以协调，企业有必要通过建立内部市场来保证中间产品的供需。企业特定因素中的组织管理能力也直接影响市场内部化的效率，因为市场交易内部化也是需要成本的。只有组织能力强、管理水平高的企业才有能力使内部化的成本低于外部市场交易的成本，也只有这样，市场内部化才有意义。

8.3.5 国际生产折中理论

英国里丁大学教授约翰·邓宁于 1977 年提出国际生产折中理论，并被广泛接受，逐渐成为西方跨国公司理论的主流，该理论的核心思想是：企业跨国投资是为了获得、利用和开发三种关键的优势，即所有权优势、内部化优势、区位优势。

若外国企业想要在另一个国家进行生产，与当地企业竞争，必须拥有所有权，而且这些优势足以补偿国外生产经营的附加成本；企业对其优势进行跨国转移时，必须考虑到内部组织和外部市场两种转移途径；区位优势，即企业把在母国生产的中间产品从空间上转移到别国，并同该国的生产要素或其他中间产品结合以后，能够获得最佳利益时，才会在国外进行投资和生产。

1. 所有权优势

所有权优势是指一国企业拥有或能够获得的国外企业所没有或无法获得的资产及其所有权，它包括来自于对有形资产和无形资产的占有生产的优势、生产管理上的优势、规模经济所产生的优势、由于多国经营所形成的优势。

2. 内部化优势

企业通过扩大自己的经营活动，将优势的使用内部化要比将优势的使用外部化更有利。这种外部化是指通过与其他独立企业进行市场交易。企业使其优势内部化的动机是避免外部市场的不完全性对企业经营的不利影响，保持和利用企业技术创新的垄断地位。市场不完全可分为结构性的不完全与知识性的不完全。前者指竞争壁垒等障碍；后者指获得生产与销售信息很困难或成本很高，因而在技术等无形产品的生产与销售领域，以及某些产品的生产与销售领域，企业对其优势内部化，避开外部市场机制不完全，可以获得最大利益。因而企业将其优势内部化的能力成为企业进行竞争的关键影响因素。

3. 区位优势

如果企业所有权优势与内部化优势皆有，那么对该企业而言，把这些优势与当地要素，即区位因素结合必然使企业有利可图。而这些因素是指东道国不可移动的要素禀赋优势及东道国政府对外国企业的鼓励或限制政策等。要素禀赋一般指东道国的自然资源、人力资源、市场容量等。

区位优势具体表现为：东道国市场的地理分布状况、生产要素的成本及质量、运输成本、基础设施、政府干预范围与程度、各国的金融制度、国内外市场的差异程度，以及由于历史、文化、风俗偏好、商业惯例而形成的心理距离等。企业从事国际生产必然要受这些因素的影响。它决定着企业从事国际化生产的区位选择。

三种优势之间是紧密联系的。可以用公式表示为：

国际直接投资＝所有权优势＋内部化优势＋区位优势

一个企业所拥有的所有权优势越大，将其资产内部化使用的可能性也越大，从而在国外利用其资产比在国内可能更为有利，就越有可能发展对外直接投资。如果本企业在这三个方面都处于劣势，则最好吸引国外直接投资。

本章小结

本章着重介绍了国际资本移动和跨国公司理论，阐述了国际投资的分类、跨国公司争夺国外市场的主要措施和跨国公司操纵转移价格的目的和限制性因素，分析了跨国公司内部贸易的动因、特征及其对国际贸易的影响。

思考与练习

一 单选题

1. 由于东道国实行贸易保护主义，因而企业在当地设厂，就地销售，此种投资动机属于（　　）。
   A. 分散投资风险导向型　　B. 优惠政策导向型
   C. 技术与管理导向型　　D. 市场导向型
2. 在产品成熟阶段，创新企业的战略是（　　）。
   A. 国内生产，对外出口　　B. 国内生产，同时对外直接投资
   C. 国外生产，并从国外进口　　D. 国内生产，同时也从国外进口
3. 在下列国际直接投资理论中，被称为对外直接投资通论的是（　　）。
   A. 垄断优势理论　　B. 市场内部化理论
   C. 产品生命周期理论　　D. 国际生产折中理论
4. 公司内部贸易的产品主要是（　　）。
   A. 中间产品　　B. 有待于加工和组装的中间产品
   C. 代售的最终产品　　D. 高技术产品
5. 制约跨国公司对外直接投资的选址及其国际生产布局的因素是（　　）
   A. 区位优势　　B. 所有权优势　　C. 内部化优势　　D. 无形产权优势

二 思考题

1. 简述国际直接投资和国际间接投资的区别。
2. 跨国公司操纵转移价格的目的是什么？
3. 分析跨国公司内部贸易的原因、特征及对国际贸易的影响。

技能实训

查阅资料，了解 2009 年世界 500 强企业排名情况。

排在榜首的是哪个国家或地区的企业？中国入榜情况如何？中国进入榜单的企业的排名情况如何？思考 2009 年榜单有哪些新特点，从榜单中可以看出中国企业的地位在国际上有什么变化？

案例讨论

美国可乐收购汇源果汁

2009 年 3 月，美国可口可乐公司出资 24 亿美元收购汇源果汁。汇源果汁是中国最大的果蔬汁生产商，在中国是最早做果汁的厂家，可以说做果汁做得最好的民族品牌就是汇源果汁。果蔬汁一般包括百分百果汁、中浓度果蔬汁和普通果汁饮料，汇源的广告一直宣传的是百分百纯正果汁，外包装上也印有 100％的标志，而且它的百分百浓度果汁一直占有较高的市场份额，2008 年汇源的高浓度果汁市场占有率已达到 56.1％，继续占据市场领导地位。这样的民族品牌被国外跨国公司收购会对中国经济有什么样的影响？

据统计，网上 82％的网民反对此次收购，网民反对的主要理由就是要“捍卫国货”。汇源是一个老牌子，大家觉得辛苦培育起来的民族品牌为什么要选择卖给外资，如果这样下去，中国民族产业还怎么崛起？而汇源倒下了，可口可乐的下一个目标会不会是国酒茅台？由这个事件引出了很多值得思考的问题。

思考与讨论：

最后这个收购案的结果是什么？汇源被收购了吗？为什么？

第9章 地区经济一体化

学习目标

了解地区经济一体化的含义以及世界上主要经济体的发展和目标，理解并掌握地区经济一体化的形式以及关税同盟理论，熟悉大市场理论和协议性国际分工理论。

案例导入

我国的地区经济一体化之路

从20世纪90年代初起，我国就开始了对地区经济一体化的探索和实践，并利用这一发展趋势，来为我国在地区甚至世界舞台上争取更多的经济利益和政治利益。自1991年加入亚太经合组织以来，我国又先后参加或发起以下几个区域性组织，如于1997年底成立的“10＋3”会议和“10＋1（中国—东盟)”以及2001年成立的亚洲博鳌论坛。另外，还组建了一个地区政治组织，即上海合作组织。于1996年参与了跨地区的合作组织——“亚欧会议”。2001年与东盟成立了双边自由贸易区。在参与或组建这些区域性组织的过程中，我国的地区一体化重心也从亚太地区转向了东亚地区。

落脚到东亚地区一体化建设的目的主要有三个：一是为了给我国经济发展营造一个长期稳定的周边环境。我国经济发展已走上良性发展轨道，最担心的就是“城门失火，殃及池鱼”。由于亚洲是一个多元文化聚集地，在面临全球化挑战的今天，亚洲各成员为各自的利益有可能激化各类矛盾，进而引发冲突，这将影响到我国与其他地区的经贸往来。加强区域一体化建设有利于增进彼此之间的了解，密切中国与周边国家的经济关系，从而减少不利因素的干扰。二是目前周边国家基本上是经济增长较快、经济较有活力的发展中国家，这既可以增强地区经济实力，又可以为我国推进地区合作进程创造有利的条件。三是目前我国还只是一个发展中国家，在科技、经济等方面与世界发达国家有较大的差距，尚不能以一个世界大国的身份活跃于国际舞台，这就需要借助地区力量，实现自身的利益要求。

十多年来，参与地区经济一体化有力地推动了我国的经济建设。一是通过亚太经合组织进行自主单边关税减让，为我国顺利加入世界贸易组织奠定了基础；二是借助“10+3”会议，破除了关于中国“威胁论”的种种误解，促进了我国和东盟迈向自由贸易区这一更高层次的合作，还为亚洲地区机制化建设树立了典范；三是周边环境一直保持稳定，为我国赢得了更多的发展与改革的良好时机，这也是最重要的一点。

从今后的发展趋势来看，我国仍将在遵循上述原则的基础上，积极推进亚洲地区经济一体化进程。今后的着力点就是如何加快地区经济一体化的机制化建设。从世界范围来看，机制化能够给地区带来更大的实惠，当然成本也相对较高。在朝机制化目标努力的过程中，我国一方面应进一步加强与其他成员的经济联系，消除政治隔阂，另一方面则要继续保持国内经济的稳定增长，唯有如此，才有可能促进地区经济一体化进程，更好地服务于我国的长期发展目标。

分析：地区经济一体化的发展是世界经济发展的必然趋势。它为世界各国经济发展带来的经济效应可以通过关税同盟理论、大市场理论等进行分析。

9.1 地区经济一体化概述

第二次世界大战以后，随着资本主义世界经济的恢复和发展，出现了地区经济一体化组织。一体化组织对内实行自由贸易，对外实行统一的贸易壁垒，对当代世界经济和国际贸易的发展产生了重大的影响。

9.1.1 地区经济一体化的含义

地区经济一体化（Economic Integration）指有一定地缘关系的两个或两个以上的国家，为了维护共同的经济和政治利益，通过签订某种政府间条约或协定，制定共同的行动准则和协调一致的政策，甚至通过建立起各国政府一定授权的共同机构，实行长期而稳定的超国家的经济调节，达成经济乃至政治上的联盟。

1958年1月1日欧洲经济共同体的出现成为地区经济一体化的开端。接着拉美国家相继效仿，建立起不同目标的经济一体化组织，成为发展中国家经济一体化成立最早、发展最快的地区。目前拉美独立国家至少都参加了一个以上的一体化组织。非洲许多国家独立后，各国之间的经济合作关系日益加强，经济一体化组织得到广泛的建立和发展。亚洲地区的区域性经济合作起步较晚，发展也不平衡。1949年出现了社会主义经济一体化组织——经互会（已解散）。目前，地区经济一体化组织遍及全球，对当今的世界经济和国际贸易产生越来越大的影响。

9.1.2 地区经济一体化的形式

1. 按贸易壁垒取消的程度划分

(1) 优惠贸易安排 (Preferential Trade Arrangement)。这是市场经济一体化最低级和最松散的一种形式，是指成员国之间通过协定或其他的形式，对全部商品或部分商品规定较为优惠的关税。1932 年成立的英联邦特惠制便属于这种形式。

(2) 自由贸易区 (Free Trade Area)。由签订自由贸易协定的国家组成自由贸易区。自由贸易区的成员国之间废除关税与数量限制，使区域内各成员国的商品可完全自由移动，但每个成员国仍保持对非成员国的贸易壁垒。欧洲自由贸易联盟与拉丁美洲自由贸易协会属于这种形式。

(3) 关税同盟 (Customs Union)。指两个或两个以上的国家完全取消关税或其他壁垒，并对非同盟国家实行统一的关税率而缔结的同盟。它在一体化程度上比自由贸易区进了一步。它除了包括自由贸易区的基本内容外，还有成员国之间建立统一的关税率。结盟的目的在于使参加国的商品在统一关税以内的市场上处于有利地位，排除非同盟国商品的竞争。1958 年欧共体成立以后第一个目标就是实现关税同盟。

(4) 共同市场 (Common Market)。所谓共同市场，就是在共同市场成员国内完全废除关税与数量限制，在对非成员国共同关税的基础上，共同市场成员国之间实现生产要素的自由移动。欧共体在 20 世纪 70 年代基本上处于共同市场阶段。

(5) 经济同盟 (Economic Union)。所谓经济同盟，就是成员国之间不但商品与生产要素可以完全自由移动，建立对外共同关税，而且要求成员国制订和执行某些共同经济政策和社会政策，逐步废除政策方面的差异，使一体化的程度从商品交换扩展到生产、分配乃至整个国民经济，形成一个庞大的经济实体。

(6) 完全经济一体化 (Complete Economic Union)。这是经济一体化的最高阶段。在此阶段，区域内各国在经济、金融、财政等政策上完全统一化。在各成员国内完全消除商品、资金、劳动力等自由流通的人为障碍。《马约》以后的西欧基本上是这种形式。

2. 按参加国的经济发展水平划分

(1) 水平一体化 (Horizontal Integration)。是指由经济发展水平大致相同或接近的国家共同组成的一体化。如欧盟、东盟自由贸易区。

(2) 垂直一体化 (Vertical Integration)。是指经济发展水平不同的国家组成的一体化。如北美自由贸易区。

9.2 地区经济一体化理论

9.2.1 关税同盟理论

关税同盟是地区经济一体化中比较成熟和稳定的一种形式，它对内实行贸易自由化，对外筑起统一的贸易壁垒，充分显示出贸易集团内外有别的性质。关税同盟理论是以贸易创造效应和贸易转移效应来说明贸易集团的主要经济影响的。

1. 关税同盟的静态效应

关税同盟的静态效应主要指贸易创造效应、贸易转移效应及其所带来的福利效应。

(1) 贸易创造效应。贸易创造效应（Trade Creation Effect）是指缔结关税同盟后，因成员国之间相互减免关税而带来的同盟内部的贸易规模扩大与生产要素重新优化配置所形成的经济福利水平提高的效果。在此，贸易创造表现为由于关税同盟内实行自由贸易后，产品从国内成本较高的企业生产转往成本较低的成员国生产，从而使进口增加，新的贸易得以“创造”。其效果是：第一，由于取消关税，每一成员国由原来生产并消费本国的高成本、高价格产品，转向购买其他成员国的低成本、低价格产品，从而使消费者节省开支，提高福利。第二，提高生产效率，降低生产成本。从每一成员国看，扩大的贸易取代了本国的低效率生产；从同盟整体看，生产从高成本的地方转向低成本的地方，同盟内部的资源得以重新优化配置，提高了要素的利用效率。

同时，在关税同盟缔结之前，各国对来自境外的商品征收较高的关税以限制其进口，这样就过度地保护了以较高成本生产的国内企业和产品，导致既不能提高生产要素的产出率，又损害了消费者利益。建立关税同盟后，由于在成员国之间取消了关税，使部分原属本国企业以较高成本生产的产品转向同盟内以较低成本生产的其他成员国的产品，这样不仅进出口双方国家都可以重新优化配置资源，提高生产要素的产出率，而且进口国家的消费者可以购买到价廉物美的商品，同时降价还可以扩大消费量。为此出口国家可以扩大出口，增加国民收入。因此说，贸易创造从生产与消费两方面提高了福利水平。

(2) 贸易转移效应。贸易转移效应（Trade Diversion Effect）是指缔结关税同盟后，由于对内减免贸易壁垒、对外实行保护贸易而导致某成员国从世界成本最低的国家进口转向同盟内成本最低的国家进口所造成的整个社会财富浪费和经济福利水平下降的效果。在此，贸易转移表现为由于建立了关税同盟，成员国之间的相互贸易取代了成员国与非成员国之间的贸易，导致从外部非成员国较低成本的进口转向从成员国较高成本的进口，发生“贸易转移”。其效果是：由于关税同盟，阻止从外部低成本进口，而以高成本的供给来源代替低成本的供给来源，使消费者由原来购买外部的较低价格商品转向购买成员国的较高价格商品，导致增加开支，造成福利损失；从全世界的角度看，这种生产资源的重新配置导致了生产效率的降低和生产成本的提高。

由于这种转移有利于低效率生产者，使资源不能有效地优化配置，结果使整个世界的福利水平都降低了。因为在关税同盟缔结之前，每一国对来自任何国家的同种产品征收同等税率的关税，因而成本最低的国家就可获得贸易机会。而建立关税同盟后，则因受关税同盟制约，需首先转向由同盟内成员进口，倘若该成员出口商品成本不是世界上最低的，则不仅同盟中的进口利益受损，而且从世界范围看，也不利于生产要素和资源的优化配置，从而产生了消极的消费效应和消极的生产效应，导致福利水平下降。

贸易转移效应及其所造成的福利损失的大小主要取决于以下因素：一是原有关税水平

越低，关税同盟对非成员国的贸易歧视程度越低，由此而产生的贸易转移的可能性越小。二是成员国在关税同盟建立之前的贸易往来越密切，贸易转移的余地便越小。三是关税同盟的成员国越多，贸易转移的可能性越小。四是成员国与非成员国之间的成本差异越大，贸易转移可能带来的福利损失便越大。

(3) 福利效应。福利效应（Welfare Effect）是指关税同盟的建立对成员国的社会福利将带来怎样的影响。一般说来，贸易创造效应是关税同盟的主要经济效应，它的积极作用明显超过贸易转移效应的消极影响。但就其带来的福利效应而言，不同国家的生产者和消费者并不是相同的。

对于不同出口国来说，组成关税同盟后，高成本出口国出口增加，产量上升，贸易创造效应明显大于贸易转移效应，福利效应增加；而低成本出口国则会减少出口和产出，其福利也必然因贸易规模缩小而下降。

对进口国来说，则会出现消费者福利改善而生产者福利增加的现象，但其净福利是否增加还取决于如下几个因素的影响：一是进口国供需弹性的大小。进口国的供给价格弹性和需求价格弹性越大，其贸易创造减去贸易转移所带来的净福利效应就越大。二是进口国原有的关税水平的高低。组成关税同盟前，进口国的关税税率越高，则组成关税同盟后，其贸易创造减去贸易转移所带来的净福利效应就越大。三是高、低成本出口国出口价格的差别。两类出口国的价格越接近，则其贸易创造减去贸易转移所带来的净福利效应就越小。

关税同盟模型采用了与自由贸易模型和关税模型类似的许多假设条件，如充分就业等，这些条件不完全符合现实情况。此外，关税同盟并不一定增加福利，它所进行的只是静态分析，没有考虑到动态效应。但是，它的基本结论和简化的分析方法，仍然具有一定的借鉴意义。

2. 关税同盟的动态效应

(1) 规模经济效应。组成关税同盟以后，成员国的内部市场扩大了，对于规模报酬递增的产业来说，随着规模的扩大，平均成本将下降，效果将提高。另外，随着生产规模的扩大，从企业内部来看，分工更加细密，从而减少管理人员的比例，增加生产设备的购买。由于国民经济各部门之间是相互关联的，某一部门的发展可能在许多方面带动其他部门的发展，可以获得服务运输、金融、人才供应、信息等多方面的便利条件。但是，规模也不是越大越好。对于那些规模及报酬不变或者规模及报酬递增不明显的产业来说，大公司由于官僚程序多，反应比较迟钝，其效率可能反而没有小公司高。

(2) 生产要素的自由移动效应。关税同盟成立后，内部市场趋于统一，生产要素可以在成员国间自由流动，提高了生产要素的流动性。生产要素由相对丰裕的地区流向相对稀缺的地区，生产要素得到了更为合理的配置，减少了生产要素的闲置，提高了生产要素的使用。例如劳动力的自由流动，有利于各尽其才、增加就业机会、提高劳动者素质。自然资源的流动能使物尽其用。在生产要素的移动过程中，使得进步的新技术、新观念、新的管理以及企业家精神在域内传递，实现生产要素的最佳配置。

(3) 刺激竞争效应。关税同盟成立前，各国实行保护关税政策，保护国内的生产和市场。高关税容易导致垄断，本国的产业由于缺乏来自外部的竞争，长期处于一种低水平的发展。当国内市场比较狭小时，这种作用就更加明显。组成关税同盟，成员国之间取消关税，扩大市场会导致同盟国内部竞争加强，专业化分工程度加深，从而提高生产效率和经济福利。

(4) 增加投资效应。成立关税同盟后，市场的扩大、投资环境的改善使得区内投资增加。一方面，随着市场的扩大，风险与不稳定性降低，成员国厂商会增加投资，关税同盟为商品自由流动开拓了广阔的市场，竞争进一步加剧。为了提高竞争能力，成员国的厂商会增加投资，改进产品品质，扩大研究与开发，促进技术进步，降低生产成本，提高竞争力。另一方面，关税同盟内部成员国之间消除关税，对外统一关税，具有贸易保护性质，非同盟国的厂商为了绕过关税壁垒，到同盟国内去投资设立关税工厂，在同盟国内进行生产、销售，以求获得豁免关税的利益。

9.2.2 大市场理论

共同市场与关税同盟相比较，其一体化程度有进一步提高。共同市场的理论基础是动态的大市场理论。其代表人物是西托夫斯基（T. Scitovsky）和德纽（JF. Deniau）。大市场理论的核心是通过国内市场向统一的大市场延伸，扩大市场范围，创造激烈的竞争环境，进而达到实现规模经济和技术利益的目的。

西托夫斯基提出了西欧国家“高利润率恶性循环”的命题。由于西欧国家的生产厂商和企业家们为了保持高利润率而热衷于狭窄的市场和受保护的缺乏激烈竞争的市场，阻止新的具有竞争性的企业进入，导致市场停滞。较高的价格使得广大消费者望而却步，耐用消费品普及率较低，无法进入大众消费市场，就不能进行批量生产，最终使厂商陷入狭窄的市场、高价格、高利润率、低资本周转率的恶性循环中。他认为打破恶性循环的方法应是通过建立共同市场或推行贸易自由化，从而创造良好的竞争环境。通过激烈的竞争，优胜劣汰，使生产厂商由小规模生产转向大量生产，并且在大多产业都实现了规模经济效益时，还能产生外部经济效益。与此同时，随着消费者实际收入的提高，有了耐用消费品的承担能力，进而产生如下良性循环：大市场的产生→向大量生产规模转换（以及其他的合理化）→生产成本下降→大众消费者增加（市场扩大引起的）→竞争进一步激化→大市场产生。

德纽认为，在大市场化过程中，充分利用机器及最新技术，在激烈竞争的环境中进行专业化生产，会导致生产成本和销售价格下降。同时关税取消也可能使价格下降一部分，从而导致购买力增加，提高实际生活水平。随着消费者人数的增加，又可能使这种消费和投资进一步增加。经济就会像滚雪球一样扩大。消费的扩大引起投资的增加，增加投资又导致价格下降、工资提高、购买力全面提高，因而，只有市场规模迅速扩大，才能促进和刺激经济扩大。

9.2.3 协议性国际分工理论

协议性国际分工理论是日本学者小岛清提出的。他认为在经济共同体的发展中完全依靠比较优势原理不可能完全实现规模经济的好处，反而可能导致各国企业的垄断和集中，影响经济共同体内分工的和谐、贸易的稳定发展。因此，必须实行协议性国际分工以使经济共同体内经济、贸易健康发展。

所谓协议性国际分工，是指在成本递减的情况下，如果两国都能生产某两种商品，则双方应当分别放弃自己劣势商品的生产并把这种商品的国内市场提供给对方，即必须达成互相提供市场的协议，亦即实行协议性国际分工。达成协议的条件如下：

（1）参加协议分工的国家与地区的资本劳动禀赋比例差异不大，工业化水平和经济发展阶段大致相同，协议性分工的对象产品在每一个国家或地区都能生产。

（2）作为协议性分工的商品，应该是能获得规模经济效益的商品。

（3）每个国家自己实行专业化的产业和让给对方的产业之间没有优劣之分，否则不容易达成协议。这种产业优劣主要决定于规模扩大后的成本降低率和随着分工而增加的需求量及其增长率。

上述条件表明，经济一体化容易在同等发展阶段的国家间建立，而不能在工业国与初级产品生产国之间建立。同时在发达国家间可以进行协议分工的商品范围越大，利益也越大。生活水平和文化等类似，毗邻的地区更易达成协议，且易保证相互需求的均衡增大。

9.3 地区经济一体化发展

地区经济一体化的发展经历了二战后初期至20世纪70年代初的迅速发展时期，20世纪70年代中期到80年代中期由于能源危机、货币危机和经济危机导致的停滞时期以及20世纪80年代中期以来的高涨时期。随着经济一体化的发展，参与经济一体化的国家越来越多，实现了跨区域、跨地区的经济合作。

9.3.1 欧洲联盟

欧洲联盟（European Union）简称欧盟，是现有最高级形式的地区性经济集团，在众多的地区一体化组织中发展最快，也最成功。它现有27个成员国：英国、法国、德国、意大利、荷兰、比利时、卢森堡、丹麦、爱尔兰、希腊、葡萄牙、西班牙、奥地利、瑞典、芬兰、马耳他、塞浦路斯、波兰、匈牙利、捷克、斯洛伐克、斯洛文尼亚、爱沙尼亚、拉脱维亚、立陶宛、罗马尼亚、保加利亚。

欧盟是在欧洲共同体基础上发展而来的。欧洲共同体包括欧洲煤钢共同体、欧洲原子能共同体和欧洲经济共同体，其中以欧洲经济共同体最为重要。1951年4月18日，法国、联邦德国、意大利、荷兰、比利时和卢森堡在巴黎签订了建立欧洲煤钢共同体条约，1952

年 7 月 25 日生效。1957 年 3 月 25 日，6 国又在罗马签订了建立欧洲经济共同体条约和欧洲原子能共同体条约，统称《罗马条约》。1958 年 1 月 1 日，条约生效，上述两个共同体正式成立。1965 年 4 月 8 日，6 国签订《布鲁塞尔条约》，决定将 3 个共同体的机构合并，统称欧洲共同体，但 3 个组织仍各自存在，以独立的名义活动。《布鲁塞尔条约》于 1967 年 7 月 1 日生效。1973 年英国、丹麦和爱尔兰加入欧共体，1981 年希腊加入，成为第 10 个成员国，1986 年葡萄牙和西班牙加入欧共体，使成员国达到 12 个。1986 年 2 月 17 日，欧共体各成员国政府首脑在卢森堡签署了旨在建立欧洲统一大市场的《欧洲单一文件》。1991 年 12 月，欧共体政府间会议在荷兰的马斯特里赫特签订了旨在使欧洲一体化向纵深发展和成立政治及经济货币联盟的《欧洲联盟条约》，也称《马斯特里赫特条约》。1993 年 11 月 1 日，该条约获得所有成员国批准并生效，欧洲联盟正式成立。

1995 年 1 月奥地利、芬兰和瑞典加入欧盟，使欧盟拥有 15 个成员国。

2004 年 5 月 1 日塞浦路斯、匈牙利、捷克、爱沙尼亚、拉脱维亚、立陶宛、马耳他、波兰、斯洛伐克和斯洛文尼亚 10 个中东欧国家入盟。2007 年 1 月，罗马尼亚和保加利亚两国加入欧盟，欧盟经历了 6 次扩大，成为一个涵盖 27 个国家、总人口超过 4.8 亿、国民生产总值高达 12 万亿美元的当今世界上经济实力最强、一体化程度最高的国家联合体。

资料卡

2009 年 11 月 19 日，欧盟 27 国领导人在布鲁塞尔召开特别峰会，选举比利时首相赫尔曼·范龙佩为首位欧洲理事会常任主席，英国的欧盟贸易委员凯瑟琳·阿什顿为欧盟外交和安全政策高级代表。欧洲理事会常任主席和欧盟外交与安全政策高级代表是按照 2009 年 11 月 3 日通过的《里斯本条约》设立的。根据职务特点和内容，这两个职务还被形象地称为“欧盟总统”和“欧盟外长”。

9.3.2　亚太经合组织

亚太经合组织（Asia-Pacific Economic Cooperation，APEC）成立于 1989 年 11 月，秘书处设在新加坡，现有 21 个成员，即澳大利亚、文莱、加拿大、中国、中国香港、中国台湾、印尼、日本、韩国、马来西亚、墨西哥、新西兰、菲律宾、新加坡、泰国、美国、巴布亚新几内亚、智利、俄罗斯、越南和秘鲁。经过 10 个年头的发展，奉行开放的地区主义（Open regionalism）而不是欧盟的内部优惠保护的 APEC 已成为世界经济的一大主角，其地位、作用日益增强，影响也越来越大。该组织的目标是建立亚洲太平洋自由贸易投资区，其中贸易投资自由化和经济技术合作是其两大支撑。

1. APEC 的发展目标

APEC 是一个主要由各成员国外交部长和主管经济和贸易的部长参加的区域性组织，旨在推动环太平洋经济合作。按照亚太经合组织的合作时间表，在 2020 年前，亚太将实现包括拉美太平洋国家，甚至南亚和俄罗斯在内的环太平洋自由贸易区，最终在全球推行贸易自由化。

2. APEC 的行事原则

亚太地区区域辽阔而分散，社会经济制度各异，文化背景不一，民族、宗教多样，各国经济发展水平相距悬殊。随着 APEC 的发展，关于该组织的合作模式和运作机制的问题越来越成为焦点，1997 年温哥华会议在加快贸易自由化过程中，特别是提前实现贸易自由化的部门选择上，分歧再度出现，美加等发达国家主张世贸组织方式，多数发展中国家则主张 APEC 方式，这就是 APEC 在发展过程中形成的一套符合亚太地区特点和各成员经济发展情况的基本行事原则，包括：

（1）相互尊重和平等；

（2）互利互惠；

（3）协商一致和自愿；

（4）坚持“开放的区域主义”，加强 APEC 地区和整个世界市场的联系；

（5）以渐进的方式实现目标。

作为新型的区域经济一体化组织，APEC 创新集中体现在创造自己独特的方式，唯有采用“开放的区域主义”的 APEC 才能有效促进经济合作，推动贸易自由化发展。

3. APEC 的贸易投资自由化进程

APEC 的贸易投资自由化的基本含义是：APEC 各成员通过协商和协调一致的方法，根据世界贸易组织的基本原则逐步消除 APEC 区域内的贸易和投资障碍，使得货物、服务、资本能在区域内自由流动，以极大地促进本地区的经济增长。经过多次协商，《行动议程》最终列出了 APEC 贸易和投资自由化的 15 个领域，即关税、非关税措施、服务、投资、标准和统一化、海关税、知识产权、竞争政策、政府采购、取消管制、原产地规则、争端调解服务、商业人员流动、乌拉圭回合结果的执行、信息收集与分析。

贸易和投资自由化作为 APEC 的目标，是一个与 APEC 的发展相一致的实施过程。1989 年 11 月，第一届堪培拉部长级会议提出亚太地区要在推动全球贸易自由化中发挥作用；1993 年 11 月，西雅图部长级会议及第一次非领导人正式会议召开，作为 APEC 历史上的重大转折点，强调“贸易和投资自由化是亚太经济合作组织本身及其活动的基础”，并确定了 APEC 自由化的基本原则，即：

（1）实现地区贸易自由化必须通过协商来完成；

（2）协商方式必须符合关贸总协定（GATT）和开放的地区主义原则；

（3）充分认识到各成员经济发展水平的不同。西雅图会议还通过了《亚太经济合作组织贸易和投资框架宣言》，授权建立 APEC 贸易和投资委员会，并规定该委员会的工作方案中包括推动地区贸易自由化的内容。

4. APEC 的经济技术合作

通过各成员尤其是发展中成员国的不懈努力，菲律宾首脑会议终于通过了一份指导 APEC 经济技术合作的重要文件——《加强经济技术合作框架宣言》，明确指出，APEC 经济技术合作目的是缩小成员经济发展水平的差距，保持亚太地区的持续增长与均衡发展。经济技术合作将按照相互尊重与平等、互利互助的建设性的伙伴关系来发展并遵循协商一致等原则。这份文件是APEC成立以来首次通过的有关经济技术合作的纲领性文件，是APEC发展中的一次历史性突破。1998年的吉隆坡会议通过了《走向21世纪的APEC科技产业合作议程》，确立了21世纪优先发展的十大科技领域，为经济技术合作的发展规划了蓝图。

2001年在上海举行了第十三届部长级会议和第九次成员国首脑非正式会议，发表了《领导人宣言》。该年会就加快贸易和投资自由化与便利化、促进经济技术合作等进一步达成共识，进而成为APEC在新世纪的指导性纲领。会议最主要的成果是，以《领导人宣言》附件形式出现的、作为进一步明确实现《茂物宣言》目标战略的《上海共识》。在该文件中提出了拓展和更新《大阪行动议程》、促进实施面向新经济的贸易政策等五个方面的重要内容。其中，“探路者”方式（Pathfinder Approach ）的提出颇引人注目。根据这一方式，APEC将在有条件的成员中率先采取行动和措施，推动贸易便利化和经济技术合作。这不仅增加了APEC活动的实质性内容，而且其成果也将对APEC进程发挥积极作用。会议还发表了领导人反对恐怖主义的声明。由于中国的倡议，会议还建立了APEC工作小组，启动了防范金融危机基金。舆论认为，APEC向可操作性方向迈出了一大步，树立了自西雅图和茂物会议以来的又一座里程碑。

纵观APEC的发展历程，可以看到APEC从最初的区域经济论坛逐渐演进为开展实质性经济合作的组织形态。APEC的运行模式不同于其他区域经济一体化组织，在很多方面有其独到的创新之处，如开放性、灵活性、渐进性等。其中，单边行动计划在实现贸易投资自由化和便利化进程中起着核心作用。而且，APEC在历次的会议中都要探讨如何实施单边行动计划。在《上海共识》中，改进和完善单边行动计划的同行审议被确定为APEC加强执行机制的重要途径。2002年，作为该领域的后续行动，APEC首次邀请外部专家和私营部门参与了对日本和墨西哥单边行动计划的同行审议，这一举措得到了2002年墨西哥年会的充分肯定。2003年的曼谷年会中，APEC对审议小组人员的构成和审议报告的格式做出了更为具体的规定，从而进一步提高了同行审议的标准性。

9.3.3 美加墨自由贸易区

美加墨自由贸易区（NAFTA）又称北美自由贸易区，是美国、加拿大和墨西哥在1992年8月签订《北美自由贸易协定》后于1994年1月正式成立的。《北美自由贸易协定》一共包括19个主要条款，约2万条规定。为了实现上述目标，在贸易、服务、投资、知识产权、政府采购等方面都作了规定，还专门就制成品、农产品、能源、运输、环境及文化等方面作了较为详细的规定。概括起来，《北美自由贸易协定》主要包括以下内容：

1. 降低与取消关税

在关税和非关税方面，规定了分期减免关税的时间表。协定生效后，三国间约65%的工农业产品将立即或在5年内取消关税，15年内所有产品的关税将全部取消。例如，在农业问题上，规定墨西哥应立即取消进口许可证，并在15年内分批开放玉米、牛奶等农产品进口市场，在10年内逐步取消其他畜产品的进口关税；美国对从墨西哥进口的橘汁、大豆等农产品也将逐步取消关税。

2. 放宽对外资的限制

协定同时还要求取消产品配额、许可证等各种非关税壁垒。墨西哥同意在1996年开始允许外国资本在合资企业享有100%股权，美、加公司在许多领域都得到了墨西哥的平等对待。同时，美、加也进一步放宽对墨西哥资本的限制，允许它在大多数领域进行投资，并给予适当的优惠条件。

然而，美、加、墨三国在对内降低并取消关税、非关税壁垒的时候，却规定了严格的"原产地原则"，以防止其他国家利用墨西哥向美国和加拿大市场渗透。协定规定，只有"北美成分"达到规定比例的"北美商品"才能享受成员国之间的免税待遇。例如，只有包含62.5%以上北美部件的车辆才有资格享受免税待遇。

3. 开放金融市场

成员国一致同意给予所有的北美金融公司以"国民待遇"，即与本国公司同等对待。为了与美、加保持同步，协定要求墨西哥在7年内取消对美、加银行及保险公司的限制，在10年内取消对证券公司的限制，开放封闭的金融服务市场，允许美国银行和证券公司建立独资附属机构。

4. 公平招标

在供应产品和服务招标方面，美国及加拿大公司与墨西哥公司在整个自由贸易区内享受同等待遇。

5. 保护知识产权

《北美自由贸易协定》向三国规定了比任何其他双方或多边协定更严格的知识产权保护。三国均同意严格遵守国际知识产权保护法的规定，对成员国登记的药品及其他专利产品至少保护20年。

此外，协定还首次在贸易协定中加入了环境保护的条款。所有这些对于不参加该合作的其他国家和地区构成了进入北美市场的障碍。

美加墨自由贸易区与欧洲联盟、亚太经合组织等其他区域一体化组织最大的区别就在于它的3个成员国（美国、加拿大、墨西哥）经济发展水平分属3个不同的层次，墨西哥还是发展中国家，在同属发达国家的美国和加拿大之间美国的经济实力占绝对优势。因此，北美自由贸易区如能成功地依照既定的安排运作，不仅会对世界贸易和经济的发展产生影响，为世界各国开展更广范围的、更多层次的区域经济合作提供有效经验，而且会对经济一体化理论提出挑战，推动这一领域理论的发展。

9.3.4 中国—东盟自由贸易区（China-ASEAN Free Trade Area）

2002年11月4日，朱镕基总理与东盟10国领导人在第六次中国与东盟领导人会议上签署了《中国与东盟全面经济合作框架协议》（以下简称《框架协议》），为双方自由贸易区奠定了法律基础。《框架协议》明确2010年建成中国—东盟自由贸易区，老挝、柬埔寨、缅甸和越南4个东盟新成员可拥有5年的宽限期。

《框架协议》确定的目标是：

(1) 加强和增进各缔约方之间的经济、贸易和投资合作；

(2) 促进货物和服务贸易，逐步实现货物和服务贸易自由化，并创造透明、自由和便利的投资机制；

(3) 为各缔约方之间更紧密的经济合作开辟新领域，制订适当的措施；

(4) 为东盟新成员国更有效地参与经济一体化提供便利，缩小各缔约方发展水平的差距。

中国—东盟自由贸易区的成员包括中国与东盟10国（文莱、柬埔寨、印度尼西亚、老挝、马来西亚、缅甸、菲律宾、新加坡、泰国、越南）。

《框架协议》是中国与东盟自由贸易区的法律基础，共有16个条款。

根据《框架协议》，中国—东盟自由贸易将包括货物贸易、服务贸易、投资和经济合作等内容。其中货物贸易是其核心内容。

《框架协议》规定，中国和东盟双方从2005年起全面启动降税进程，2010年中国与文莱、印度尼西亚、马来西亚、菲律宾、新加坡、泰国建成自由贸易区，2015年和越南、老挝、柬埔寨、缅甸将建成自由贸易区，届时，中国与东盟的绝大多数产品将实行零关税，取消非关税措施，双方的贸易将实现自由化。

本章小结

地区经济一体化（Economic Integration）指有一定地缘关系的两个或两个以上的国家，为了维护共同的经济和政治利益，通过签订某种政府间条约或协定，制定共同的行动准则和协调一致的政策，甚至通过建立起各国政府一定授权的共同机构，实行长期而稳定的超国家的经济调节，达成经济乃至政治上的联盟。

地区经济一体化的形式按贸易壁垒取消的程度划分为优惠贸易安排、自由贸易区、关税同盟、共同市场、经济同盟、完全经济一体化；按参加国的经济发展水平划分为水平一体化和垂直一体化。

关税同盟的静态效应包括：贸易创造效应、贸易转移效应、福利效应。关税同盟的动态效应包括：规模经济效应、生产要素的自由移动效应、刺激竞争效应、增加投资效应。

大市场理论的核心是通过国内市场向统一的大市场延伸，扩大市场范围，创造激烈的竞争环境，进而达到实现规模经济和技术利益的目的。

协议性国际分工理论是日本学者小岛清提出的。他认为必须实行协议性国际分工以使经济共同体内经济、贸易健康地发展。所谓协议性国际分工，是指在成本递减的情况下，如果两国都能生产某两种商品，则双方应当分别放弃自己劣势商品的生产并把这种商品的国内市场提供给对方，即必须达成互相提供市场的协议，亦即实行协议性国际分工。

思考与练习

一 单选题

1. 成员国之间生产要素不能自由流动的经济一体化形式是（　　）。

A. 关税同盟　B. 共同市场　C. 经济同盟　D. 完全经济一体化

2. 在地区经济一体化的形式中，两个或两个以上的国家完全取消关税与数量限制，建立对非成员国的统一关税，在实现商品自由流动的同时，还实现生产要素的自由转移。这种地区经济一体化的形式叫做（　　）。

A. 优惠贸易安排　B. 自由贸易区

C. 关税同盟　D. 共同市场

3. 在地区经济一体化的形式中，区内各国在经济、金融、财政等方面均完全统一，在成员国之间完全取消商品、资本、劳动力、服务等自由流动的人为障碍。这种地区经济一体化的形式叫做（　　）。

A. 自由贸易区　B. 关税同盟　C. 经济同盟　D. 完全经济一体化

4. 在地区经济一体化的形式中，欧洲经济共同体属于（　　）。

A. 自由贸易区　B. 关税同盟　C. 共同市场　D. 经济同盟

二 思考题

1. 地区经济一体化有几种形式？
2. 什么叫做“贸易创造效果”与“贸易转移效果”？
3. 简述关税同盟理论。
4. 简述大市场理论。
5. 简述协议性国际分工理论。
6. 区域经济一体化对成员国内部经济贸易有何影响？
7. 区域经济一体化对世界经济贸易有何影响？

技能实训

从2010年开始已经正式启动中国—东盟自由贸易区，上网查阅资料了解中国—东盟自由贸易区对中国经济的影响以及对作为中国—东盟自由贸易区的

“桥头堡”——广西带来的机遇和挑战。

案例讨论

钢铁产业的合作发展

钢铁行业是东亚地区的重要支柱产业。自 1973 年日本钢产量超过 1 亿吨居世界第一位之后，全球钢铁工业的重心就从欧美转移到了东亚地区。如今，以中、日、韩三国为代表的东亚钢铁工业在世界上占有举足轻重的地位，2003 年，中、日、韩三国的粗钢产量总和占全世界的 39.9%，钢材表观消费量总和占全世界的 40.8%。尤其是中国钢铁业的发展更是令世人瞩目：1996 年钢产量突破了 1 亿吨，经过短短 7 年后在 2003 年又成为第一个突破 2 亿吨的国家。中国钢铁业快速发展的根本原因是中国经济的高速增长，带动了中国乃至世界钢铁市场需求的大幅增长，而且未来仍有很大的成长空间，这为东亚地区钢铁行业的发展提供了良好的机遇，预计 2020 年前东亚仍将是全球钢铁业成长最快的地区之一。

东亚各国和地区的钢铁产业在以各自的特色发展的同时，相互之间也一直保持着密切的合作。

在钢铁贸易方面，中、日、韩等国之间的贸易依存度相对较高。例如，2003 年中国从日本进口的钢材量是 725.21 万吨，约占中国总进口量的 20%；中国从韩国进口了 517.31 万吨钢材，约占中国总进口量的 14%；韩国从中国进口了 149 万吨钢材，约占韩国总进口量的 9.5%；日本从中国进口了 22.72 万吨钢材，约占日本总进口量的 4%。

在企业合作方面，东亚地区的主要钢铁企业如浦项、新日铁、JFE、宝钢、中国台湾中钢等也纷纷在战略、技术、市场、新产品研发等各个方面积极寻求合作，以提高自己的竞争力。如浦项在中国成立了投资有限公司、不锈钢厂、涂镀厂、钢材剪切加工中心等；新日铁和 JFE 在中国分别与宝钢和广州钢铁公司建立了合资公司生产汽车板，为中国境内的汽车公司提供原料；一些日资企业如三井等还在中国合资建立钢铁配送中心；宝钢与台湾中钢长期保持着友好交流互访等。因为东亚地区各国和地区经济发展结构梯次明显，既有发达国家，也有新兴工业化国家，还有发展中国家，钢铁产品的需求结构和钢铁产业的资源条件各具特点，互补性强，合作空间广阔。再就是中、日、韩三国的汽车、机械、电子等行业都有各自的特点，钢铁业作为给这些产业提供基础材料的重要产业，如果提高国与国之间合作的深度和广度，其辐射效果将十分巨大。三是上述三国都属于资源相对匮乏型国家，尤其是对钢铁工业重要的原材料，如铁矿石、煤炭的进口依赖度很高，中国和日本目前是世界上铁矿石进口量最多的两个国家，因此，在相关法律法规许可范围内，区域内国家联合采购将更有利于获取原料，降低采购成本。四是环境保护问题已经成为阻碍经济及钢铁产业可持续发展的关键因素之一。由于污染物质在国家之间是可流动的，因此，仅凭一个国家的力量是很难完全解决的，必须由整个区域的国家联合起来，共同制定环境保护标准及管理程序，才能从根本上解决环境污染问题。五是随着钢铁行业的竞争日益激烈，国际间贸易摩擦也越来越多，区域内国家之间的合作将有利于相互之间的贸易流通，有利于共同应对区域外国家的贸易摩擦。

思考与讨论：

1. 根据案例分析，建立区域经济一体化后对中日韩各国的钢铁行业发展有什么作用？

2. 根据案例分析，建立区域经济一体化后对中日韩以外其他国家钢铁行业的发展有什么影响？

第10章 贸易条约和协定

学习目标

掌握贸易条约和协定中所适用的主要法律待遇条款；理解贸易条约和协定的含义、内容及种类；了解国际商品协定的主要种类和商品综合方案的主要内容。

案例导入

《曼谷协定》

我国于2001年5月正式成为《曼谷协定》的成员，这是我国加入的第一个具有实质性优惠贸易安排的区域贸易组织，目前共有中国、孟加拉国、韩国、老挝、斯里兰卡和印度6个成员国，宗旨是通过降低部分产品的关税，增加成员国之间的贸易交往，实现共同发展和繁荣。《曼谷协定》的优惠措施相当可观，以韩国为例，分析和归纳韩国的产品减让清单，主要包括：部分鱼类、甲壳类，关税税率从最惠国待遇的20%减至“协定”税率的15%；部分水果，从30%减至22.5%；茶叶，从40%减至20%；部分染料、橡胶制品，从8%减至6.2%；部分皮革及其制品，从5%减至2.5%；部分纺织纤维，从8%减至6.2%；服装，从13%减至8.1%；部分陶瓷产品、铜及铜制品、锅炉及部分机械器具，从8%减至6.2%。专家认为，企业如果善于利用“协定”，出口可以得到直接的关税减免，大大降低企业出口成本，增强国际竞争能力。更重要的是，原先没有价格优势的产品，减免关税后，就有了一定的价格优势。比如，纺织服装等产品，本来就是中国出口韩国的主要商品，有较强的国际竞争力，此次关税从13%减至8.1%，削减幅度非常可观。茶叶的关税税率从最惠国税率的40%减至“协定”税率的20%。

据悉，日前杭州一家亚麻纺织厂拿到浙江检验检疫局签发的《曼谷协定》出口货物优惠原产地证书，凭借该证书，该企业出口到韩国的亚麻纱线在韩国海关享受到1.8%的关税优惠，一下就节省了上千元的成本。

但是，从全国来看，《曼谷协定》的利用率相对很低。去年全国签发《曼谷协定》优惠原产地证书只有2046份，货物金额只有5875万美元，其中出口大省广东的只有61份，货物金额为177万美元；江苏399份，金额为786万美元；山东272份，金额为412万美元。目前，欧盟和日本相继调整其普惠制方案，对部分产品减少优惠幅度直至结束优惠，对我国外贸出口造成了一定的冲击。因此，开拓新的国际市场，调整出口产品结构，改变出口方向，规避无优惠机制的影响，寻求和应用新的优惠措施就成为广大外贸企业的必由之路。

（资料来源：在线国际商报 2005—5—18）

分析：随着我国对韩国、印度、斯里兰卡和孟加拉国出口量的大幅增长，《曼谷协定》将会给出口企业带来巨大的优惠。但是，目前我国没有利用好《曼谷协定》，主要原因是外贸企业缺乏对《曼谷协定》的了解，对相关政策和信息了解不够，不能很好地利用政策来获取更多的利润。

10.1 贸易条约和协定概述

10.1.1 贸易条约和协定的含义

贸易条约和协定（Commercial Treaties and Agreements）是两个或两个以上的主权国家为确定彼此的经济关系，特别是贸易关系方面的权利和义务而缔结的书面协议。

贸易条约和协定按照缔约国的多少，可分为双边贸易条约和协定、多边贸易条约和协定两种。前者是指两个主权国家之间所缔结的贸易条约和协定；后者是指两个以上主权国家间共同缔结的贸易条约和协定。这些贸易条约和协定一般都反映了缔约国对外政策和对外贸易的要求，并为缔约国实现其对外政策和对外贸易政策的目的服务。在国际经济关系中，由于各国的社会经济制度和政治经济实力对比关系的差异，它们之间所缔结的贸易条约和协定的内容和作用也有所不同。目前，我国已经同世界上绝大多数国家和地区建立了贸易关系，并同许多国家签订了贸易条约和协定。

作为对外贸易政策措施之一的贸易条约和协定，同关税、非关税等对外贸易的措施相比较，有其不同之处。许多关税和非关税措施是由主权国家的政府以立法或行政措施来制定的，因而属于国内法范畴。而贸易条约和协定必须由两个或两个以上的主权国家进行协商达成协议，所以，它受到国际法规范的约束。但是，贸易条约和协定与其他对外贸易措施之间又有着密切关系和相互配合的作用。这些国内立法和行政措施往往是一个国家政府与其他国家政府进行贸易条约和协定谈判的基础。当一个国家的立法或行政措施同其他国家的立法和行政措施发生利益上的冲突时，就必须通过双边或多边谈判，采取协商的方式进行解决。当一个国家立法和行政措施的某些规定转变为贸易条约和协定的条款或规定时，缔约国一方的政府就应承担贸易条约和协定的义务。

贸易条约和协定是国际条约和协定的一种，但贸易条约和协定同其他政治性的国际条约和协定相比又有其一定的特性。从其内容上看，贸易条约和协定主要是确定缔约国之间的经济和贸易关系；从国际法角度上看，贸易条约和协定往往订入和遵守某些国际法通用的法律条款，如最惠国待遇条款和国民待遇条款等；从国际惯例上看，贸易条约和协定既可在建立正式外交关系的国家之间签订，也可在没有建立正式外交关系的国家之间签订；既可在不同国家的政府间签订，也可在不同国家的政府与民间团体之间或双方的民间团体之间签订。但政治性的国际条约和协定，一般只能在建立正式外交关系后由有关国家的政府签订。

10.1.2　贸易条约和协定的内容

贸易条约和协定一般由序言、正文和结尾三个部分组成。

(1) 序言。序言通常载明缔约国双方发展经济贸易关系的愿望及缔结条约或协定所遵守的原则。

(2) 正文。贸易条约和协定的正文是贸易条约和协定的主要组成部分，它是有关缔约各方权利、义务的具体规定。不同种类的贸易条约和协定，其正文所包括的条款和内容有所不同。

(3) 结尾。贸易条约和协定的结尾包括条约和协定的生效、有效延长和废止的程序、份数、文字等内容，还有签订条约和协定的地点及双方代表的签名。缔结条约和协定的地点对于需要经过批准的条约和协定有特别的意义，如果条约是在一方首都签订的，按照管理批准书就应在对方国家首都交换。贸易条约和协定一般用缔约各方的文字写成，并且规定两种文本具有相等的效力。

10.1.3　贸易条约和协定中所适用的主要法律待遇条款

在贸易条约和协定中，通常所适用的主要法律待遇条款是最惠国待遇条款和国民待遇条款。

1. 最惠国待遇条款

(1) 最惠国待遇条款的含义与种类。最惠国待遇条款（Most－favored Nation Treatment）是贸易条约和协定的一项重要条款。它的基本含义是：缔约国一方现在和将来所给予任何第三国的一切特权、优惠及豁免，也同样给予缔约对方。最惠国待遇的基本要求，是使缔约一方在缔约另一方享有不低于任何第三国享有的待遇。换言之，即要求与其他一切外国人或外国企业处于同等地位，享有同样的待遇，不给予歧视待遇。

最惠国待遇条款有无条件的最惠国待遇和有条件的最惠国待遇两种。无条件的最惠国待遇是指缔约国一方现在和将来给予任何第三国的一切优惠待遇，立即无条件地、无补偿地、自动地适用于对方。无条件的最惠国待遇条款首先是英国采用的，所以又叫“欧洲式”。有条件的最惠国待遇是指如果一方给予第三国的优惠是有条件的，则另一方必须提供同样的补偿，才能享受这种优惠待遇，由于最先是美国采用的，所以又称“美洲式”最惠国待遇条款。现在的国际贸易条约和协定一般都采用无条件的最惠国待遇条款。

（2）最惠国待遇条款的适用范围。最惠国待遇条款的适用范围很广，缔约双方往往对最惠国待遇的范围加以列举，通常包括以下几个方面，在列举范围以外的，则不适用最惠国待遇条款：

①有关进口、出口过境商品的关税及其他各种捐税；

②有关商品进口、出口过境、存仓和转船方面的海关规定、手续和费用；

③进出口许可证的发给和行政手续；

④船舶驶入、驶出和停泊时的各种税收、费用和手续；

⑤关于移民、投资、商标、专利及铁路运输方面的待遇。

其中，最主要的适用对象是有关进出口商品的待遇。在具体签定贸易条约和协定时，缔约双方可以根据两国的关系和发展贸易的需要，在最惠国待遇条款中具体确定其适用范围。

（3）最惠国待遇条款适用的限制和例外。在现代的贸易条约和协定中最常见的最惠国待遇的例外有以下几种：一是边境贸易，一些国家往往把边界两边 15 公里以内的小额贸易在关税、海关通关手续上给予减免等优待，不适用于任何缔结有最惠国待遇条款国家的正式贸易关系；二是关税同盟，已经结成关税同盟的成员国之间，在关税上的免税待遇，应作为最惠国待遇的例外；三是国内法令和规章中的某些规定，即一国为了维护社会秩序、国家安全、人民保健，防止动植物病害、衰退、死亡等而制定的法令和规章；四是沿海贸易和内河航行，在航行问题上，对于缔约国一方在沿海贸易和内河航行方面给予他国的优惠视为例外；五是多边国际条约或协定承担的义务，缔约国一方参加其他多边国际条约或协定而履行其所承担的义务如触及最惠国待遇利益者，应视为例外；六是区域性特惠条款，即若干特定的国家之间通过条约或协定相互给予的优惠待遇，应作为最惠国待遇的例外；七是其他例外，如沿海捕鱼、武器进口、金银外币的输出（入）和文物、贵重艺术品的出口限制和禁止等。此外双方还会具体规定对于条款适用的一些限制，如所适合的商品等。

2. 国民待遇条款

国民待遇条款（National Treatment）是法律待遇条款之一。它的基本含义是指缔约国一方保证缔约国另一方的公民、企业和船舶在本国境内享受与本国公民、企业和船舶同等的待遇。

国民待遇条款一般适用于外国公民和企业经济权利。如外国产品所应缴纳的国内税捐，利用铁路运输和转口过境的条件，船舶在港口的待遇，商标注册、著作权及发明专利权的保护等。但是，国民待遇条款的适用是有一定范围的，并不是将本国公民或企业所享有的一切权利都包括在内。例如，沿海航行权、领海捕鱼权、购买土地权等，通常都不包括在国民待遇条款的范围内，这些权利一般都不给予外国侨民或企业，只准本国公民和企业享有。

10.2　贸易条约和协定的主要种类

10.2.1　通商航海条约

通商航海条约（Treaty of Commerce and Navigation）又称通商条约、友好通商条约等，是全面规定两国间经济和贸易关系的条约。其内容比较广泛，常涉及缔约国之间经济和贸易关系的各方面问题。

一般说来，这种贸易条约的正文包括的主要内容有以下几方面：

（1）关于缔约国双方的进出口商品的关税和通关的待遇问题。这是条约中的主要问题，其中包括进出口商品关税问题、海关附加捐税以及履行海关通关手续等问题依据的原则，一般为最惠国待遇原则。

（2）关于缔约国双方公民和企业在对方国家所享有的经济权利问题。主要包括财产购置权、征收捐税的待遇和移民权等。

（3）关于船舶航行和港口使用问题。常规定缔约国一方的船舶进入另一方港口在卸货或装货、缴纳港口捐税等方面应依据最惠国待遇条款或国民待遇条款。

（4）关于铁路运输和过境问题。在条约中规定缔约国双方在运送旅客、货物及办理铁路运输手续方面应相互给予的待遇。由于铁路运输方面已签订若干国际多边公约，通常在条约中引用这些多边公约。

（5）关于知识产权保护问题。在条约中往往规定缔约国双方公民和企业在对方境内享有和利用专权、商标权、版权等问题的条约，通常在这些问题上也引用相应的国际公约。

（6）商品进口的国内捐税问题。对于进口商品的国内捐税的征收，通常规定应依据最惠国待遇或国民待遇条款。

（7）进出口数量限制问题。由于许多国家往往采用各种进出口数量限制措施，因此有些条约对这些问题作了某些规定。

（8）关于仲裁裁决的执行问题。如规定缔约国之间的贸易企业发生争议，经缔约国一方的仲裁机构作出裁定时，缔约国另一方承担在其本国内执行仲裁裁决的义务。

（9）其他问题。在有些通商航海条约中，还根据缔约国之间的经济和贸易的具体情况，规定其他内容，如样品和展览品的免税输入、领事的待遇、国有化问题等。

10.2.2　贸易协定和贸易议定书

1. 贸易协定

贸易协定（Trade Agreement）是指两个国家或几个国家之间调整相互贸易关系的一种书面协议。其特点是对缔约国之间的贸易关系规定得比较具体，有效期一般较短，签订的程序较简单，一般只须经签字国的行政首脑或其代表签署即可生效。

贸易协定正文的主要内容，通常包括以下几个方面：

(1) 最惠国待遇条款、国民待遇条款的规定。在协定中通常规定最惠国待遇条款、国民待遇条款的适用范围和例外，以便减少和避免缔约国双方在执行过程中的分歧。

(2) 进出口商品货单和进出口贸易额。在这方面，有的协定规定比较原则，只对双方进出口商品和贸易额的增长表示一种愿望；有的协定具体规定在协定有效期内双方进出口的货单和贸易额。

(3) 作价方法。通常规定在签订合同时以该种商品在国际市场上有代表性的价格作为基础，由双方进出口贸易公司协商确定。有的协定会规定所使用的清偿货币，而有的协定在这方面未作具体规定，由双方贸易公司在合同中自行确定。

(4) 清算方式的规定。关于支付与清算办法有不同的规定。如记账结算或按双边清算办法进行结算；或部分货款采用记账结算，部分采用现汇支付的办法；或都用现汇支付。在贸易协定中把支付协定中各种条款都包括在内的协定就称为贸易与支付协定。

(5) 优惠关税的规定（请参阅第七章）。

(6) 其他事项规定。有些规定根据需要还有其他规定，如商品检验、仲裁、设立商务机构、举办展览、广告宣传和保障条款等。

资料卡

《曼谷协定》

《曼谷协定》全名为《亚太经济社会理事会发展中成员国之间贸易谈判第一协定》。1975年7月，经过近两年的谈判，孟加拉国、印度、老挝、韩国、斯里兰卡、菲律宾和泰国在曼谷就一系列产品达成了降低关税的协议。正式议定书获得孟加拉国、印度、老挝、韩国和斯里兰卡5国的批准，它是在联合国亚太经济社会理事会（ESCAP）主持下，发展中成员国之间达成的贸易优惠安排。这种优惠只适用于协定成员国之间，而不给予任何第三方。《曼谷协定》的核心内容和目标是：通过相互提供优惠关税和非关税减让来扩大相互间的贸易，促进成员国经济的发展。《曼谷协定》现有成员国为中国、韩国、孟加拉国、印度、老挝和斯里兰卡。2001年5月23日，中国正式成为《曼谷协定》成员。作为中国参加的第一个区域性多边贸易组织，《曼谷协定》在中国关税史上具有重要地位。一方面，在《曼谷协定》框架下，我国第一次根据协定给予其他国家低于“优惠税率”（从2002年1月1日起改称为“最惠国税率”）的关税优惠税率；另一方面，我国也是第一次通过关税谈判从其他国家获得特别关税优惠。

2. 贸易议定书

贸易议定书（Trade Protocol）是指缔约国发展贸易关系中就某项具体问题所达成的书面协议。这种贸易议定书往往是作为贸易协定的补充、解释或修改而签订的。有的贸易议定书是协定的附件，有的则不作为附件。此外，在签订长期贸易协定时，关于年度贸易的具体事项，往往通过议定书的方式加以规定。贸易议定书的签订程序和内容比贸易协定更为简单，一般由签字国有关行政部门的代表签署后即可生效。

10. 2. 3 支付协定

支付协定（Payment Agreement）是两国间关于贸易和其他方面债权、债务结算办法的书面协议。支付协定是外汇管制的产物，在实行外汇管制的条件下，一种货币不能自由兑换成另一种货币，对一国所拥有的债权不能用来抵偿第三国的债务，结算只能在双边基础上进行。因此，就需要通过缔结支付协定的办法来解决两国间的债权和债务问题，战后资本主义国家所签订的支付协定实际上是一种支付清算协定。

支付协定的主要内容有以下几个方面：

（1）设立清算账户。清算机构办理清算业务是通过清算账户进行的。清算账户主要有两种：一种是单边账户（Single Account），即只在缔约国一方的中央银行开立清算账户。这种账户有强制建立的，也有根据协定建立的。另一种是双边账户（Bilateral Account），即缔约国双方的中央银行互为双方国家开立清算账户，目前绝大多数的清算账户都是双边账户。

（2）规定清算机构。支付协定的目的在于避免支付外汇和黄金，而用直接抵消债权债务的办法进行两国之间的结算。因此，必须设立清算机构。通常双方都指定他们的中央银行作为清算的负责机构，处理双边的清算工作。

（3）规定清算的项目与范围。该项目与范围，除了进出口贸易外，还包括进出口贸易的从属费用，如运费、保险费、佣金等。此外，也可包括一些其他项目，如外交费用、侨汇等。凡未列入清算范围的项目清算，仍用收付现汇的方法办理。

（4）规定清算货币。在单边账户下，用开立清算账户国家的货币记账和进行支付；在双边账户下，使用的货币分为记账货币和支付货币两种。记账货币可以用一方的货币，也可以用第三国的货币，用何种货币记账由双方谈判后在协定中确定，而双方的债权和债务人，在具体办理收付时，则应分别使用本国的货币。

（5）规定清算过程和方法。缔约国双方的债务人，主要是进口商，要用本国货币把应付款项，通过指定银行，交入负责清算的本国中央银行，记入对方国家的清算账户，结清所欠的债务；而缔约国双方的债权人，主要是出口商，也应通过指定银行，从本国中央银行的清算账户领取本国的货币，收回货款。

（6）清算账户的差额处理。缔约国双方的中央银行，要把收付款项互相通知，以便了解双方债务与债权清算的情况，尽量保持双方清算账户的平衡。清算账户不平衡对负债国有利，而对债权国不利。支付协定中通常规定了信用“摆动额”（Swinging Limit），即双方国家根据协定互相提供信用的限额，一般为年度出口额的5%～10%。在信用“摆动额”的范围内，虽然清算账户上没有存款，但中央银行可停止付款，并要求负债方用现汇、黄金或货物偿还。

支付协定都规定了有效期，协定到期时，协定所规定的清算项目仍可进行一段时间，一般为3～4个月，清算的账户差额才进行总结算。清算账户差额的清理可以用双方同意的可兑换的货币或黄金支付，或双方同意的其他不可兑换的货币支付，可以由债务国向债权国输出商品，也可以将金额转入下年度清算账户内。

资料卡

《国际谷物协定》

《国际谷物协定》(International Grains Agreement) 的前身是《国际小麦协定》(International Wheat Agreement)。1933年、1942年、1949年小麦进口国和出口国政府之间缔结了关于小麦贸易限额和价格的3个《国际小麦协定》，并于1949年7月1日成立了"国际小麦理事会"，总部设在伦敦。1967年签订新协定，易名为《国际谷物协定》。1971年1～2月，在日内瓦举行的联合国小麦会议上再次续订《国际小麦协定》，协定包括小麦贸易协议和粮食援助协议两部分。1986年签订了《小麦贸易和粮食援助公约》。1995年7月1日，新的《国际谷物协定》签定，取代1986年的《小麦贸易和粮食援助公约》。1995年的《国际谷物协定》包括谷物贸易公约和粮食援助公约。

谷物贸易公约拥有成员26个，其中发达国家6个，其余为发展中国家和东欧国家。谷物贸易公约的主要内容包括：

(1) 谷物范围。包括小麦在内的所有谷物。

(2) 宗旨。进一步稳定和扩大谷物市场，提高世界谷物供应的安全性；提供扩大和改进对成员方的统计和市场信息服务，为成员方之间的磋商创造和提供机会。

(3) 监督和执行机构：市场条件委员会。

粮食援助公约拥有成员23个，其中只有一个发展中国家，其余均为发达国家。粮食援助公约的主要内容包括：

(1) 目标。通过国际社会的共同努力，保证每年向发展中国家提供1000万吨适合食用的谷物。

(2) 援助方式：捐赠。捐赠是以提供最大可能数量的谷物或现金的方式进行。如以提供现金的方式进行捐赠时，应优先从加入谷物协定的发展中国家采购谷物。

(3) 捐赠衡量方式：以小麦来衡量。

(4) 得到粮食援助的条件：首先要得到经济合作与发展组织的发展委员会的认可。在给予援助时，应优先考虑最不发达国家、其他低收入国家或中低收入国家。《国际谷物协定》的组织机构为国际谷物理事会 (International Grains Council, IGC)。

10.2.4 国际商品协定

国际商品协定（International Commodity Agreement）是指某种商品的主要出口国和进口国之间为了稳定该种商品的价格和保证供销等目的所缔结的政府间的多边协定。

国际商品协定的主要对象是发展中国家的初级产品。其宗旨是防止产品的价格过分波动，保证供应不足的初级产品的公平分配。二战前，有两种国际商品协定签订：小麦（1933 年签定）和糖（1937 年签定）。二战后，随着殖民体系的瓦解和发展中国家的相继独立，发展中国家希望通过国际商品协定维持和稳定初级产品的合理价格和保证初级产品的生产和销售，继而与发达国家签订了更多的国际商品协定，如《国际可可协定》、《国际咖啡协定》、《国际天然橡胶协定》、《国际糖协定》、《国际谷物协定》、《国际热带木材协定》等。

国际商品协定一般由序言、宗旨、经济条款、行政条款和最后条款等部分构成，并有一定的格式。其中经济条款和行政条款是国际商品协定中两项主要的条款。

1. 经济条款

经济条款是确定各成员国权利和义务的依据，它关系到各成员国的具体权益，是国际商品协定中最主要的内容。由于商品不同，有关经济条款的内容也不尽相同。从现在的国际商品协定来看，经济条款主要有以下几种规定：

（1）缓冲存货的规定。缓冲存货（Buffer Stock）就是由该商品协定的执行机构按最高限价和最低限价的规定，运用其成员国提供的实物和资金，干预市场和稳定价格。其办法是在最高限价和最低限价之间划成三档，即高档、中档、低档。当市场价格涨到高档时，抛售缓冲存货的实物以维持价格在最高限价之下；在中档时，不动用缓冲存货；在低档时，利用缓冲存货的资金在市场上收购，把价格保持在最低限价以上。这种规定最主要的是对最高限价、最低限价和价格档次达成协议，并有大量资金和存货，否则往往难以起到应有的作用。采用缓冲存货的有《国际锡协定》和《国际天然橡胶协定》。

资料卡

《国际锡协定》

《国际锡协定》简称 ITA。是由世界的主要锡出口国与进口国于 1953 年在瑞士日内瓦所共同签订的一个国际商品协定。成立该协定的目的在于建立一种锡的“缓冲存量制度”。该协定制订了锡的价格变动范围，当价格超过上限或低于下限时，则提出缓冲存货向外抛售或收购投入缓冲存货中，以调节国际锡的供需关系。为了保证该协定的实施，协定参加国成立了国际锡会议，对国际间锡的供需起到了综合平衡的作用。

（2）出口限额的规定。这种条款规定一个基本的出口限额，每年再根据市场需求和价格变动，确定当年平均的年度出口限额。出口限额按固定部分和可变部分分配给有基本限额的出口成员国。固定部分占全部年度限额的 70%，可变部分占 30%。可变部分按出口成员国的库存量占全体出口成员国总库存量的比例进行分配。属于这种类型的有《国际咖啡协定》。

（3）多边合同的规定。多边合同（Multilateral Contracts）条款规定，进口国在协定规定的价格幅度内，向各出口国购买一定数量的有关商品；出口国在协定规定的价格幅度内，向进口国出售一定数量的有关商品。当进口国在完成所规定进口的数量后，可在任何市场以任何价格购买任何数量的有关商品。出口国在完成所规定出口的数量后，可在任何市场以任何价格出售任何数量的有关商品。因此，它实际上是一种多边性的商品合同。属于这种类型的有《国际小麦协定》。

(4) 限额与缓冲存货相结合的规定。这是指同时采用两种办法来控制市场和稳定价格。《国际可可协定》即采用这种办法，其具体做法如下：

①规定可可豆的最高限价和最低限价。

②确定指示价格。指示价格是纽约可可交易场所和伦敦可可集散市场 15 个连续营业日的每日价格的平均数。

③当指示价格超过最高限价或低于最低限价时，可可理事会就采取限额和缓冲存货所规定的办法调节价格，使价格恢复到最高限价与最低限价的幅度内。

2. 行政条款

该条款主要涉及权力机构和表决票数在成员国间的分配。商品协定的权力机构有理事会、执行委员会和监督机构，都是协定的最高权力机构的常设机构。各权力机构达成的协议，除采用协商一致的办法外，一般要通过表决决定。表决方式可根据情况需要，分别采用简单分配多数、三分之二分配多数、特别表决等。

3. 最后条款

该条款主要规定协定的签字、批准、生效、有效期、加入、推出等具体程序和手续。

10.2.5 商品综合方案

从国际商品协定的执行情况来看，这些协定对于稳定商品价格和生产国的出口收益，适当满足消费国需要起到了一定的作用，但由于少数发达资本主义国家的干扰，多数协定不能发挥应有的作用。在这种情况下，发展中国家提出建立商品综合方案的主张，要求用一种综合的办法来解决商品贸易问题。1976 年 5 月联合国第四届贸易和发展会议上正式通过了商品综合方案的决议。这项方案主要解决发展中国家初级产品贸易问题，其主要内容有以下几个方面：

(1) 建立多边商品的国际储存或称“缓冲存货”，目的是为了稳定商品价格和保证正常的生产和供应。国际储存的商品必须是对发展中国家具有重要利害关系而且这项商品便于储存。国际储存的主要商品有香蕉、咖啡、可可、茶、糖、肉类、植物油、棉花、黄麻、硬纤维、热带木材、橡胶、铝、铁、锰、磷、铜和锡。

(2) 建立国际储存的共同基金（Common Fund），用来资助这些国际初级产品的缓冲存货和改善初级产品市场，提高初级产品的长期竞争性。如开发研究、提高生产效率、改进销售等。

(3) 商品贸易的多边承诺。这是指为了稳定供应，参加方案的各国政府承诺在特定时间内各自出口和进口某种商品的数量。

（4）补偿性资金供应。即当出口初级商品的发展中国家的出口收益剧减时，国际货币资金将给予补偿性贷款。

（5）扩展初级产品的加工和出口多样化。为此目的，要求发达国家降低或取消对来自发展中国家初级产品的加工产品的进口关税和非关税壁垒，并采取促进贸易的措施等。

商品综合方案是发展中国家为了打破旧的国际经济贸易秩序、建立新的国际经济贸易秩序的一个重要步骤。但由于其触动了发达国家在世界市场的垄断地位和利益，因此要将方案的内容变成现实，还须经过长期艰苦的斗争。从 20 世纪 60 年代开始，一些生产初级产品的发展中国家组成各种原料输出国组织，共同对付发达国家的垄断与控制，维护初级产品出口国的权益。第一个成立的组织是石油输出国组织（OPEC）。以后其他一些组织也相继成立，如铜出口国政府间委员会（IGCEC）、铁矿砂出口国协会（AIOEC）、钨生产者协会（ATP）、天然橡胶生产国协会（ANRPC）等。

本章小结

国际贸易条约和协定是国际条约的一种，也是一国对外贸易政策的措施之一，它反映缔约国的对外政策和对外贸易要求，并为实施其政策服务。为了使国家之间贸易关系稳定发展，世界各国相互缔结贸易条约和协定，就贸易关系和商品、服务的供销确定相互的权利和义务。贸易条约和协定已成为各国加强同外界联系、扩大贸易的重要途径。本章首先介绍了有关贸易条约和协定的含义和内容，进而介绍了贸易条约和协定的种类，包括通海航海条约、贸易协定、贸易议定书、支付协定和国际商品协定等。

思考与练习

一 单选题

1. 全面规定两国间经济贸易关系的协议叫做（　　）。
   A. 通商航海条约　　B. 贸易议定书
   C. 国际商品协定　　D. 关税减让与互惠协定
2. 最惠国待遇条款的基本要求是（　　）。
   A. 外国企业享有最优惠的特权待遇
   B. 所有外国人或企业地位均等
   C. 缔约一方仅给缔约另一方以此待遇，其他缔约方无权享受
   D. 外国公民与本国公民享有同等待遇
3. 下列属于国民待遇条款适用范围的权利有（　　）。

A. 沿海航行权　　B. 领海捕鱼权

C. 船舶在港口的待遇　　D. 购买土地权

4. 贸易条约、协定中一个常用的法律条款是（　　）。

A. 最惠国待遇条款　　B. 普惠制条款

C. 授权条款　　D. 选择性保障条款

5. 迄今为止，签订了国际商品协定的七种初级产品是（　　）。

A. 糖、咖啡、可可、铜、天然橡胶、锡、黄麻

B. 小麦、咖啡、可可、香蕉、锡、铜、橄榄油

C. 小麦、糖、咖啡、可可、天然橡胶、锡、橄榄油

D. 糖、天然橡胶、小麦、咖啡、锡、黄麻、木材

三 思考题

1. 贸易条约和协定与国际政治条约有何不同?

2. 请列举几种主要的贸易条约和协定并说明其各自有何种特点。

3. 商品协定包括哪些条款? 最重要的是哪些条款?

技能实训

按照世界贸易组织的非歧视原则，一成员方在制定和实施某种国内政策时，不得对其他成员方构成歧视。其中，国民待遇原则是非歧视原则的一个很重要的体现。请结合本章知识，讨论国民待遇原则的适用条件。

案例讨论

欧盟进口香蕉案

1993 年 7 月 1 日生效的欧盟“香蕉共同市场政策”对来自外部不同国家的香蕉进口实行不同的政策。根据《洛美协定》的规定，欧盟对参加该协定的非加太国家（非洲—加勒比—太平洋地区的发展中国家）实行单方面的贸易优惠。按照这一规定，欧盟对来自非加太国家的香蕉进口采取非常优惠的政策，既给予单列的、稳定的配额，而且实行免税。但是，对来自其他国家的香蕉进口却采取歧视性的政策，给予这些国家的香蕉进口配额既少且没有保证，并征收一定的关税。这明显损害了非加太国家之外的其他香蕉出口国特别是中南美洲香蕉出口国的利益。因此，1995 年 9 月 28 日，危地马拉、洪都拉斯和墨西哥联合把欧盟告到了 WTO。由于中南美洲国家的许多香蕉种植园均由美国公司投资，

美国也同时成为第四个申诉方。后来，厄瓜多尔和巴拿马也相继加入了申诉方的行列。

1996 年 5 月 8 日，负责解决该争端的专家小组成立。经过调查，1997 年 5 月 22 日，专家小组认定欧盟的香蕉进口政策违背了 WTO 的最惠国待遇原则和其他有关规则。欧盟不服裁定，到上诉机构上诉。9 月 9 日，上诉机构作出报告，基本维持专家小组的裁定。9 月 25 日，WTO 争端解决机构通过了专家小组和上诉机构的报告，要求欧盟改变其香蕉进口政策，以符合 WTO 协定。1998 年 1 月 14 日，欧盟制定了香蕉进口政策修正案，但申诉方不满意，要求 WTO 争端解决机构再次审议欧盟新的香蕉进口政策，并要求实行报复。WTO 争端解决机构分别于 1999 年 4 月 19 日和 2000 年 5 月 18 日，授权提出申请的美国和厄瓜多尔对欧盟实行报复。7 月 27 日，欧盟声明执行争端解决机构的裁定，并继续与有关各方协商合作，直到问题得到圆满解决。

（资料来源：刘力《人民日报》2001 年 11 月 07 日第二版）

思考与讨论：

试就以上案例，分析最惠国待遇原则例外的适用范围和适用条件。

第11章 世界贸易组织

学习目标

掌握世界贸易组织的宗旨、职能、机构和运行机制；理解世贸组织协议的主要内容及其特点；了解“乌拉圭回合”多边贸易谈判的成果，我国与世界贸易组织的关系以及我国加入世贸组织后应享有的权利和义务等内容。

案例导入

贸易争端的解决

1995年5月16日，美国政府单方面宣布，根据美国1974年贸易法301节、304节（即单边报复制度的“301条款”），将对来自日本的豪华轿车征收100%的关税。日本车占有美国市场1/4的份额，而美国车仅占有日本市场1.5%的份额。在双方的汽车零部件贸易中，美国则有128亿美元的逆差。1993年7月，日本虽然同意谈判解决汽车市场的开放问题，但实际上却拒绝与美国进入谈判程序。因此美国采用这样的措施，要求日本向世界汽车商开放市场，而且要求日本市场应该具有相应的透明度和竞争性。这涉及世界贸易中的一个原则问题：美国依据“301条款”进行报复的单边性与世界贸易组织争端解决制度的多边性是否相容？简言之，美国在世界贸易组织争端解决机构作出决定之前，是否有权单方面作出制裁决定并实施制裁措施？出于对美国单边报复制度的不满，1998年11月25日，欧盟根据WTO规定起诉了美国，认为“301条款”与WTO的相应规定不符，造成了欧盟利益的丧失或受损，也损害了世界贸易组织的目标。

专家组最终裁决，美国不可以在世贸组织争端解决机构作出决定之前单方面确定制裁措施，但“301条款”并不违反世界贸易组织和关税与贸易总协定的有关规定。这一裁决，使得美国事实上仍然可以运用“301条款”对其他国家实行贸易制裁和威胁，尤其是对世贸组织的非成员国进行单方的制裁。

（资料来源：新浪财经 http://finance.sina.com.cn，2005年6月13日）

分析：我国加入 WTO 后，在世界贸易组织的多边框架下，面对的贸易争端可以获得相应的解决，同时也要注意诸如美国实施“301 条款”这样的单边制裁行为带来的危害。遇到这样的情况时，应该据理力争，并联合其他受到损害者共同提出申诉，根据世界贸易组织解决争端的多边机制维护我国的利益。

11.1　关贸总协定

11.1.1　《关贸总协定》概述

《关贸总协定》即《关税与贸易总协定》(Ceneral Agreement on Tariffs and Trade, GATT)的简称，也可简称为《总协定》，是在美国策动下由 23 个国家于 1947 年 10 月 30 日在日内瓦签定并于 1948 年 1 月 1 日正式生效的一个临时性协定，是关于调整和规范缔约国之间关税水平和经贸关系方面相互权利、义务的国际多边协定。

1. 《关贸总协定》产生的背景

《关贸总协定》的产生可以追溯到 20 世纪 30 年代。随着世界经济陷入危机，资本主义国家之间爆发了激烈的“关税战”。1930 年美国总统签署通过了《1930 年霍利—斯穆特关税法》(The Hawley－Smoot Tariff Act of 1930)，把进口关税提高到历史最高水平，当时的欧洲各国也纷纷效仿，制定自己的限制性关税政策来对美国进行报复。资本主义国家间的高关税阻碍了商品的国际流通，造成国际贸易额大幅度萎缩，整个世界经济陷入严重衰退。面对经济危机的严峻形势，为扭转困境，扩大国际市场，1934 年美国颁布了《互惠贸易协定法》(the Reciprocal Trade Agreement Act)。根据此法，美国与 21 个国家签订了一系列双边贸易协定，将关税水平降低 30%～50%，并根据最惠国待遇原则扩展到其他国家。关税的降低促进了国际商品的流通，使经济危机有所缓解。

第二次世界大战使世界经济重陷困境。在二战临近结束时，各国开始探讨建立调节国家之间经济与贸易关系、重建战后经济秩序的国际经济组织。当时亟待解决的问题有三个：建立新的汇率制度，促进国际货币合作；促进国际资金合作，解决经济恢复和发展的资金来源；减少和消除贸易障碍，重建国际贸易新秩序。1944 年 7 月，美、英等 44 个国家在美国新罕布什尔州的布雷顿森林召开联合国货币与金融会议，成立了国际货币基金组织和国际复兴开发银行，解决了前两个问题。对第三个问题的解决办法是酝酿建立国际贸易组织。

1945 年 11 月，美国提出“扩大世界贸易与就业方案”，提出建立新的国际贸易体系的一系列基本原则，倡导组建“国际贸易组织”(International Trade Organization, ITO) 以专门协调各国对外贸易政策和国际经济与贸易关系。1946 年 2 月，联合国经社理事会通过决议，决定召开“联合国贸易与就业会议”，着手筹建国际贸易组织，并成立了筹备委员会。同年 10 月，经社理事会在伦敦召开第一次筹委会，讨论美国提出的《国际贸易组织宪章》（以下简称宪章）草案，并成立了起草委员会对草案进行修改。1947 年 4 月至 8 月，经社理事会在日内瓦召开了第二次筹委会，对《宪章》草案进行审议。在审议期间，考虑到短期内难以建立国际贸易组织，当时亟待解决的问题是各国的高关税，于是在美国的积极策动下，包括美国、英国、法国、加拿大与中国在内的 23 个国家就具体产品的关税减让进行了谈判，共达成了 123 项双边关税减让协议，这次谈判后来被称为《关贸总协定》第一轮多边贸易谈判。23 国还将达成的双边关税减让协议与《宪章》草案中有关商业政策的部分加以合并，命名为《关税与贸易总协定》（简称《关贸总协定》），并于 1947 年 10 月 30 日在日内瓦签署了该协定。为尽快实施关税谈判的成果，美国联合英国、法国、比利时、荷兰、卢森堡、澳大利亚和加拿大等 8 国于 1947 年 11 月 15 日签署了《关税与贸易总协定临时适用议定书》，宣布从 1948 年 1 月 1 日起临时适用《关贸总协定》。1948 年又有 15 个国家签署该议定书，签署国达到 23 个，这 23 个国家就成为《关贸总协定》的创始缔约方。各缔约方还约定国际贸易组织成立后，以《宪章》的贸易规则部分取代《关贸总协定》的有关条款。

资料卡

国际货币基金组织 (International Monetary Fund,IMF) 是根据 1944 年 7 月 44 个国家在美国新罕布什尔州布雷顿森林达成的《国际货币基金协定》于 1946 年 3 月正式成立的国际金融组织。1947 年 11 月 15 日成为联合国的专门机构，在经营上有其独立性。总部设在华盛顿。其职责是监察货币汇率和各国贸易情况，提供技术和资金协助，确保全球金融制度运作正常。中国是该组织创始国之一。1980 年 4 月 17 日，该组织正式恢复中国的代表权。

国际复兴开发银行 (International Bank for Reconstruction and Development, IBRD) 通称“世界银行”(World Bank)。1944 年 7 月在美国布雷顿森林举行的联合国货币金融会议上通过了《国际复兴开发银行协定》，1945 年 12 月 27 日，28 个国家政府的代表签署了这一协定，并宣布国际复兴开发银行正式成立。1946 年 6 月 25 日国际复兴开发银行开始营业，1947 年 11 月 5 日起成为联合国专门机构之一，是世界上最大的政府间金融机构之一，总部设在美国华盛顿。1980 年 5 月，中国恢复了在世界银行的合法席位。1981 年起中国开始借用该行资金。

1948 年 3 月，在古巴哈瓦那召开的联合国贸易与就业会议上审议通过了经修改的《国际贸易组织宪章》，即《哈瓦那宪章》（Havana Charter）。但后来由于美国国会认为《宪章》中许多规定与美国国内立法相抵触，限制了美国的立法主权，最终未予批准。受其影响，绝大多数国家没有批准《宪章》，建立国际贸易组织的计划因此夭折，《关贸总协定》一直以临时适用的多边协定形式存在，成为缔约方调整对外贸易政策和措施以及国际经济关系方面的重要法律准则。在此情况下，为国际贸易关系提供了一整套规则和程序的《关贸总协定》，在近半个世纪的历程中，逐渐演变为一个事实上的经济贸易组织，它与联合国有关，但不是联合国的专门机构。它设在日内瓦的总部和秘书处及有关人员是由瑞士政府参照联合国正式机构的情况，授予外交特权和豁免权的。

因此，关贸总协定最初并不是一个组织，也没有常设机构，到 1960 年才有“代表理事会”(Council of Representatives)。在全体缔约方大会休会期间，其事务由代表理事会处理，并由此陆续设立了其他有关机构。总协定的最高权力机构是缔约方大会，一般每年召开一次会议讨论和决定有关重大事项，在缔约方大会闭会期间由理事会处理日常和紧急事务。在理事会下还设立各种委员会，如国际收支委员会、关税减让委员会、补贴和反补贴委员会、反倾销委员会、进口许可证手续委员会、海关估价委员会、技术贸易壁垒委员会、政府采购委员会、民用航空器贸易委员会、纺织品监察机构、牛肉理事会、国际奶制品理事会等。总协定还在日内瓦设立秘书处，除处理有关上述各项会议的准备、记录和编写报告外，还进行总协定必要的各项调查，负责各缔约方间的联络工作等。

2.《关贸总协定》的宗旨

《关贸总协定》的宗旨是“缔约国各国政府，在处理它们的贸易和经济事务的关系方面，应以提高生活水平，保证充分就业，保证实际收入和有效需求的巨大持续增长，扩大世界资源的充分利用以及发展商品生产与交换为目的。切望达成互惠互利协议，导致大幅度地削减关税和其他贸易障碍，取消国际贸易中的歧视待遇，以对上述目的作出贡献。”但事实上，总协定成立时，在很大程度上由美国控制。随着西欧国家、日本经济的迅速发展，经济实力对比发生了重大变化，总协定逐步成为美国、欧盟、日本之间较量经济实力和争夺市场的场所。但是，随着发展中国家成员的逐渐增加，情况有所改变。虽然在总协定中，谈判的主要对手仍然是美国、欧盟和日本等，但发展中国家在总协定中的发言权也在逐步增加，它们的利益受到一定程度的重视，并争取享受有利于发展中国家的优惠待遇。

11.1.2　关贸总协定组织的多边贸易谈判

关贸总协定组织的主要活动是举行削减关税和其他贸易壁垒的谈判。这种谈判有一个专门术语称为“回合”。在关贸总协定 47 年的历史上，尽管其基本的法律文本仍与 1948 年时一样，但是它增添了一些自愿加入的多方协议，并不断努力削减关税。这些成果主要是通过一系列的“贸易谈判回合”达成的。在世贸组织成立之前，关贸总协定共举行了八轮多边贸易谈判。

1. 历次多边贸易谈判

第一轮多边贸易谈判于 1947 年 4 月至 10 月在瑞士日内瓦举行，主要进行削减关税的谈判。关贸总协定的 23 个创始缔约方参加了谈判，并正式创立了关贸总协定。谈判共达成双边减让协议 123 项，使占应税进口值约 54%的商品平均关税降低 35%。

第二轮多边贸易谈判于 1949 年 4 月至 10 月在法国安纳西进行，有 19 个成员参加。

谈判达成了约 5 000 项关税减让。

第三轮多边贸易谈判于 1950 年 9 月至 1951 年 4 月在英国托奎举行，有 38 个成员参加。谈判达成了约 8 700 项关税减让，从而把 1948 年确定的关税水平下调了 25%。

第四轮多边贸易谈判于 1956 年 5 月在瑞士日内瓦进行，26 个成员参加了谈判。由于美国国会对美国政府的授权有限，使谈判受到严重影响，所达成的关税减让只涉及 25 亿美元的贸易额。

第五轮多边贸易谈判（亦称“狄龙回合”谈判）于 1960 年 9 月至 1961 年 7 月在瑞士日内瓦举行，26 个成员参加了这一回合的谈判。谈判达成的关税减让涉及 49 亿美元的贸易额。

第六轮多边贸易谈判（亦称“肯尼迪回合”谈判）于 1964 年 5 月至 1967 年 6 月在瑞士日内瓦进行，有 62 个成员参加。这轮谈判确定了削减关税采取“一刀切”的办法，在经合组织成员间工业品一律平均削减 35%的关税。

第七轮多边贸易谈判（亦称“东京回合”谈判）于 1973 年 9 月至 1979 年 11 月在东京举行，102 个成员参加了这一回合的谈判。最终结果是将世界 9 个主要工业品市场的关税平均削减 1/3，制成品的平均关税由关贸总协定成立时的 40%左右降至 4.7%。另外“东京回合”还产生了一系列关于非关税壁垒的协议。

第八轮多边贸易谈判（亦称“乌拉圭回合”谈判）是 1986 年 9 月在乌拉圭的埃斯特角城开始，于 1994 年 4 月 15 日在摩洛哥的马拉喀什结束。参加方从最初的 103 个增至谈判结束时的 125 个。谈判使发达国家和发展中国家平均降税 1/3，发达国家工业制成品平均关税水平降为 3.6%左右。谈判最重要的成果是签署了《世界贸易组织协定》。

2. 关贸总协定的发展和贡献

自 1948 年 1 月 1 日临时实施到 1995 年 1 月世界贸易组织成立 47 年间，关贸总协定主持了八轮多边贸易谈判，使其缔约方之间的关税和非关税壁垒水平大幅度下降。关贸总协定主持下的八轮谈判取得了丰硕的成果，尤其是在消除货物贸易的关税和非关税壁垒方面，极大地促进了世界贸易自由化，为世界经济的发展作出了不可磨灭的重大贡献。与此同时，关贸总协定的自身也得到了世界各国越来越多的认同。到 1994 年底，关贸总协定的正式成员国已由原来的 23 个发展到 128 个，这些成员国的贸易总额约占世界贸易额的 90%以上。关贸总协定在世界贸易中的影响是任何其他的国际经济组织所望尘莫及的。然而，随着国际经济贸易形势的发展，关贸总协定作为一个仅仅由缔约方政府签署的关于贸易问题的多边“行政”协议，一个非国际法性质的国际公约，其法律地位、职能范围、管辖内容和运行机制等方面的局限性，使它的作用难以进一步扩展。在这种情况下，“乌拉圭回合”多边贸易谈判后期终于达成《建立世界贸易组织协议》，从 1995 年 1 月 1 日起新建立的世界贸易组织正式取代关贸总协定。

11.1.3 关贸总协定的基本原则

关贸总协定涉及国际经贸关系的诸多方面，内容繁多，但从其条款和历次多边贸易谈判所达成的协议可以看出，关贸总协定的法律框架是由若干基本原则及一些例外条款所构成的。

1. 基本原则

（1）最惠国待遇原则。该原则规定签订双边或多边贸易条约的缔约一方在贸易、关税等方面，如给予任何第三国的减让、特权、优惠或豁免时，缔约另一方或其他缔约方也可以得到相同的待遇。无条件和非歧视是该原则的基本精神。

（2）非歧视待遇原则。这是总协定最基本的原则之一。该原则规定：一缔约方在实施某种限制或禁止措施时，不得对其他缔约方实施歧视待遇。该原则主要是通过最惠国待遇和国民待遇条款的实施来实现的。

（3）国民待遇原则。该原则规定：一缔约方从另一缔约方进口的产品，在国内税收和法令规章方面享受其国内同类产品同等的待遇。该原则可视为最惠国待遇的补充，是非歧视原则在对进口产品的国内措施方面的体现，以防止由于国内行政及立法措施而造成的保护主义。

（4）互惠原则。它是总协定在互惠互利基础上，以大幅度地、普遍地降低关税水平为目标的关税谈判的一条重要原则。它使缔约双方的贸易建立在一方予以对方对等的补偿以换取其所实施的某项优惠待遇的互惠的基础上。该原则与最惠国待遇原则的结合实施可避免缔约方由双边互惠而导致的差别待遇。

（5）透明度原则。该原则为总协定三个主要目标（贸易自由化、透明度和稳定性）之一。要求缔约方为使各国政府和贸易商熟悉其有关进出口货物规定，应迅速公布一切涉外及外贸的法令、条例和行政决定，未经正式公布不得实施，以防止缔约方之间进行不公开的贸易，从而造成歧视性待遇的存在。

（6）关税减让原则。该原则作为非歧视、最惠国待遇、互惠及透明度诸原则的实际执行载体。关税减让以互惠为原则，通过多边关税减让谈判来降低进出口关税的总体水平，尤其是降低阻碍商品进口的高关税，由此促进国际贸易的发展。

2. 例外条款

在上述原则的基础上，关贸总协定在一些条款中往往还同时规定了正反两方面的相互制约的限制，而且还有许多例外条款。

（1）国际收支平衡例外。当一个国家遇到国际收支困难时，可以实行进口限制。但是国际收支改善后，应取消限制。

（2）幼稚工业保护例外。为了建立一个新的工业或为了保护刚刚建立、尚不具备竞争力的工业，可以实行进口限制。由缔约方审议批准予以确认的幼稚工业可采取提高关税、实行许可证、临时征收附加税等办法。

（3）保障条款。某一具体的产业由于受到突然大量增加的进口产品的冲击，从而造成损害的，可以实行临时性进口限制。但该行业有义务进行结构调整。

（4）关税同盟和自由贸易例外。关税同盟和自由贸易区成员之间相互给予的贸易优惠可以不必同时给予非成员国。

(5) 安全例外。可以为了国家安全禁止火药、武器、毒品、淫秽物品出版物的进口。

(6) 对发展中国家的特殊优惠待遇。如允许发展中国家关税制度有更大的弹性、允许在一定限度内进行补贴、发展中国家可以享受普遍优惠等。

11.2 世界贸易组织

世界贸易组织（简称“世贸组织”）是一个独立于联合国的永久性国际组织。1995年1月1日正式开始运作，负责管理世界经济和贸易秩序，总部设在瑞士日内瓦莱蒙湖畔。世贸组织是具有法人地位的国际组织，在调解成员争端方面具有更高的权威性。它的前身是1947年订立的关贸总协定。与关贸总协定相比，世贸组织涵盖货物贸易、服务贸易以及知识产权贸易，而关贸总协定只适用于商品货物贸易。

11.2.1 世界贸易组织的产生背景

1994年4月15日在摩洛哥的马拉喀什市举行的关贸总协定乌拉圭回合部长会议决定成立更具全球性的世界贸易组织（World Trade Organization，WTO），以取代成立于1947年的关贸总协定（GATT）。

1. 乌拉圭回合的发动

1986年9月15日在乌拉圭埃斯特角城举行关贸总协定缔约方部长级会议，决定发动第八轮多边贸易谈判，即乌拉圭回合多边贸易谈判，简称乌拉圭回合。参加会议的国家和地区达到123个。我国政府派代表团出席了会议并获得了全面参加这一轮各项议题的资格，成为乌拉圭回合谈判的参加国。

2. 乌拉圭回合的目标和议题

(1) 乌拉圭回合的目标。1986年9月15日至20日在乌拉圭埃斯特角城举行的缔约方部长会议上，通过了《乌拉圭回合部长宣言》。宣言提出，每个参加方力求达到以下目的：制止和扭转保护主义，消除贸易扭曲现象；维护关贸总协定的基本原则和促进关贸总协定目标的实现；建立一个更加开放、具有生命力的和持久的多边贸易体制。

为了达到上述目的，应实现下列具体目标：

①为了所有缔约方的利益特别是欠发达缔约方的利益，进一步放宽和扩大世界贸易，包括通过减少和取消关税、数量限制和其他非关税措施与壁垒来改善进入市场的条件。

②加强关贸总协定的作用，改善建立在关贸总协定原则和规则基础上的多边贸易体制，把更大范围的世界贸易置于统一的、有效的和可实施的多边规则之下。

③增加关贸总协定体制对不断演变的国际经济环境的适应能力，特别是促进必要的结构调整，加强关贸总协定同有关国际组织的联系。

③促进国内和国际合作，加强贸易政策与其他经济政策之间的内在联系，努力改善国

际货币体制的职能，促进金融和实际投资资源向发展中国家流动。

（2）乌拉圭回合的议题。《乌拉圭回合部长宣言》确定乌拉圭回合多边贸易谈判分为两个部分共 15 个议题。

第一部分：货物贸易。

这部分含 14 个议题，分别为：关税；非关税措施；热带产品；自然资源产品；纺织品与服装；农产品；关贸总协定条款；保障条款；多边贸易谈判协议和安排；补贴与反补贴措施；争端解决；与贸易有关的知识产权问题，包括冒牌货贸易问题；与贸易有关的投资措施；关贸总协定体制的作用。

第二部分：服务贸易。

这部分含 1 个议题。通过服务贸易谈判制定处理服务贸易的多边原则和规则的框架，包括对各个部门制订可能的规则，以便在透明和逐步自由化的条件下扩大服务贸易，并以此作为促进所有贸易伙伴和发展中国家经济发展的一种手段。

3. 乌拉圭回合谈判的特点

乌拉圭回合谈判历时 7 年之久，终于在 1994 年 4 月宣告正式结束。这次谈判的主要特点是：

（1）参加谈判成员的广泛性。关贸总协定前 5 轮谈判的参加方均不足 40 个，第 6 轮为 62 个，第 7 轮为 102 个，而第 8 轮乌拉圭回合谈判的最终参加方为 116 个国家或独立关税区，10 个联系国以及联合国、世界银行、国际货币基金组织的代表。中国首次参加，使该回合成为一次最具普遍性的全球贸易谈判。

（2）谈判议题内容的多样性。这次谈判内容可分为传统货物贸易谈判和服务贸易谈判两方面，共计 15 个议题：

①围绕市场准入展开的进一步实现贸易自由化的谈判议题 6 个，即关税、非关税壁垒、热带产品、自然资源产品、农产品贸易、纺织品和服装贸易；

②强化总协定多边贸易体制及作用的议题 6 个，即总协定条款、保障条款、多边贸易谈判协议和安排、补贴与反补贴措施、争端解决程序、总协定体制运行；

③新议题 3 个，即与贸易有关的投资措施、知识产权保护和服务贸易。

（3）谈判各方矛盾的错综复杂性。谈判各方矛盾的错综复杂性表现在发达国家之间在农产品贸易等问题上的矛盾；发达国家与发展中国家之间在纺织品和服装、服务贸易、保障条款、投资措施与知识产权保护等方面的矛盾；不同国家之间围绕着反倾销守则修改等问题上的矛盾。

（4）谈判议题进展的不平衡性。谈判议题进展的不平衡性表现在发达国家关注的国际服务贸易、投资措施与知识产权保护谈判进程较快，而发展中国家关心的农产品贸易、热带产品贸易等谈判却相对缓慢。

（5）谈判成果的显著性。乌拉圭回合谈判于 1993 年 12 月 15 日在日内瓦告一段落，1994 年 4 月 15 日在摩洛哥马拉喀什草签了经过修改的乌拉圭回合谈判所达成的最后文件，使这个历时 8 年的谈判宣告正式结束。这次谈判的成果是显著的，最后文件厚达 450 页，涉及 21 个领域、28 个协议，远远超过以往历届谈判的成果。主要表现为：

①工业品关税大幅度削减，发达国家减让关税 40%，发展中国家和经济转型国家各为 30%。减税产品所涉及的贸易额高达 1.2 万亿美元，减税幅度近 40%，并在近 20 个产品部门实行了零关税。发达国家加权平均税率水平由 6.3%降为 3.8%。约束关税并承诺不再提高，发达国家和转型经济国家 98%的进口工业品纳入约束关税。在发展中国家的进口货物中，纳入约束税率的比例在 73%左右（表 11-1 至表 11-3）。

②农产品贸易，发达国家将在 6 年内减让关税的 36%，发展中国家将在 10 年内减让关税的 24%，就农产品而言，发达国家的税目约束比例由 58%提高到 99%，发展中国家则由 17%猛增到 89%。农产品补贴的预算支出在 6 年内必须比 1986 年至 1988 年基期减少 36%，享有出口补贴的农产品出口数量减少 21%。

③非关税壁垒将在 10 年内逐步取消，农产品的非关税措施全部予以关税化并进行约束和削减。纺织品的歧视性配额限制在 10 年内逐步取消。

④这场谈判还把投资措施、知识产权保护和服务贸易置于国际规则框架之内。

⑤建立世界贸易组织（WTO）。

表 11-1　乌拉圭回合前后各发达成员工业品的加权平均关税

发达成员	贸易加权平均关税（%）	
	乌拉圭回合前	乌拉圭回合后
发达国家	6.3	3.8
澳大利亚	20.1	12.2
奥地利	10.5	7.1
加拿大	9.0	4.8
欧盟	5.7	3.6
芬兰	5.5	3.8
冰岛	18.2	11.5
日本	3.9	1.7
新西兰	23.9	11.3
挪威	3.6	2.0
南非	24.5	17.2
瑞典	4.6	3.1
瑞士	2.2	1.5
美国	5.4	3.5

表 11-2　乌拉圭回合前后各发展中国家成员工业品的加权平均关税

发展中国家	贸易加权平均关税（%）	
	乌拉圭回合前	乌拉圭回合后
阿根廷	38.2	30.9
巴西	40.6	27.0

续表

发展中国家	贸易加权平均关税（%）	
	乌拉圭回合前	乌拉圭回合后
智利	34.9	24.9
哥伦比亚	44.3	35.1
哥斯达黎加	54.9	44.1
萨尔瓦多	34.5	30.6
印度	71.4	32.4
韩国	18.0	8.3
马来西亚	10.2	9.1
墨西哥	46.1	33.7
秘鲁	34.8	29.4
菲律宾	23.9	22.2
新加坡	12.4	5.1
斯里兰卡	28.6	28.1
泰国	37.3	28.0
土耳其	25.1	22.3
委内瑞拉	50.0	30.9
津巴布韦	4.8	4.6

表 11-3 乌拉圭回合前后各转型经济成员工业品的加权平均关税

转型经济成员	贸易加权平均关税（%）	
	乌拉圭回合前	乌拉圭回合后
转型经济体	8.6	6.0
捷克共和国	4.9	3.8
匈牙利	9.6	6.9
波兰	16.0	9.9
斯洛伐克共和国	4.9	3.8

资料来源：WTO 与法治论坛 http://www.wtolaw.gov.cn

4. 世贸组织产生的原因

在 1986 年 9 月乌拉圭回合发动时，15 项谈判议题中没有关于建立世贸组织的问题，只是设立了一个关于修改和完善总协定体制职能的谈判小组。但是由于乌拉圭回合谈判不仅包括传统的货物贸易问题，而且还涉及知识产权保护和服务贸易以及环境等新议题，这样 1947 年关贸总协定如何有效地贯彻执行乌拉圭回合形成的各项协议就自然而然地被提到多边贸易谈判的议事日程上。无论从组织结构还是从协调职能来看，总协定面对庞杂纷繁的乌拉圭回合多边谈判协议均显示出其“先天”的不足，有必要在其基础上创立一个正式的国际贸易组织来协调、监督和执行新一轮多边贸易谈判的成果。

5. 世贸组织产生的过程

1990年初，意大利首先提出建立世界贸易组织的倡议，同年7月欧共体把这一倡议以12个成员国的名义向乌拉圭回合体制职能小组正式提出来，随后得到加拿大、美国的支持。1990年12月乌拉圭回合布鲁塞尔部长会议正式作出决定，责成体制职能小组负责“多边贸易组织协议”的谈判。该小组经过一年的谈判于1991年12月形成了一份“关于建立多边贸易组织协议”草案，并成为同年底“邓克尔最后草案”的一部分。后经过两年的修改、完善和磋商，最终于1993年11月形成了目前的《多边贸易组织协议》（后易名为《世界贸易组织协议》）。《世界贸易组织协议》于1994年4月15日在马拉喀什部长会议上获得通过，被104个参加方政府代表签署。

资料卡

世贸组织成员分四类：发达成员、发展中成员、转轨经济体成员和最不发达成员。截至2008年7月，世贸组织共有成员153个。2009年12月1日，随着《里斯本条约》的生效，世界贸易组织正式开始使用“欧洲联盟（欧盟）”这个名称来取代先前一直使用的“欧洲共同体（欧共体）”。作为独立关税区，欧盟自1995年1月1日开始就是世贸组织成员，欧盟的27个成员国作为个体也都是世贸组织成员，等于它们在世贸组织中共占28个席位。

11.2.2 世贸组织协议的主要内容

1. 世贸组织的宗旨

《建立世界贸易组织协议》前言提出，世界贸易组织的宗旨为：“提高生活水平，保证充分就业和大幅度稳步增加实际收入和有效需求，扩大货物与服务的生产和贸易，按照持续发展之目的扩大对世界资源的充分利用，保护和维护环境，并以符合不同经济发展水平下各自需要的方式，加强采取各种相应的措施”；“需要积极努力确保发展中国家，尤其是最不发达国家在国际贸易增长中的份额，与其经济发展需要相称。”其目标是建立一个完整的、更具有活力的和持久性的多边贸易体系来巩固原来关税与贸易总协定以往为贸易自由化所作的努力和乌拉圭回合多边贸易谈判的所有成果。

在《建立世界贸易组织协议》的前言中，明确指出实现其宗旨与目标的途径是“通过互惠互利的安排，导致关税和其他贸易壁垒的大量减少和国际贸易关系中歧视性待遇的取消。”

世界贸易组织协议包括大约29个独立的法律文件，其范围包括从农业到纺织品与服装，从服装到政府采购，从原产地规则到知识产权的各个方面的内容。除此之外，还有25个以上的附加部长宣言、决定和谅解，这些构成了世贸组织成员进一步的义务和承诺。

2. 世贸组织的范围、职能

（1）世贸组织的范围。根据《建立世界贸易组织协议》，世界贸易组织涉及的范围为原关贸总协定乌拉圭回合多边贸易谈判达成的协议、协定以及历次谈判达成的协议。具体包括：多边货物贸易协议、服务贸易总协定、与贸易有关的知识产权协定、争端解决规则和程序谅解、贸易政策评审机制、诸边贸易协议、马拉喀什会议上的部长决定和宣言、1994 年关贸总协定等。

（2）世贸组织的职能。根据《建立世界贸易组织协议》，世贸组织的职能包括：

①促进“建立世界贸易组织协议”和多边贸易协议的执行、管理和运作并为其提供一个组织。

②为成员提供谈判的场所和谈判成果执行的机构。

③管理争端解决的规定和程序的谅解。

④管理贸易政策的评审机制。

⑤为达到全球经济政策的一致性，世界贸易组织将以适当的方式与国际货币基金组织、世界银行及其附属机构进行合作。

3. 世贸组织的机构与法律地位

（1）世贸组织的机构。

1）部长会议。部长会议（The Ministerial Conference）由所有成员方的代表参加，至少每两年举行一次会议。其职责是履行世界贸易组织的职能，并为此采取必要的行动。部长会议应一个成员方的要求，有权按照“建立世界贸易组织协议”和相关的多边贸易协议列出的特殊要求，就任何多边贸易协议的全部事务作出决定。

2）总理事会。总理事会（The General Council）由所有成员方的代表组成，定期召开会议。总理事会在部长会议休会期间承担其职能。总理事会下附设争端解决机构、贸易政策机制评审机构和其他附属机构，如货物贸易理事会、服务贸易理事会、知识产权理事会。

3）理事会。理事会（Council）为总理事会附属机构。其中货物贸易理事会、服务贸易理事会和知识产权理事会为最重要的理事会，由所有成员方的代表组成。每一理事会每年至少举行 8 次会议。

①货物贸易理事会（Council for Trade in Goods）。除了争端解决职能应由争端解决机构履行外，货物贸易理事会应监督已达成的各项货物贸易协议的实施及履行任何其他由理事会所赋予的职责。货物贸易理事会应根据需要，设立一委员会来监督所达成的有关协议的执行或其他附属机构，并有权批准它们的程序规则。

②服务贸易理事会（Council for Trade in Sevices）。除了争端解决职能应由争端解决机构履行外，服务贸易理事会应监督已达成的各项服务贸易协议的实施及履行任何其他由理事会所赋予的职责。服务贸易理事会应根据需要，设立一委员会来监督所达成的有关协议的执行或其他附属机构，并有权批准它们的程序规则。

③知识产权理事会（Council for TRIPs）。除了争端解决职能应由争端解决机构履行

外，知识产权理事会应监督与贸易有关的知识产权协议的实施，其中包括关于冒牌货的贸易，以及任何其他由理事会所赋予的职责。知识产权理事会应根据需要，设立一委员会来监督协议的执行或其他附属机构，并有权批准它们的程序规则。

4）委员会（Committee）。部长会议下设贸易和发展委员会，国际收支限制委员会，预算、财政和管理委员会。它们执行由世界贸易组织协议及多边贸易协议赋予的职能，执行由总理事会赋予的额外职能。上述委员会所有成员方代表都有权参加。

5）诸边贸易协议设置的机构（Bodies）。其职能由诸边贸易协议赋予，并在世界贸易组织体制框架内运作，并定期向总理事会通告其活动。

6）秘书处（The Secretariat）。秘书处为世界贸易组织的日常办事机构，它由部长会议任命的总干事领导。总干事的权利、职责、服务条件和任期由部长会议通过规则确定。总干事有权指派其所属工作人员。在履行职务时，总干事和秘书处工作人员均不得寻求和接受任何政府或世界贸易组织以外组织的指示。各成员方应尊重他们职责的国际性，不能施加有碍履行其职责的影响。

为了支持上述机构的运作，世界贸易组织每年预算约为 8 300 万美元，这些预算金额，以其成员在世界贸易总额中所占的份额为基础计算，由各成员分别支付。

（2）世贸组织的法律地位。根据该协定规定，世贸组织及其有关人员具有以下的法律地位：

①世界贸易组织具有法人资格；

②世界贸易组织每个成员方向世界贸易组织提供其履行职责时所必需的特权和豁免权；

③世界贸易组织官员和各成员方代表在其独立执行与世界贸易组织相关的职能时，享有每个成员方提供的所必需的特权和豁免权；

④每个成员方给予世界贸易组织的官员、成员方代表的特权和豁免权等同于联合国大会于 1947 年 11 月 21 日通过的专门机构的特权和豁免权公约所规定的特权和豁免权。

4. 世贸组织的成员

（1）世界贸易组织的创始成员。根据协议规定，凡具备以下条件，即可成为该组织的创始成员：

①世界贸易组织协议生效时，已是关贸总协定的缔约国；

②签署参加并一揽子接受乌拉圭回合所有协议；

③在乌拉圭回合中作出关税和非关税减让，以及服务贸易的减让。

（2）新加入世界贸易组织的成员。凡在世界贸易组织协议生效后，任何国家或在对外商业关系上拥有充分自主权的单独关税地区，可以向世界贸易组织提出加入申请，进行全面谈判，按谈妥的条件加入该组织，成为一般成员。其加入须经部长会议三分之二以上多数表决通过。

世界贸易组织允许单独关税地区与国家一样，独立自行申请加入，这在国际法上是个先例。在关贸总协定中，单独关税地区本身无权自行其是，必须经有关主权国家同意和推荐，方可成为成员方。

（3）退出。任何成员方可以退出世界贸易组织。退出从递交退出通知被总干事接受 6 个月后生效。

5. 世贸组织的决策方式

（1）世贸组织继续实行 1947 年关贸总协定合意决策的做法。合意的含义是“作出决定的会议上，如果任何一个与会的成员方对拟通过的决议不正式提出反对”，就算达成合意。

（2）如通过合意未达成决定，则将以投票决定。在部长会议和总理事会上，世界贸易组织成员均有一票投票权。通常，以多数票为准，除非另有规定。

（3）部长会议和总理事拥有“建立世界贸易组织协议”和多边贸易协议解释的专门权利，采用解释的决定以成员方四分之三投票通过为准。诸边贸易协议的决定与解释的决定，受其协议约束。

11.2.3　世贸组织的运行机制

世贸组织的运行机制包括世贸组织的基本原则、世贸组织的争端解决机制和贸易政策审议机制。

1. 世贸组织的基本原则

（1）非歧视原则。这条原则是世贸组织最为重要的原则，是世贸组织的基石。它是针对歧视待遇的一项缔约原则，它要求缔约双方在实施某种优惠和限制措施时，不对缔约对方实施歧视待遇。在世贸组织中，非歧视原则是通过最惠国待遇条款和国民待遇条款来体现的。

1）最惠国待遇条款。最惠国待遇条款是贸易条约和协定的一项重要条款。它的基本含义是：缔约国一方现在和将来所给予任何第三国的一切特权、优惠及豁免，也同样给予缔约对方。正如关贸总协定第一条规定“一缔约国对来自或运往其他国家的产品所给予的利益、优待、特权或豁免，应当立即无条件地给予来自或运往所有其他缔约国的相同产品。”据此，一缔约国可根据最惠国待遇条款，享受任何缔约国通过谈判达成的所有关税减让和其他贸易上的优惠待遇。

最惠国待遇条款有无条件的最惠国待遇与有条件的最惠国待遇两种。无条件的最惠国待遇是指这种最惠国待遇的实施不得以任何政治或经济要求为先决条件。世贸组织所实施的最惠国待遇条款是多边的、无条件的。在世贸组织中，最惠国待遇已扩及新的协议中，如原产地规则协议、装船前检验协议、与贸易有关的投资措施协议、服务贸易总协定和与贸易有关的知识产权协定等。与此同时，世贸组织也保留了扩大最惠国待遇的例外。

下面列举的是对本原则的一些例外：

①一成员可以根据普惠制（GSP）原则向发展中国家提供关税减让，发展中国家之间也可以按照区域性或全球性安排相互给予关税减让。在非关税措施方面，可通过多边谈判达成协议，给予发展中国家有差别和更为优惠的待遇。此外，根据相互之间规定的标准，

发展中国家也可以就相互减少或取消非关税措施达成协议。在这些情况下，有关减让不必给予其他成员。

②为了便利边境贸易，可以只给予邻国某种好处和减让（见《1994 年关税与贸易总协定》第 24 条第 3 款 a 项）。

③一些成员可以参加关税同盟或自由贸易区等安排，参加此类安排的成员实质上对相互间的所有贸易取消关税（见《1994 年关税与贸易总协定》第 24 条第 5 款）。正是根据这一条款，几个区域性经济集团如欧洲经济共同体（EEC）、北美自由贸易区（NAFTA）等才得以成立。

④《1994 年关税与贸易总协定》第 20 条包括了几项一般例外，允许一般成员因健康、道德和环保等原因采取措施限制特定来源的进口。

⑤若某国对出口给予补贴或某一贸易实体倾销其产品，进口国可对有关进口产品征收反补贴税或反倾销税。

⑥根据争端解决程序，若发现某成员的行为导致另一成员享有的好处受到减损甚至丧失，则另一成员可收回对该成员所做的减让。

2）国民待遇条款。国民待遇条款是缔约国一方保证缔约国另一方的公民、企业和船舶在本国境内享受与本国公民、企业和船舶同等的待遇。

世贸组织的国民待遇条款要求每一缔约国对任何缔约国的产品进入其国内市场时在国内税费等经济权利方面应与本国产品享受同等待遇，不应受到歧视。《关贸与贸易总协定》第 3 条规定“一缔约国领土的产品输入到另一缔约国领土时，不应对它直接或间接征收高于对相同的国内产品所直接或间接征收的内地税或其他内地费用”，以保证进口产品与国内产品在国内市场上以同等的条件进行竞争。

国民待遇条款，要求一旦某种商品经过海关进入一国的国内市场，其各种待遇不能低于国内生产的相应产品。也就是说，在缴纳海关关税之后，进口产品在销售、购买、运输和分配等所适用的法律法规方面均应与国内产品一视同仁。如果对进口产品征收高于国内产品的国内税或对其采用其他限制措施，那么缔约方之间所进行的关税减让的好处就会被抵消。

国民待遇适用的范围通常包括外国公民的私人经济权利、外国产品应缴纳的国内捐税、运输、转口、过境、船舶在港口的待遇、商标注册、版权及专利权的保护等。但是这项条款的应用常有一定的范围，并非把本国公民的一切权利均包括在内，例如沿海航行权、领海捕鱼权、购买土地权、零售贸易权等。通常，这些权利都不包括在国民待遇条款的范围之内，一般不给予外国侨民，只准本国公民享用。

（2）稳定贸易发展原则。为使国际贸易和世界市场具有可预见性，并稳定地发展，1947 年关贸总协定和世贸组织采取以下三种办法：

①通过关税减让约束成员方的关税。各成员通过谈判，相互约束部分或全部产品的关税税率。已约束的税率三年内不许提升；三年后如果提升，还要同当初进行对等关税减让的国家协商，取得同意，并且要用其他产品的相当水平的关税减让来补偿提升关税所造成的损失。

②通过承诺义务，开放服务市场，稳定服务贸易发展。在服务贸易中，稳定服务贸易发展原则是通过具体承诺义务实现的。各成员方通过谈判，按不同的服务部门作出承诺，并明确列入各成员方的市场准入减让表，作为服务贸易总协定不可分割的部分，具有约束力。各成员方可根据本国立法，在减让表中列入对其他各成员服务提供者进入本国市场的限制条件。按照服务贸易总协定，各成员方就各自承担义务的计划安排、实施框架、承担义务的生效期作出说明，使国际服务贸易首次受到约束，稳定地发展。

③对非关税壁垒采取约束和减少的措施，减少其对国际贸易发展的消极作用。

（3）一般地取消数量限制原则。一般禁止数量限制是 1994 年关贸总协定的一个基本条款。实行数量限制就是采用行政手段限制外国产品与本国工业进行竞争，因而被 1994 年关贸总协定所禁止。在某些例外情况下，1994 年关贸总协定也允许采取数量限制。但根据 1994 年关贸总协定第 13 条，采取这种数量限制时，必须遵守非歧视原则，不得厚此薄彼，针对国别。

在世贸组织中，除继续坚持以关税作为货物贸易的主要保护手段的原则外，在一般取消数量限制方面取得了很大的进展。首先，逐步减少配额和许可证。通过“纺织品和服装协议”，逐步取消纺织品和服装贸易中的数量限制，使背离以关税作为主要保护手段的原则的这类商品最后实现贸易自由化。第二，从取消数量限制向取消其他非关税壁垒延伸。在世贸组织负责实施的货物贸易协定，如原产地规则、装船前检验、反倾销、技术贸易壁垒、进口许可证程序、补贴与反补贴、海关估价、政府采购等协定中，通过制定新规则和修订原规则，约束各种非关税壁垒实施的条件。第三，把一般取消数量限制原则扩大到其他有关协定，如服务贸易总协定。该协定在市场准入部分规定：不应限制服务提供者的数量，不应采用数量配额方式要求限制服务的总量等。

（4）促进公平竞争原则。公平竞争是指在市场经济条件下，生产者和消费者按市场供求而形成的价格进行的贸易行为；反之，以人为方法低于此价格出口，使别国同类产品生产厂商受到伤害的竞争或人为地限制进口，不保护知识产权等活动称为不公平竞争行为。

1947 年关贸总协定和世贸组织把促进公平竞争作为一个重要的原则并为之采取以下措施：

①通过反倾销、反出口补贴措施纠正因倾销和出口补贴而形成的不公平竞争。

《关于履行 1994 年关税与贸易总协定第 6 条的协议》的第 2 条规定：倾销是指“一项产品从一国出口到另一国，该产品的出口价格在正常的贸易过程中，低于在出口国旨在用于消费的相同产品的可比价格，也即以低于正常价格进入另一国的商品，则该商品被认为是倾销。”

《关于履行 1994 年关税与贸易总协定第 7 条的协议》的第 1、3、5、6 条规定：补贴是“在某一成员的领土内，由政府或任何公共机构提供的财政资助。”补贴又分为被禁止的补贴、可起诉的补贴和不可起诉的补贴。被禁止的补贴和可起诉的补贴被认为是不公平竞争行为。被禁止的补贴是指“以出口实绩为条件而提供的补贴”，可起诉的补贴是指“对其他成员造成不利影响”的补贴。

进口成员方如发现进口产品存在倾销、被禁止的补贴和可起诉补贴的现象，查证落实并裁决后，可以征收反倾销税、反补贴税，但税额不得高于倾销和补贴的额度。

②纺织品服装和农产品贸易逐步取消配额限制和出口补贴，实现公平竞争。

自关贸总协定建立以来，纺织品服装和农产品贸易长期背离贸易自由化原则。发达国家针对纺织品、服装设立的歧视性数量限制，一直在《多种纤维安排》项下进行着不公平的竞争。在乌拉圭回合中，经过谈判，达成了纺织品服装协议和农产品协议，取消了配额限制和出口补贴，逐步实现了公平竞争。

按照纺织品服装协议，《多种纤维安排》项下的数量限制在 1995 年 1 月 1 日到 2005 年 1 月 1 日 10 年内分 4 个阶段，最后全面取消限制。

按照农产品协议，发达国家成员方应在 6 年内把直接出口补贴的金额降到比 1986 至 1988 年平均水平低 36%。实施出口补贴的数量在同期内降低 21%。发展中国家成员方应在 10 年内分别削减 24%和 14%。

③加强对知识产权的保护。知识产权是人类脑力和智力的创造物。知识产权包括版权、专利权和工业品外观设计以及商标、服务标记和原产地标志。

知识产权的保护是基于法律所赋予的发明创造者对自身成果所享有的专利权利。

在乌拉圭回合中，经过各成员方的努力，达成了《与贸易有关的知识产权协定》，就假冒、仿制、剽窃、盗用等侵权的不公平竞争行为作出了排除措施，以保护公平和正当竞争。

④规范政府采购行为。各国政府优先和以优惠的价格购买本国产品，对别国构成不公平贸易。乌拉圭回合使 1979 年东京回合达成并于 1981 年 1 月 1 日生效的《政府采购协议》进一步自由化，而且把范围扩展到服务，包括建筑服务、地方一级和公用事业单位的采购。该协议约束政府采购金额，扩大公平竞争机会。

（5）对发展中成员的优惠待遇原则。根据《关贸总协定》第四部分和东京回合达成的“授权条款”，对发展中国家的贸易与发展应尽量给予关税和其他方面的特殊优待。

《建立世界贸易组织的马拉喀什协议》的前言中指出，世贸组织各成员“进一步承认有必要作出积极的努力，以确保发展中国家，尤其是最不发达国家，在国际贸易增长中获得与其经济相应的份额”。为此，世贸组织在其负责实施管理的协议与协定中采取以下措施：

①允许发展中成员方的关税总水平高于发达成员方。乌拉圭回合开始时，发达缔约方的关税总水平为 5%，发展中缔约方的总水平为 15%，乌拉圭回合协议与协定实施后，发达成员方的关税总水平将从 5%降到 3.5%左右，而发展中成员方的关税总水平将从 15%降到 12%左右。

②允许发展中成员方继续享受普遍优惠制，即发展中成员方享受发达成员方根据联合国贸易与发展会议决定，给予发展中国家以“普遍、非歧视和非互惠”为特点的关税优惠。

③在向世贸组织负责实施管理的贸易协议与协定的靠拢中，世贸组织中的发展中成员方的过渡期长于发达成员方。

④允许发展中成员方在一定限度内对其出口实行补贴。

⑤发展中国家成员相互进行关税减让时可以不把达成的减让给予发达国家。

(6) 贸易政策法规透明度原则。透明度原则是世贸组织的重要原则。保持世贸组织各成员方政策和措施的充分透明，是其实现总体目标的重要保证，也是各成员方根据世贸组织的有关规定，维护正当权益，保持多边贸易体制在开放、公平、无扭曲竞争的基础上健康发展的重要保证。

1947 年关贸总协定对透明度专门设立了第 10 条，在乌拉圭回合中，又通过了建立“贸易政策审议机制”，使透明度原则得到加强。

透明度体现在世贸组织的主要协定、协议中。根据该原则，世贸组织成员公布了一系列贸易政策法规，其中包括海关法规、进出口管理的法规、有关进出口产品检验检疫的法规、利用外资的立法和法规等。

(7) 区域性贸易安排原则。区域性贸易安排是指一些国家通过协议组成经贸集团，成员内部相互取消或减少贸易壁垒。1947 年关贸总协定第 24 条确认，允许这些经贸集团存在，并将其视为最惠国待遇一般的例外。1994 年关贸总协定允许上述区域贸易集团偏离最惠国待遇原则，对集团内成员间相互给予的贸易优惠可不给予集团外的国家。该条规则的目的在于通过区域性贸易安排，既促进集团内国家间的贸易，又不对集团外国家形成新的贸易壁垒。

2. 世贸组织的争端解决机制

(1) 争端解决机制的作用与目的。世贸组织《关于争端解决规则与程序的谅解》(以下简称《谅解》) 指出：“世界贸易组织的争端解决制度是保障多边贸易体制的可靠性和可预见性的核心因素。”

世贸组织成员承诺，不应采取单边行动以对抗其发现的违反贸易规则的事件，而应在多边争端解决制度下寻求解决，并遵守其规则与裁决。

世贸组织争端解决机制的目的在于“确保对争端有积极的解决办法。”因此，对于成员之间的争端问题，它鼓励寻求与世贸组织规定相一致的、各方均可接受的解决办法。通过有关的政府之间的双边磋商，找到解决办法。

根据《谅解》的规定，世界贸易组织成员之间产生贸易争端，应首先由当事方之间进行协商寻求满意的解决办法。如果不能在 60 天内通过协商解决争端，当事方可以请求争端解决机构成立专家组审查争端。但即使在专家组审查争端的过程中，当事方仍然还可能通过双方协商解决争端。这一规定最符合争端解决机制的宗旨。即：维持世界贸易组织成员之间权利和义务的平衡，使争端得到令人满意的解决。通过协商实现的解决办法一般都是为当事双方所乐于接受的，同时也有利于维护组织成员间利益平衡和组织内部的合作精神，从而有助于组织机构的良好运转，因而这样的解决办法是积极的。在世界贸易组织成立后 5 年的争端解决实践中，约有 1/4 的争端是通过第一阶段的双边协商得到解决的。有关当事方根据协商结果迅速调整自己的贸易立法和贸易措施，从而保证了国际贸易的顺利进行。还有一些争端是在专家组成立以后通过协商解决的。如通过协商美国宣布终止它对欧盟某些产品提高关税的措施，欧盟遂从争端解决机构撤回它提交的关于成立专家组的请求。

(2) 争端解决机构。为了更有效地解决贸易争端，《谅解》规定设立争端解决机构，隶属于部长会议之下。争端解决机构的设立为该组织解决争端的规范化创造了必要条件，这是世贸组织优于关贸总协定之处，因为关贸总协定始终未能建立这样一个机构。有了专司解决争端的机构，该组织成员之间发生的争端就可以随时上诉常设的法庭。这就为及时化解矛盾、促进国际贸易的顺利发展提供了保障。

1995 年 1 月 31 日，在世贸组织总理事会第一次会议上，争端解决机构正式成立。

争端解决机构的职责是：成立专家组并通过其报告；组建上诉机构并通过其报告；监督裁决和建议的履行；根据有关协议授权中止各项减让和其他义务。

争端解决机构的办事规则为：根据需要召开会议，以期在《谅解》规定的时间框架内解决争端；向有关理事会和委员会通报有关争端解决的进展情况；按照协商一致的原则作出有关决定。

在磋商未果时，在申诉方的请求下由争端解决机构成立专家组。有关争端解决完毕，专家组的使命也即终结。根据不同的争端，可同时设立多个专家组。被诉方同多个申诉方之间发生的关于同一问题的争端，一般可分别成立专家组，但是一般由同一专家组对各个争端统一审理。有关程序要求争端解决机构最迟不晚于在它第二次审议建立专家组的要求之前将专家组建立起来。专家组一般由 3 名专家组成，若争端双方同意，也可扩大到 5 名。专家组必须在他建立之后的 30 天内组成。在遴选专家组成员时，世贸组织秘书处根据需要从一份合格人选名单中向争端各方建议 3 名可能的专家组成员。若在选择专家组成员时存在实际困难，专家组成员也可由总干事指定。当选的专家组成员以个人身份提供服务，不接受任何政府的指示。专家组成员应为资深的政府官员或非政府人士，并应具有多种不同的背景和丰富的经验。虽然专家组成员不接受任何政府的指示，但是，因为专家组每个成员的意见对专家组报告的最终形成具有很重要的影响，故各争端方对专家组成员的人选甚为重视。专家组的职权范围是：

①按照相关协议的有关规定，审查当事方提交争端解决机构的有关事项，进行调查以有助于争端解决机构制定各项建议，或有助于该机构按照有关协议中的规定作出裁决；

②专家组应对由争端各当事方列举的任何有关协议中的各项规定加以审议并提出建议；

③在设立专家组的过程中，经与当事方协商，争端解决机构也可以授权其主席确定该专家组不同的职权范围。

1995 年 2 月，争端解决机构组建了常设上诉机构。依照《谅解》的规定，常设上诉机构由 7 人组成，任期 4 年，可连任一次。7 名成员依一定程序定期轮换。7 名成员应在世贸组织的成员方中有广泛代表性。7 名成员的遴选程序是：各成员方代表团提名；在提名的基础上，世贸组织总干事、争端解决机构主席、总理事会主席以及货物贸易理事会、服务贸易理事会和知识产权理事会的主席联合提出建议名单，争端解决机构正式任命。常设上诉机构的成员必须是在法律和国际贸易领域中公认的权威，并且是对各有关协议具有专业知识的人员。这些成员不隶属于任何国家的政府。

常设上诉机构的办事规则主要有：

①上诉机构在任何时间接到通知即提供服务；

②任何案件的上诉应由该机构 7 名成员中的 3 名同时受理；

③上诉机构成员不能与任何可能产生直接或间接利益冲突发生争端；

④只受理争端的当事方对专家组的决定提出的上诉；

⑤上诉应限于专家组报告中所涉及的法律问题以及该专家组所做的法律解释；

⑥上诉机构应在总干事和争端解决机构主席磋商的基础上制定其工作程序；

⑦上诉机构的工作程序应当保密；

⑧上诉机构可以维持、修改或推翻专家组的法律认定和结论。

（3）争端解决的范围与原则。

1）世贸组织的管辖权。当世贸组织的成员之间发生贸易争端时，若一方有意将争端投诉到世贸组织，则须首先认定该项争端是否在世贸组织争端解决机构的管辖范围之内，即首先要确定管辖权问题。世贸组织争端解决机制的管辖范围包括涉及以下协议的争端：

①《建立世界贸易组织的马拉喀什协议》；

②《多边贸易协议》；

附件一：《关于货物贸易的多边协议》、《服务贸易总协定》；

附件二：《关于争端解决规则与程序的谅解》。

从上列协议可以看出，世贸组织的争端解决机制不仅适用于货物贸易协议、服务贸易总协定等有关贸易本身的争端，也适用于关于《建立世界贸易组织协议》和《谅解》本身。

2）世贸组织解决争端的原则。

①磋商、调解原则。《谅解》要求每个成员保证，对另一成员提出的关于在其境内所采取的影响各有关协议实施的措施问题，给予同情的考虑，并就此提供充分的磋商机会。世贸组织总干事作为该组织的最高行政官员，则应积极进行斡旋、调解或调停，协助各成员及时解决争端。

②权利、义务平衡原则。世贸组织的成员方既享受各有关协定规定的权利，又需按协定要求尽相应的义务。在出现一成员认为其按有关协定所获得的利益正在直接或间接地受到另一成员所采取的措施的损害时，世贸组织就应迅速发挥作用，使各成员的权利和义务保持适当平衡。在解决成员之间的贸易争端时，不管是世贸组织所提出的有关撤除那些与有关协议不一致的措施的建议，也不管是它所提出的有关补救措施，还是它授权中止有关协议项下的减让和其他义务，其目的都是为了求得成员方之间权利和义务的平衡。

③程序上的协商一致原则。世贸组织的争端解决机构在作出决定时，同原关贸总协定一样，遵循协商一致的原则。在这方面，世贸组织的争端解决机制比关贸总协定的机制更完善，它引入了“无异议协商一致”和“反向一致”的概念。前一概念是指在争端解决机构作出决定的会议上，倘若没有成员就拟议的决定正式提出反对意见，则应认为争端解决机构就提交的争端事项作出决定时，意见是一致的。而后一概念则是指所有参加争端解决机构的成员对某一问题或程序均持反对意见。在双方各执一端的诉讼中，出现“反向一

致”意见的情况甚为罕见，正是这种罕见的“反向一致”原则的引入，保证了对某些问题的及时处理和某些程序的顺利进行。

（4）争端解决的程序。世贸组织成员如有争端，应先行协商，在一方提出要求后的 30 天内，必须开始协商。如 60 天后未获解决，一方可申请成立专家小组。争端解决机构在接到申请后的第二次会议上必须作出决定，即同意或不同意成立专家小组，只有当争端解决机构全体反对时，专家小组才不能成立。这意味着在世贸组织体制下比 1947 年关贸总协定更容易成立专家小组，因为在原关贸总协定体制下，可以“协商未果”为借口拖延专家小组的成立。这表明世贸组织解决争端的机制在加强。

（5）专家报告的执行。争端解决程序规定贸易争端各方可以三种方式执行专家报告：

①履行。争端解决程序强调，违背其义务的一方，必须立即履行专家小组或争端解决机构的建议。如果该方无法立即履行这些建议，该机构可以根据请求给予一个合理的履行期限。

②提供补偿。若违背义务的一方在合理的履行期限内不履行建议，引用争端解决程序的一方可以要求补偿。或者违背义务的一方可以主动提出给予补偿。

③授权报复。当违背义务的一方未能履行建议并拒绝提供补偿时，受侵害的一方可以要求争端解决机构授权采取报复措施，中止协议项下的减让或其他义务。这意味着，当一方违背其在 1994 年关贸总协定或某个有关协议项下的义务时，受侵害的一方在争端解决机构的授权下，可以提高从违背义务的一方进口货物的关税，所涉及产品的贸易额应相当于被起诉措施所带来的影响。

但是，提供补偿和由争端解决机构授权采取报复是临时性措施。最终的结果应是违背义务的一方实施建议。

3. 贸易政策审议机制

（1）贸易政策审议的目的。世贸组织除了提供争端解决机制外，还是对成员贸易政策进行定期审议的场所。其审议具有双重目的。首先，了解成员在多大程度上遵守和实施多边协议的规则和承诺。通过定期审议，世贸组织作为监督者，要确保规则的实施，以避免贸易摩擦。其次，提供更大的透明度，以更好地了解成员的贸易政策和措施。

（2）贸易政策审议的机制和期限。

①审议内容：成员方贸易政策与措施；贸易政策的背景。

②审议的对象与期限：所有成员方均要接受政策定期审议；依据各成员在世界贸易中的比重确定审议期限，世界上最大的 4 个贸易体（美国、欧盟、日本、加拿大）每两年接受一次审议；在世界贸易中，排名第 5 至第 20 位的成员方每 4 年接受一次审议；其余成员每 6 年或 8 年接受一次审议。

③在审议期间，受审议的成员方的贸易政策措施发生重大变化时，必须及时向贸易政策审议机构提出全面报告。

④世贸组织秘书处负责起草政策审议结果报告，公布并提交给世贸组织部长级大会审议。

（3）贸易政策审议的主持机构。总理事会承担贸易政策审议机构工作，在审议结束后，公布国别报告和秘书处准备的报告以及讨论的记录。

11.3　中国和世界贸易组织

11.3.1　中国加入世贸组织的历程

1. 复关

中国是关贸总协定 23 个创始缔约国之一。1948 年 4 月 21 日，当时的中国政府签署了《临时适用议定书》，同年 5 月 21 日，中国成为关贸总协定缔约方，并参加了 GATT 主持下的第一轮和第二轮多边贸易谈判。在未得到中国唯一的合法政府——中华人民共和国授权的情况下，1950 年 3 月，台湾当局以“中华民国”的名义照会联合国秘书长，决定退出关贸总协定。由于受当时国内外政治、经济环境的制约，我国未能及时提出恢复关贸总协定缔约国地位的申请。1971 年 10 月，联合国大会通过了关于恢复中华人民共和国合法席位的第 2758 号决议，恢复了中华人民共和国在联合国的合法席位。1972 年 5 月我国成为联合国贸易与发展会议和关贸总协定下属机构国际贸易中心的成员。此后，我国通过参加该中心的活动逐步恢复了和关贸总协定的接触和联系。

1986 年 7 月 10 日，中国正式向总协定提出申请，要求恢复中国在 GATT 的合法席位。1987 年 2 月 13 日中国向总协定提交《中国对外贸易制度备忘录》。在这份备忘录中，全面介绍了我国的经济体制改革、对外开放政策、对外贸易政策和体制及组织机构等，供总协定所设立的工作组进行审议。GATT 理事会于 1987 年 3 月成立中国缔约方地位问题工作组，开始进行恢复中国 GATT 缔约国地位的谈判，简称“复关”谈判。但是，由于西方少数缔约方漫天要价，无理阻挠，直到 1994 年关贸总协定中国工作组第 19 次工作会议复关谈判仍未能达成协议。

2. 入世

1995 年 1 月，WTO 取代了 GATT 的组织和法律地位，由于我国未能以 GATT 缔约方的身份参加乌拉圭回合谈判，没有资格签署《建立 WTO 协定》，所以不是 WTO 的创始成员。1995 年 6 月 3 日中国成为 WTO 观察员。1995 年 7 月 11 日，中国正式提出加入 WTO 的申请。1995 年 11 月，应中国政府要求，中国复关谈判工作组更名为中国入世工作组，并于 1996 年 3 月召开第一次工作组会议，中国复关谈判转为入世谈判。在入世谈判中，中方坚持的基本原则有：

（1）坚持以发展中国家身份加入世贸组织。

（2）以乌拉圭回合协议为基础，承担与中国经济发展水平相适应的义务。

（3）坚持权利与义务平衡的原则。

中国入世谈判涉及多边谈判和双边谈判，其中双边谈判是指应 WTO 成员要求与中国进行市场准入的谈判，中国对此要求不能拒绝。至 1999 年 4 月，与我国进行双边市场准入谈判的 36 个 WTO 成员中有匈牙利、新西兰、韩国、新加坡、印度尼西亚等 10 个成员的谈判已经结束，但是却还未能同中国的主要贸易伙伴美国、欧盟、日本、加拿大等国完成谈判。1999 年 9 月 11 日，在亚太经合组织非正式首脑会议上，江泽民主席与克林顿总统一致同意两国恢复谈判，并表示希望能早日成功地结束谈判。11 月 10 日至 15 日，美国贸易谈判代表巴尔舍夫斯基和国家经济委员会主席斯珀林访华，中美进行了新一轮谈判，15 日双方终于签署了《中美关于中国加入世界贸易组织的双边协议》。2001 年 9 月 13 日，中国与墨西哥结束了关于中国加入 WTO 的双边谈判。中国谈判代表团团长龙永图表示，中墨签署双边协议标志着中国与所有 WTO 成员的双边市场准入谈判全部结束。中国加入世界贸易组织的所有法律文件于 2001 年 9 月 17 日下午在日内瓦获得通过。中国长达 15 年的复关和入世谈判宣告完成。2001 年 11 月 10 日，世贸组织第四届部长级会议在卡塔尔首都多哈以全体协商一致的方式，审议并通过了中国加入世贸组织的决定；11 月 11 日，中国政府代表签署中国加入世贸组织协定书，并向世贸组织秘书处递交中国加入世贸组织批准书，12 月 11 日，中国正式成为世界贸易组织的成员。

11.3.2 中国加入世界贸易组织的法律文件

2001 年 9 月 17 日，在世贸组织总部，世贸组织中国工作组第 18 次会议通过了中国加入世贸组织的所有法律文件，包括《关于中华人民共和国加入的决定》、《中华人民共和国加入议定书》及其附件、《中国加入工作组报告书》、货物贸易减让表和服务贸易减让表。

《中华人民共和国加入议定书》由序言、减让表、最后条款 3 个部分组成。议定书附有 9 个附件，见表 11-4。

表 11-4 《中华人民共和国加入议定书》附件

附件 1A：中国在过渡性审议机制中提供的信息
附件 1B：总理事会依照《中国加入议定书》第 18 条第 2 款处理的问题
附件 2A1：国营贸易产品（进口）
附件 2A2：国营贸易产品（出口）
附件 2B：指定经营新产品
附件 3：非关税措施取消时间表
附件 4：实行价格控制的产品和服务
附件 5A：根据《补贴与反补贴措施协定》第 25 条作出的通知
附件 5B：需逐步取消的补贴
附件 6：实行出口税的产品
附件 7：WTO 成员的保留
附件 8：第 152 号减让表——中华人民共和国
第一部分 最惠国税率
第一节 农产品

续表

第1—A节　关税
第1—B节　关税配额
第二节　其他产品
第二部分　优惠关税
第三部分　非关税减让
A节一　化肥和毛条关税配额
B节一　其他非关税减让
第四部分　农产品：限制补贴的承诺
第1节一　国内支持：综合支持总量承诺
第2节一　出口补贴：预算支出和数量削减承诺
第3节一　限制出口补贴范围的承诺
《信息技术协定》附表B
附件1：第1—A节逐年减让表（农产品）
附件2：第2节逐年减让表（其他产品）
附件9：中华人民共和国服务贸易具体承诺减让表第2条最惠国豁免清单

资料来源：http：//www. gdgs. gov. cn/wto/wto1/wtowj. htm

《中国加入工作组报告书》由导言、经济政策、政策制定和执行的框架、影响货物贸易的政策、与贸易有关的知识产权制度、影响服务贸易的政策、其他问题和结论等8个部分构成。

议定书是确定作为申请加入方中国权利和义务关系的法律文件，而工作组报告是对整个加入谈判情况的记录说明。工作组报告书在结构上和议定书有一定的差异。但是，作为谈判过程的记录和对议定书有关条款的进一步细化和说明，工作组报告与议定书具有内在的统一性，具有与议定书同等的法律效力。当然，作为世贸组织的成员，我国的权利和义务不仅仅体现在上述议定书、工作组报告书中，也同时全面反映在世贸组织现行的各项协定和协议中。

11. 3. 3　入世后中国的权利与义务

加入世贸组织是我国历史进程中的重大事件，也是我国经济发展过程中的重大转折，标志着我国的对外开放进入了一个新的阶段，将在更大范围和更深程度上参与经济全球化进程。

按照世贸组织的基本原则，中国在享有发展中国家的权利的同时，也需履行一定的义务，主要是：

1. 应享受的权利

（1）享有多边的、无条件的和稳定的最惠国待遇。享受世贸组织其他成员方给予的非歧视待遇的权利；同时对这些成员方承担和履行非歧视待遇原则的义务。非歧视待遇又称无差别待遇，它要求成员方在实施某种优惠待遇和限制措施时，不要对成员方实施歧视待遇。非歧视待遇由无条件最惠国待遇条款和国民待遇条款体现出来。非歧视待遇贯穿在世贸组织所负责实施与管理的所有的贸易协议与协定中。在加入 WTO 前，中国只能通过双边贸易协定在某些国家获得最惠国待遇，而这种双边的最惠国待遇是非常不稳定的，容易遭到双边政治关系的影响。入世后，中国可以在世贸组织所有的成员方享受多边的、无条件的、稳定的最惠国待遇，这将使中国产品在最大范围内享受有利的竞争条件，从而促进出口的发展。

（2）享受发展中成员方特殊待遇和扩大享受普惠制待遇。在世贸组织实施管理的多边协议中都规定了对发展中国家成员的某些特殊优惠，而这些优惠是单方面给予的，发展中国家无须向发达成员方提供对等的回报。中国作为发展中国家，同样能够享受这些优惠待遇。

（3）享有磋商解决贸易争端的权利。享有与世贸组织成员方磋商解决贸易摩擦，通过争端解决机构解决贸易纠纷的权利；同时，也有接受和履行世贸组织其他成员方磋商解决贸易摩擦和接受世贸组织争端解决机构裁决的义务。中国入世后，在与世贸组织其他成员方发生贸易摩擦与贸易纠纷时，有权按世贸组织的争端解决机制邀请它们与我国共同解决贸易摩擦，如果双边解决不成，可上诉到世贸组织争端解决机构，由其出面解决，并接受其裁决。

（4）获得在多边贸易体制中“参政议政”的权利。世贸组织是“经济联合国”，入世前中国在这一组织中以观察员身份参加，只有表态权，没有表决权。在“入世”后，中国可以参与各个议题的谈判和贸易规则的制定，充分表达中国的要求和关切，有利于维护中国在世界贸易中的地位和合法权益，并在建立和维护公正合理的国际经济秩序等方面发挥更大的作用。

2. 应履行的义务

（1）削减关税 。加入世界贸易组织以来，中国认真履行承诺的关税减让义务，得到了国际社会的广泛好评，维护了国家信誉，树立了负责任大国的良好形象。自 2002 年起逐年调低进口关税，关税总水平由 15.3％调整至目前的 9.8％，农产品平均税率由 18.8％调整至目前的 15.2％，工业品平均税率由 14.7％调整至目前的 8.9％。其中，2002 年大幅调低了 5 300 多种商品的进口关税，关税总水平由 2001 年的 15.3％降低至 12％，是入世后降税涉及商品最多、降税幅度最大的一年；2005 年降税涉及 900 多种商品，关税总水平由 2004 年的 10.4％降低至 9.9％，是中国履行义务的最后一次大范围降税；2006 年 7 月 1 日，中国降低了小轿车等 42 个汽车及其零部件的进口关税税率，最终完成了汽车及其零部件的降税义务，中国汽车整车及其零部件税率分别由入世前的 70％～80％和 18％～65％降至 25％和 10％。2010 年降低鲜草莓等 6 个税目商品进口关税后，中国加入世界贸易组织承诺的关税减让义务全部履行完毕。

（2）逐步取消非关税措施。我国在入世谈判中的主要议题之一就是削减非关税措施，例如：进口许可证、配额以及外汇管制、技术检验标准等。其中，在进口商品配额及许可证管理措施方面的主要承诺是：我国将在 5 年的过渡期内，分阶段逐步取消对一些进口商品所实施的非关税措施，包括进口配额、进口许可证和进口特定招标等措施，并承诺了 15 类产品的初期配额量和过渡期内每年的配额增长率。按照我国加入世界贸易组织议定书的附件 3——非关税措施取消时间表，47 类需要单一进口许可证的产品在加入时全部取消；377 类承诺取消进口配额、进口许可证或特定商品进口招标等非关税措施的产品中，162 类产品在加入当时取消，随后在 2002 年、2003 年、2004 年、2005 年 1 月 1 日分别有 80、16、84 和 35 类产品取消。加入 WTO 以来，我国按照承诺的时间表逐步解除 424 个税号（按 8 位税号计）产品的非关税措施，有的甚至早于规定的时间表。

2005 年 1 月 1 日，随着以客车、越野车、小轿车等汽车整车为主的 35 类产品最终取消非关税措施，我国承诺取消的涉及机电产品、石油产品、橡胶产品、汽车及其零部件、摩托车及其零部件、彩色感光材料等产品的非关税措施全部解除。即除加入 WTO 承诺中允许采用的非关税措施外，我国取消了其他所有的非关税措施，这是我国加入 WTO 各项承诺中最早整体完成的部分。

（3）开放服务业市场。世贸组织统计的服务行业多达一百五十多种，都将属于开放范围。对中国来说，应逐步地、有选择地、有范围地开放一些服务业，引进竞争机制，提高中国服务业的质量，并带动服务业的出口。

（4）扩大知识产权的保护范围。中国入世对知识产权扩大保护范围以后（如扩大到对化工产品、药品、食品、计算机软件等），将使中国有关企业必须通过支付专利许可证费用来合法地购买西方发达国家的专利，政府也将严惩任何有损国家和企业名誉的侵权行为，如假冒外国名牌商标的行为将受到法律处理。

此外，中国还需根据有关协议履行“放宽和完善外资政策”、“增加贸易政策的透明度”等义务。

11.3.4　加入世贸组织对我国对外经贸发展的影响

加入世贸组织对我国对外经贸的发展起到了以下的推动作用：

1. 参与国际贸易新规则的制定

加入世贸组织后，中国作为世贸组织的正式成员直接参与国际贸易规则的制定，掌握对外经贸关系的主动权，维护了我国的正当权益，提高了我国的国际地位。

2. 进一步扩大和利用外资

加入 WTO 后，我国履行世贸组织规定的义务，逐步开放国内市场，2009 年中国关税总水平为 9.8%。其中，农产品平均税率为 15.2%，工业品平均税率为 8.9%，入世的降税承诺已基本履行完毕，从而进一步改善了外商投资环境，增强了我国市场对外商的吸引力，更多地引进外国资本、技术和管理经验。

自 1993 年起，中国连续成为发展中国家吸收外国直接投资最多的国家。《2008 年世界投资报告》显示，2007 年全球外资流入排行榜前十位国家中，中国位于美国、英国、法国、加拿大和荷兰之后，居世界第六位。中国 2007 年共吸收外资 840 亿美元，创历史新高。中国还将有步骤地进一步为外商投资中国的保险、旅游、商业零售、外贸、法律咨询等服务贸易提供机会，并加快能源、交通、通信等基础设施的建设步伐。中国的对外开放，迎来的将是国际社会对中国的更大开放，将使中国在开放的国际经济体系中成为重要的一员。

本章小结

世界贸易组织建立于 1995 年 1 月 1 日，取代了 1947 年创建的关税与贸易总协定，是多边贸易体系的法律基础和组织基础。世界贸易组织作为规范和协调当代国际经贸关系的权威组织，主要负责制定国际贸易规则、组织实施多边贸易协定以及审议各成员的贸易政策等，它还是各成员进行多边贸易谈判和解决贸易争端、发展其贸易关系的场所。本章首先回顾了从关税与贸易总协定到世界贸易组织的历程，包括关税与贸易总协定的产生、八轮多边贸易谈判以及关税与贸易总协定的基本原则。然后介绍了世界贸易组织的产生背景、宗旨、组织结构及运行机制。最后介绍了中国复关与入世的坎坷历程及我国入世后应享有的权利和义务。

思考与练习

一 单选题

1. 中国于（ ）年成为世界贸易组织（WTO）的成员。

A. 1993　B. 1994　C. 2001　D. 1995

2. 中国复关和入世共经历了（ ）年多的艰难谈判。

A. 12　B. 14　C. 15　D. 8

3. WTO 的常设决策机构执行机构是（ ）。

A. 总理事会　B. 总干事　C. 部长级会议　D. 秘书处

4. 以下不可以加入 WTO 的国家或地区是（ ）。

A. 中国　B. 中国香港　C. 广州　D. 中国台湾

5. 世界经济的三大支柱组织是（ ）。

A. 世贸组织、联合国、世界知识产权组织

B. 世贸组织、国际货币基金组织、世界银行

C. 联合国、国际货币基金组织、世界银行

D. 世贸组织、世界银行、经济合作与发展组织

思考题

1. 世界贸易组织的原则是什么？
2. 世界贸易组织的加入条件是什么？
3. 世界贸易组织的争端解决机制如何有效地解决各国间的争端问题？

技能实训

登录“中华人民共和国商务部”网站，了解 WTO 多哈回合谈判的相关知识及进展情况。

案例讨论

世界贸易组织解决的第 1 例争端

世贸组织成立后受理的第 1 例争端是小国委内瑞拉申诉世界头号大国美国。事情的起因是：1994 年，美国环保局根据美国 1990 年《洁净空气法》修正案制定的“汽油规则”，要求自 1995 年 1 月 1 日起只有“精炼汽油”才被允许在美国的重污染地区销售，而在其他地区销售的“常规汽油”的清洁度也不得低于 1990 年所制定的标准。美国认为，其汽油规则符合关贸总协定关于环境保护一般例外条款的规定。而委内瑞拉和巴西则认为，美国对进口汽油的化学性能使用了比国产汽油更严格的规则，这是不公平的。美国的做法不仅违背了国民待遇原则，而且美国也没有理由因健康和环保原因而获得对 WTO 规则的例外。

1995 年 1 月，委内瑞拉向世界贸易组织争端解决机构投诉，认为美国的汽油规则违反了国民待遇原则，要求与美国进行磋商。但磋商失败，委内瑞拉要求成立专家小组。当年 4 月巴西也加入申诉美国的行列。4 月底，专家小组成立并开始工作。1996 年 1 月，专家小组在向争端解决机构提交最终报告中裁定，美国的汽油规则既不能被证明具有合理性，也违反了国民待遇原则，建议争端解决机构要求美国修订汽油规则，使其与世贸组织的规则相一致。2 月，美国提出上诉，但上诉机构于 4 月提出报告，维持了专家小组的报告。5 月 20 日，争端解决机构最终通过了专家小组和上诉机构的报告，授权争端解决磋商开始实施。

1996 年 12 月初，美国与委内瑞拉就美国应该采取的措施达成协议，美国同意委内瑞拉提出的自 1996 年 5 月 20 日起在 15 个月内修改其汽油政策的要求。1997 年 8 月 19 日，美国签署了新的汽油规则。至此，世贸组织受理的第 1

例争端获得了圆满解决，结果以小国委内瑞拉胜诉、而大国美国败诉并改变其错误做法而告终。

（资料来源：世贸组织秘书处，《贸易走向未来》，法律出版社，1999 年）

思考与讨论：

世贸组织成立以来，其争端解决机构受理的争端案件数已超过 400 起。请查阅中国的起诉和应诉情况并予以分析。

第12章　当代世界主要国家和地区的对外贸易

学习目标

掌握美国、欧盟、日本等主要发达国家和地区的贸易发展和贸易政策演变；掌握不同发展程度的发展中国家特别是中国的对外贸易发展状况和政策演变，并能够结合国际贸易理论去分析、认识当代国际贸易发展过程中各国贸易政策变化背后的深层原因。

案例导入

2010年中国对外贸易形势展望

从目前情况分析，2010年世界经济有望出现缓慢复苏，中国外贸发展面临的环境总体趋于改善。国际货币基金组织预测，2010年全球经济将增长3.1%，其中发达国家将增长1.3%，新兴经济体和发展中国家将增长5.1%。各国稳定金融市场的政策措施取得了明显成效，金融市场风险降低，融资功能正在逐步恢复，反映国际金融市场流动性和风险程度的LIBOR/OIS利差和TED利差已经大幅降至金融危机前的水平，增强了金融机构放贷的信心。在国际社会的共同努力下，国际金融机构和区域性金融机构筹集大规模资金，专门为外贸企业提供流动性支持，困扰国际贸易的融资难问题得到了一定程度的缓解，有利于企业开展对外贸易。但由于世界经济复苏动力不足，许多深层次矛盾和问题尚未根本解决，世界经济复苏将是艰难曲折的，国际市场需求短期内难以明显恢复，中国外贸发展仍面临很多不确定、不稳定的因素：

世界经济复苏缓慢，外需难以大幅反弹。主要发达国家财政和货币政策的扩张空间有限，美国2009年财政赤字达到1.4万亿美元，是2008年的3.1倍，赤字率高达10%，创二战以来新高，德、法等国财政赤字率均超过3%的控制目标，日本财政赤字率达到9.4%，各国基准利率也处于历史低位。受此影响，世界经济和国际市场需求短期内难以出现大幅回升。

主要经济体自顾性增强，贸易保护主义加剧。随着世界经济从衰退走向复苏，由于各国经济复苏进程不一，国际间的政策合作意愿减弱，协调难度加大，处理不好将会影响世界经济复苏进程。在国内压力下，主要经济体自顾性会进一步增强，将优先解决国内就业、产业发展等问题，继续出台各种贸易限制措施和保护措施，贸易保护主义将日益加剧。即使世界经济复苏，国际贸易也不会出现大幅反弹。国际货币基金组织预测，2010 年全球货物贸易量仅增长 2.7%，低于对世界经济增长的预期。

国际市场竞争更加激烈，中国出口面临压力加大。国际金融危机发生后，发达国家提出重振制造业，一些国家还表示将通过扩大出口来缓解国内贸易赤字问题。许多发展中国家出口总体竞争力进一步上升，并且可能继续通过本币贬值等手段争夺国际市场。这将使中国在中高端产品领域面对发达国家的直接竞争，在传统优势产品领域面对发展中国家更多的挑战。

国际大宗商品价格可能高位震荡，企业经营风险增加。随着世界经济走向复苏，2010 年全球资源和能源需求将有所回升，在超低利率水平和宽松货币政策背景下，投机炒作和美元汇率走低等因素可能推动大宗商品价格上涨，推高中国企业的进口和出口成本。一旦世界经济复苏遇到挫折，国际大宗商品价格可能高位剧烈波动，加大中国企业进出口的经营风险。此外，面对日益激烈的国际竞争，中国出口产品将面临更大的降价压力，企业的利润空间将被进一步压缩，削弱中国企业发展的后劲。

同时，我们也要看到，保持中国外贸发展仍有许多有利条件和积极因素：

中国工业门类齐全，企业竞争力强。改革开放以来，中国通过大力发展现代工业和新兴产业，工业化发展取得了长足进步，形成了较为完备的工业体系，加工制造和产业配套能力大幅提升，为发展对外贸易提供了坚实的基础。中国拥有大量高素质劳动者队伍，生产效率高。出口的产品大多属于中低档，主要是日常生活用品，需求弹性小，受危机冲击相对较轻。

新兴市场贸易规模偏小，发展空间大。长期以来，中国与新兴市场的贸易规模相对偏小，尽管近年来随着市场多元化战略的实施，中国对新兴经济体和发展中国家的贸易持续较快增长，但在贸易总规模中的比重仍然不高，贸易额与双方之间的经济规模也不相称，发展空间很大。随着这些国家和地区经济实力的不断增强，中国市场多元化战略进一步深入实施，贸易往来日趋便利化，中国发展同新兴市场之间的贸易大有可为。

走出去方兴未艾，带动出口效应明显。近年来，中国企业走出去步伐明显加快，一大批国内优势企业纷纷走出国门，在全球范围内积极开展对外投资、工程承包和劳务合作，利用两个市场、两种资源的能力不断增强，在发展当地经济和就业的同时也带动了国内产品出口。金融危机爆发后，部分外国公司为摆脱经营困境，国际合作意愿增强，一些国家和地区吸收外资政策相对宽松，并为刺激经济大量投资基础设施，这些都为中国企业走出去提供了良好的机遇。

分析：2010 年中国外贸发展面临的环境总体向好，但也面对很多不确定不稳定因素。我们既要看到中国外贸发展的积极变化和有利条件，进一步增强发展的信心；也要充分估计形势的复杂性、严峻性和不确定性，把各方面的困难和风险考虑得更充分一些，把应对各种挑战的工作做得更扎实一些，进一步落实和完善支持对外贸易发展的政策措施，提高政策的针对性和有效性。广大企业要加强自身管理，苦练基本功，加快科技创新步伐，进一步优化进出口商品结构，努力推动外贸发展方式转变，促进对外贸易健康稳定发展。

12.1　发达国家的经济与对外贸易

第二次世界大战以后，特别是西方主要资本主义国家经过短暂的经济恢复时期，进入了前所未有的快速发展阶段。经过战争的洗礼，一批社会主义国家和发展中国家也开始出现在世界经济舞台。虽然形成了东西方对峙的局面，国际贸易的规模还是获得了扩张。在渡过了 20 世纪七八十年代的国际贸易发展的低潮之后，进入 20 世纪的后 10 年，西方经济强国特别是美国、欧盟和日本等发达国家的国际贸易在世界上形成了三足鼎立的局面。部分实施以出口带动经济增长的出口导向型发展战略的新兴工业国家也成绩骄人，成为推动世界经济发展的生力军。

12.1.1　美国的对外贸易政策

1. 战后美国对外贸易的发展趋势

美国是世界上最大的贸易国，它既是世界最大的货物贸易国，又是最大的服务贸易国。2004 年美国贸易总额为 29 226 亿美元，其中货物贸易额 23 443 亿美元，占 80.2%，服务贸易额 5 783 亿美元，占 19.8%。

(1) 美国是世界最大的贸易国家，但所占比重呈下降趋势。美国在第二次世界大战后世界货物出口总额中的比重高达 32.5%，1960 年下降到 17.4%，到 1994 年又降到 12.2%，2004 年再次降低到 9.0%，落后于德国，位居第二位；在世界服务贸易中，2004 年美国占 15.2%，不但高居榜首，而且是服务的顺差大国。当年服务贸易顺差达到 603 亿美元。

(2) 货物贸易一直处于逆差，且呈加大趋势。美国货物贸易逆差 1979—1981 年为 339 亿美元，1989—1991 年为 1 130 亿美元，1999—2001 年为 4 279 亿美元，2001—2003 年为 5 128亿美元。

(3) 美国是世界上资本流动最大的国家。美国直接资本流入 1980 年为 169 亿美元，1990 年为 484 亿美元，2000 年为 3 140 亿美元和 297 亿美元，同年占世界直接资本流入的比重分别为 31.8%、23.1%、22.6%和 3.0%。同年，美国直接资本流出分别为 192 亿美元、309 亿美元、1 326 亿美元和 1 518 亿美元，在世界直接资本流入中的比重分别为

35.8%、12.8%、12.0%和20.8%。

(4) 美国是世界高科技产品和农产品出口最大的国家。如2001—2002年美国在下述产品世界出口贸易额中所占比重分别是：飞机为38.16%，办公用品为12.7%，自动资料加工设备为13.48%，半导体等为18.66%，衡量与控制仪器为26.73%，发动机为31.61%，油子为50.13%，玉米为61.43%，小麦为30.61%。

(5) 美国对外贸易依存度低。美国对外贸易依存度（出口/国内生产总值）大大低于其他发达国家和发展中国家的依存度，如2002年，美国货物和服务贸易依存度为10%，同年整个发达国家为21%，发展中国家整体为35%。其主要原因是美国经济发达，国内市场容量大，国土广阔，拥有丰富的自然资源等。

(6) 美国的对外贸易对象从发达国家转向了发展中国家。

①在美国货物贸易出口中，发达国家是其出口的主要对象，但比重呈下降趋势，其所占比重从1990年的64.9%下降到2003年的56.4%；发展中国家为其出口的第2位，约占1/3，但比重呈上升趋势，同期，所占比重从33.8%上升到43.0%；对东南欧和独联体国家出口的比重不到1%，且呈下降趋势。

②在美国进口来源中，发达国家占第1位，但比重呈下降趋势。其比重从1990年的59.7%下降到2003年的49.7%；发展中国家为第2位，但比重呈上升趋势，其比重从同期的39.8%上升到49.4%；从东南欧和独联体国家进口的在其总进口额中所占比重不到1%，同期分别为0.4%和0.9%。

(7) 货物进口结构以制成品为主，比重进一步提高。

①20世纪90年代以来，制成品在美国出口中的比重一直是第一位，所占比重从1990年的74.0%提升到2003年的81.4%。其中，机械设备占第1位，其他制成品占第2位，化工产品居第3位。同年，各占美国出口比重分别为48.6%、20.0%和12.8%。全部食品出口在整个出口中的比重呈下降趋势，同期分别为10.8%和8.1%。

②20世纪90年代以来，制成品在美国货物进口中一直占绝大比重，且呈上升趋势，1990年占72.6%，2003年上升到75.9%。其中，机械设备所占比重从41.3%上升到50.9%；燃料在进口中的比重同期为从13.3%下降到12.5%；食品在进口中的比重同期从5.83%下降到4.6%。

2. 美国对外贸易政策的演变

(1) 贸易自由化。一国的贸易政策和其经济发展的状态是密切相关的，在美国经济实力最强盛、最具备国际竞争力的时期，美国努力推行自由贸易政策。早期的美国贸易政策是为保护国内产业服务的。20世纪30年代的经济大萧条特别是二战对经济的创伤，使各国政府采取保护主义的贸易政策。尝到"自由贸易"甜头的美国十分担忧这种现象。1944年的布雷顿森林会议成立了国际货币基金组织和世界银行，但没有涉及国际贸易问题。在这种情况下，1949年12月，美国决定邀请一些国家商谈建立多边贸易体系。1947年10月3日，23个缔约国签订了《关税与贸易总协定》。1948年1月1日，关贸总协定临时实施。关贸总协定是在美国倡导下按照美国的贸易思想和政策建立起来的。战后美国的自由主义贸易政策有力地促进了全球范围的贸易自由化进程，使国际贸易获得了空前的发展。

（2）新贸易保护主义。到 20 世纪 70 年代，随着西欧和日本经济的恢复和迅速发展，以及新兴工业化国家和地区的崛起，美国在国内外市场上面临着日益激烈的竞争。美国贸易从此转向逆差，受到进口冲击的有关行业强烈要求政府采取保护措施，代表相应地区和产业利益的国会议员也不断向国会和美国政府施加压力。在这种情况下，美国政府在政策指导思想上仍主张贸易自由化政策，但在实际行动上则采取了对国内部分产业给予保护的措施。为此通过了两个带有保护色彩的贸易法案，即《1974 年贸易法》和《1979 年贸易协定法》。

进入 20 世纪 80 年代，美国对外贸易逆差以惊人的速度急剧增长，美国国内的保护主义思潮迭起。到 80 年代末，美国的对外贸易逆差已超过 1 000 亿美元。美国在贸易逆差的巨大压力下，虽然在口头上还是倡导自由贸易，但是贸易保护主义色彩日益浓厚。

（3）加强外贸管理。

1）以立法形式强调单边协调管理，使外贸管理制度化。美国是一个高度重视法制的国家，在对外贸易政策方面也贯穿了法治精神。

2）从加强国际多边合作转为更多地使用双边协调管理方式。正是基于美国外贸政策的目标与手段的这种重大转变，美国加紧了与加拿大的双边贸易谈判。由于美国和加拿大密切的地理和历史关系，战后美加的贸易交往越来越密切。

3）突出对知识产权的管理。“特别 301 条款”是专门针对知识产权保护问题的，美国认为，他们的许多产品，包括农药、化肥、书籍、音像资料、计算机软件等知识产品，被进口国大量仿制和复制，从而影响了美国的经济利益，因此制定了该条款以保护美国人的版权、专利和商标。该条款与“超级 301 条款”一样，也是要求政府在每年的 4 月 30 日以前宣布一份在保护美国知识产权方面做得不够的国家名单，并限定这些国家在一定时间内与美国谈判解决纠纷，否则将对这些国家和地区向美国出口的产品征收高额关税以示惩罚。美国在动用此条款时，一般采用三个步骤：

①把与之有纠纷的贸易伙伴列入“观察名单”；

②把与之有较大纠纷的贸易伙伴列入“优先观察名单”；

③被列入“优先观察名单”的国家和地区，如果在一年内没有在保护美国知识产权方面采取重大措施，将被列为“需优先解决”的国家。

这时，美国将对其进行为期半年的调查，在此期间，双方如能通过谈判解决纠纷的协议，美国就不采取报复措施；如不能达成协议，美国将在征求公众意见的基础上，于 1 个月后对部分进口商品采取报复的措施，也可以再将谈判期限延长 3～4 个月，届时，再依据谈判结果决定是否采取报复措施。

12.1.2　欧盟的对外贸易政策

1. 战后欧盟的对外贸易发展趋势

（1）对外贸易额增长较快，贸易地位显著提高。从 1950 年到 1995 年，欧盟地区出口与进口贸易额年均增长分别是 11.5%和 11.1%，均高于同期世界贸易额年均增长相应的比值 11.1%和 11.0%。随着欧盟对外贸易的较快增长，其在世界出口贸易中的比重显著上升，从 1950 年占世界出口的 30.7%提高到 1998 年占世界出口的 41.5%。

(2) 成员国之间的贸易迅速增长，内部贸易比重扩大。成员国的内部贸易占其出口总额的比重从 1985 年的 32.1%提高到 1996 年的 60.4%，目前已达到 65%以上。

(3) 商品结构的变化。欧盟的对外贸易商品结构中，工业制成品占主要地位，其中机器设备处于最重要地位，其次化工产品出口呈缓慢上升趋势，20 世纪 70 年代中期以来，高新技术产品在欧盟对外贸易领域占据越来越重要的地位。20 世纪 70 年代以来，工业制成品占其出口的 70%左右。20 世纪 90 年代以来，这一比重进一步上升，1994 年工业制成品占其出口总额的 80%。

(4) 主要贸易对象。欧盟全部对外贸易的 80%左右是与发达国家进行的，其中除了内部贸易外，欧盟的主要对外贸易对象就是美国，但与美国的贸易额总的呈下降趋势，进口占欧盟进口总额的比重从 1958 年的 11.4%下降到 1992 年的 7.2%；出口从 1958 年的 7.9%下降到 1992 年的 6.5%。这是由于欧盟实行共同农业政策，对农产品进口实行差价税，给予农产品出口补贴，从而使美国农产品处于不利的竞争地位。

2. 欧盟的对外贸易政策与措施

(1) 关税同盟。关税同盟是欧盟对外贸易政策的一项重要内容。其主要内容是：对内在成员方之间分阶段消减直至全部取消工业品关税和其他进口限制，实现共同市场内部的工业品自由流通；对外则通过逐步拉平各成员方的关税率，实行对外统一关税。为了实现关税同盟，欧洲共同市场采取了以下主要措施：

①取消成员方之间的关税，统一对外关税率。首先是原六国之间的工业品和农产品的减税，分别于 1968 年 7 月和 1969 年 1 月建成关税同盟；英国、丹麦和爱尔兰三国加入共同市场后，也分别与原六国之间分期减税，到 1977 年 7 月 1 日和 1977 年底，三国与原六国之间的工业品和农产品也分别实现了互免关税。此后，希腊、西班牙和葡萄牙加入欧共体也实现了关税同盟。从 1986 年 3 月 1 日起，欧共体的共同对外关税进行调整，到 1993 年开始全部用欧共体对外关税。

②实行差别关税。欧盟按进口产品的种类和来源国采取不同的税率。在农产品方面，实行共同的农业政策，其要点是：第一，对非成员方的农产品进口征收差额税，即按非成员方的进口价格同成员方农产品价格差额征税；第二，成立各类农产品的共同市场组织，制定共同价格，使农产品在共同体内自由流通；第三，对成员方农产品出口实行价格补贴，各成员方要把征到的农产品进口差额税上缴共同体，建立农业共同基金以补贴农产品出口。到 1980 年底，共同农业政策的实施范围已包括欧盟各国的绝大部分农产品。

(2) 关税与非关税壁垒。欧盟对某些产品如谷物、猪肉、禽肉、蛋品和奶制品等的进口征收差价税，这样就使美国、加拿大、澳大利亚、新西兰等重要农产品出口国的农产品在欧盟失去竞争优势。

非关税壁垒是欧盟限制进口的主要措施，欧盟进口商品中有一半以上受到各种非关税壁垒的影响，其影响程度远远高于美国和日本。欧盟使用的非关税壁垒主要有：进口配额制、“自动”出口限额制和进口许可证制。到 2005 年纺织品配额取消后，目前除了对部分钢铁仍实施关税配额外，欧盟基本上已取消了进口配额制；欧盟使用“自动”出口限额范围比较广，限制的主要为纺织品、服装、汽车、运输设备、钢和钢铁制品、鞋类等；进口许可证制的目的在于管理限制整个欧盟市场的进口产品和落实监督制。

(3) 贸易条约和协定。欧盟通过签定贸易条约与协定，扩大对外贸易关系。如与非洲、加勒比、太平洋发展中国家签订《洛美协定》，与欧洲自由贸易联盟签订自由贸易区协议，与地中海沿岸国家签订特别贸易和援助协定等。

12.1.3 日本的对外贸易政策

1. 战后日本对外贸易的发展趋势

(1) 对外贸易额迅速增长。在二战结束的整个 20 世纪 50 年代末，日本的对外贸易规模才恢复到战前的水平。进入 60 年代后，日本的对外贸易开始起飞，从 1950 年到 1995 年，日本的出口数量平均以每年 17%的高速增长，远远高于同期世界和工业发达国家的平均水平。1950 年日本的出口贸易额只有 8.2 亿美元，和创纪录的 1995 年的 4 430 亿美元比较相差百倍。比较而言，日本的进口贸易增长速度略低于出口的增长速度，其进口额由 1950 年的 9.7 亿美元增加到 1995 年的 3 359 亿美元，年均增长率超过 14%。对外贸易的高速增长，使日本在世界贸易中举足轻重，从 1985 年开始，日本成为仅次于美国和德国的世界第三大出口国。1999 年日本商品出口 4 195 亿美元，进口 3 107 亿美元，分别位居世界第三和第四。1900 至 2000 年间，日本放慢了发展速度，出口年均增长率为 5%，(世界为 6%)，进口年均增长率为 5% (世界为 7%)，仍保持世界第三的位置。

战后日本对外贸易迅速增长的原因是：

①战后日本经济的高速发展是对外贸易迅速增长的根本原因。

②大力引进国外先进技术，改变出口商品结构。

③政府的重视。战后日本把“贸易立国”作为“不变国策”，而且把重点放在出口方面，日本政府在其《经济复兴计划第二次方案》中明确指出，日本“将来的经济规模乃至生活水平的高低，最终将为日本出口规模的大小所决定。”

(2) 商品结构的变化。日本国土狭小，资源贫乏，日本的贸易商品结构受其自然禀赋条件的制约，偏重于出口工业制成品。从 20 世纪 70 年代以来，日本的工业制成品出口比重一直高踞 90%以上，二战后日本出口商品的结构不断优化，加工程度不断提高，20 世纪 50 年代轻纺产品成为其重要的产品；50 年代末期到 60 年代中期纺织品、玩具、杂货等劳动密集型商品的出口占较大比重，达到总出口的一半左右；60 年代后半期开始，钢铁、船舶、化学制品等资本密集型产品的出口比重上升，特别是重化学产品的比重较大；进入 20 世纪 80 年代以后，半导体、家用电器、运输机械、计算机、机器设备、办公机械等技术含量较高的商品成为日本的主要出口商品。这种出口商品结构到目前为止并没有明显变化。

日本进口商品主要集中在资源性初级产品，通常超过70%，长期以来其农产品、矿产和工业原料严重依赖进口，日本除稻米以外如大豆、小麦、玉米等农产品进口依赖程度超过80%，日本每年进口粮食占世界谷物贸易的10%左右。日本的工业原料、矿产品基本完全依赖进口。进入80年代以后，日本的工业制成品进口增长较快，其主要原因一是和发达国家之间产业内贸易的快速增长，二是日本将加工程度较低的衰退产业逐渐转移海外，日本跨国公司将在海外生产的商品返销本土。

（3）贸易方向的变化。美国和东南亚是日本的传统市场，日本出口到美国和东南亚的商品占其总出口的一半以上。20世纪70年代开始，日本促进出口市场的多元化，其贸易伙伴扩展到西欧和中东地区。由于日本和西欧的出口商品结构雷同，西欧和日本的贸易关系较为紧张。日本进口商品的一半来自发达国家，其中美国是其最重要的进口来源国。亚洲已经成为日本工业原料和食品的重要来源地区，日本已经成为东南亚特别是东南亚新兴工业国的重要出口市场。

2. 日本的对外贸易政策措施

二战后初期，日本经济因遭受巨大破坏，外汇短缺。为此，日本在出口上采取鼓励政策，其办法有：采取外汇分配优惠制度；设立进出口限制，提供出口信贷；在税制上给予出口商品优惠；实行出口信用保险法；加强商品检验，保证出口质量；制定《进出口交易法》，允许贸易商结成卡特尔；采取对等贸易等。同时实行限制进口和进行“进口替代”。

（1）从限制进口到进口自由化。二战后至20世纪50年代，是日本进口限制最严格的时期。1949年12月，日本颁布了《外汇与外贸管理法》，对外汇和外贸进行直接管制，50至60年代日本进口税一直呈递增趋势。进入60年代，日本经济迅速发展，同时在强大的国际压力下，日本政府不得不废止了各种管制进口的行政措施，实行贸易自由化政策。1958至1959年，外国政府和企业多次要求日本实行贸易自由化和汇兑自由化。1959年10月，关贸总协定召开东京大会，要求日本实现贸易自由化的压力加大。在国内外新形势下，日本政府于1960年6月宣布推行“贸易、汇兑自由化计划大纲”，开始实行贸易自由化。到1965年10月实行汽车进口自由化时，进口自由化率已达93%。到1975年自由化率进一步提高，受限制进口的商品减少为27种（工矿品5种，农产品22种）。20世纪80年代后，日本贸易收支顺差不断扩大，同其他发达国家贸易摩擦迭起。为缓和外贸摩擦，日本政府采取进一步开放国内市场的政策，通过简化进口手续、降低进口关税、完善进口信贷体制、扩大制成品进口等措施，使日本的贸易自由化程度越来越高。

（2）鼓励出口的政策。鼓励和促进出口是二战后日本一直奉行的贸易政策。日本出口战略主要集中在不断提高有关产业的效率、质量和生产率上。

20世纪60年代以后，日本继续推行振兴出口的贸易政策，完善了振兴出口贸易的有关制度和措施，并推行多元化的出口贸易政策，迅速促进了进口的扩大。

20世纪70年代，日本重视调整产业结构，实行促进出口商品结构的升级和市场多元化政策，并加强对外投资和经济合作。

20 世纪 80 年代，在继续调整产业结构的同时，迫于与美欧贸易摩擦的加剧，日本开始向“有节制的出口”转变，宣扬“海外投资立国”的思想，鼓励企业对外投资，以替代直接的商品出口。同时，鼓励区域经济合作，谋求日本经济的国际化，也为日本更进一步的对外贸易发展创造了有利的国际环境。

12.2 发展中国家的对外贸易政策

12.2.1 发展中国家对外贸易概述

第二次世界大战后，大多数发展中国家相继取得了政治上的独立，对外贸易的性质开始发生变化。它们中的一些国家，由于制定了适合本国国情的经济发展战略，经济和对外贸易有了明显的发展。但作为一个整体，发展中国家在世界贸易中的比重依然很小，发达国家继续在国际贸易领域里对发展中国家进行剥削和掠夺。从 20 世纪 60 年代开始，发展中国家在国际贸易领域里展开了反剥削、反掠夺的斗争，并取得了一定的成就。但建立国际经济新秩序尚任重而道远。

1. 发展中国家对外贸易的基本特征

（1）对外贸易在世界贸易中所占比重很小，且呈下降趋势。

（2）出口依然以初级产品为主，进口以工业制成品为主，但工业制成品在出口总额中的比重有所提高。

（3）主要贸易对象是发达资本主义国家，但发展中国家的比重在上升。

（4）制成品的出口集中在少数国家和地区。

2. 发展中国家在争取建立国际经济新秩序的斗争中取得的成就

（1）在国际经济贸易机构中，发展中国家要求打破发达国家对经济贸易机构的垄断，争取平等的权利。

（2）在初级产品贸易方面，发展中国家为维护初级产品的价格，反对不等价交换，同发达国家进行了斗争。主要表现为以下几个方面：

①签订国际商品协定。国际商品协定是指某项商品的主要出口国和进口国就该项商品的贸易、价格等问题，经过协商达成的政府间多边贸易协定。

②建立原料生产国和输出国组织。

③制定商品综合方案。商品综合方案的核心是建立多种商品的国际储存，以调节国际市场上的供求关系，稳定对发展中国家出口收入影响较大的初级产品的价格。

（3）在制成品贸易方面，1968 年第二届贸发会议上，经过发展中国家的联合斗争，发达国家被迫承诺对发展中国家实行单方面的关税减让，即所谓普遍优惠制。普通优惠制的特点是普遍的、非歧视的和非互惠的。其目标是：扩大发展中国家向发达国家制成品和半制成品的出口，以增加发展中国家的外汇收入，促进发展中国家的工业化，加速发展中国家的经济发展。

（4）在缓解债务危机方面，20 世纪 80 年代末，美国财政部长布雷迪提出了一项关于发展中国家债务问题的新政策，被称为“布雷迪计划”。这一计划的主要内容是，在国际货币基金组织和世界银行资金的支持下，债权国将采取减免债务国外债本息而不是用借新债还旧债的办法来解决债务危机。

12.2.2 中国对外贸易政策的演进

1. 中国对外贸易政策的历史沿革

从新中国成立以后到 1978 年间，根据当时的国内外条件，中国执行的是国家管制的封闭型的保护贸易政策。在外贸经营体制上高度集中，以行政管理为主；在调节进出口贸易上主要靠计划、数量限制的直接干预，关税不起主要作用；人民币汇率一直高估；不参与世界性的经济贸易组织，搞双边贸易等。随着国内外形势的变化，尤其是党的十一届三中全会作出对内搞活、对外开放的决策以后，原来内向型的保护政策不能适应已经变化的新情况。在这一背景下，中国调整了外贸政策，由国家统制下的内向型保护贸易政策逐步转变为国家统制下的开放型适度贸易保护政策。

（1）新中国成立后改革开放之前的国家统制型的封闭型保护贸易政策（1949—1978）。新中国刚成立的时候，我国生产力水平很落后，缺乏对国际市场的认识。所以当时贸易的目标主要是进出口贸易总体达到平衡，不要出现过大逆差。当时的外贸经营体制是以行政管理为主、经营与管理为一体、政企不分的形式，由政府统一经营或参股经营外贸企业。通过高关税高配额等保护政策将本国市场与世界市场隔离，这样来限制进口，从而起到提高本国进口能力和保护幼稚工业的目的。通过建立和发展本国的制造业和其他工业替代过去制成品进口，来带动经济增长、改善贸易逆差、实现国际收支平衡。当时的对外贸易总政策是一种高度集中、政府强力管制的封闭型保护贸易政策。

（2）改革开放后市场经济体制下的内向型保护贸易政策（1978—2002）。20 世纪 80 年代，改革开放以后，我国对贸易战略进行了相应的调整，一方面大力鼓励出口，另一方面又严格限制进口，实行以大量出口补贴、价格控制、税收减免等行政措施为特征的出口政策。1979—1987 年，政府开始实行政企分开，下放部分外贸经营权，实行出口承包经营责任制。1988—1990 年，全面推行贸易承包责任制，地方政府、外贸专业总公司向中央承包出口收汇、上交外汇和经济效益指标。1991 开始，外贸企业出口实行没有财政补贴的自负盈亏，进一步推进外贸放开经营，加入 WTO 之前，国内已有 30 多万家企业获得了贸易经营权。总体来说，从改革开放到加入 WTO 之前，中国的对外贸易总政策是一种内向型的保护贸易政策。

（3）加入世贸组织之后开放型的适度保护贸易政策（2002 至今）。中国加入 WTO 之后，在享受权利的同时必须履行相应的义务。所以中国对外开放从自主单向开放变为相互双向开放，从政策导向开放到按照世贸组织规则要求开放，从货物开放延伸到服务市场开放。中国的对外贸易总政策也做了相应的调整，变为开放型的适度保护贸易政策。

但是根据我国目前经济发展的良好势头和对外贸易的稳固增长，以及对 WTO 在关税等方面贸易条件的承诺，我国对外贸易政策的发展趋势将进一步转变为协调管理下的一般自由贸易政策。这也顺应了国际经济发展的大趋势。

2. 中国对外贸易政策的调整与转型

（1）由行政管理转向以经济手段和法律手段为主。行政手段具有隐蔽性、灵活性、歧视性，不利于国际贸易的发展，而法律手段具有公开性、稳定性。中国的进口贸易管理办法要进行较大的调整，调整的方向是弱化行政干预，强化经济手段和法律的作用，按照国际通行的办法对进口贸易进行管理。

（2）降低关税，减少非关税措施。按照世贸组织降低关税的进程来看，到 2005 年，发展中国家的关税水平要下调到 9%左右；中国入世前的关税水平较高，为 16.7%，入世后 5 年内下调幅度较大。世贸组织在第八次多边贸易谈判中达成了协议，在逐渐降低关税的同时也要逐渐减少或取消非关税壁垒。中国目前也有一些进出口商品采取非关税限制措施，按世贸组织要求也要逐步减少和取消这些非关税措施。

（3）建立和完善公平贸易政策。首先，在发达国家出现了有关环境保护的进口贸易政策，即绿色贸易措施，并在世界范围内逐渐形成了一种趋势。另外，在发达国家的进口贸易政策中卫生检疫标准和技术标准也很重要。为了实现绿色贸易和防止消费者遭受进口商品的损害，提高进出口贸易的效率，国际上还实行了 ISO9000 系列产品质量认证和 ISO14000 系列环境保护管理产品认证体系。这两种认证已成为当今国际市场商品贸易的两张重要的国际通行证。以上的公平贸易政策是世贸组织支持，且被各国接受的在国际上通行的政策体系，中国应加快建立和完善公平贸易体系。

（4）培育产业国际竞争优势。波特提出的发展技术、创造竞争优势的理论更符合当今以科技推动经济增长的时代，对我国产业结构的升级和提升以及出口产品结构的改善也更具有现实意义。经济的开放使我国的比较优势获得了充分发挥的有利条件，也使之成为影响产业结构升级的重要因素。发挥当前的比较优势与产业结构升级并不矛盾，这两个过程可以同时进行。在加入 WTO 以后，发挥当前劳动力廉价的优势始终是我国产业结构升级的基础。

12.2.3　中国对外贸易发展的趋势

1. 中国的贸易大国地位已确立，并逐步向贸易强国发展

我国在对外贸易总体规模上有了巨大的增长，但人均水平相对较低，远不及一些发达国家。我国对外贸易发展还面临许多困难和挑战，还存在一些深层次的矛盾和问题。成为一个贸易大国，主要是发挥了我国的比较优势，特别是利用外资的带动作用参与经济全球化，使我国的生产面向全世界。但要成为一个贸易强国，则必须以技术优势、产业优势、人才优势等为基础，形成整体竞争优势，培养出以我国为母国的跨国企业、国际知名品牌。

2. 对外开放不断深入，区域经济合作不断加强

2001 年 12 月 10 日，中国加入 WTO，标志着我国对外开放进入制度性开放的全新阶段。在这一阶段，中国进行了相应的体制改革，以与 WTO 接轨；削减了关税，减少了非关税壁垒；逐步开放了服务市场，放宽和完善了外资政策。中国市场开始走向高度开放。中国除了在经济全球化方面有了较大的发展外，在区域经济合作方面也取得了很好的成绩。

3. 对外贸易依存度持续上升，触及国家经济安全

经过多年的改革开放，我国形成了全方位、多层次、宽领域的对外开放格局，促进了对外贸易的持续发展，但同时推动了外贸依存度的不断提高。进入 21 世纪，中国加入世界贸易组织，加快了中国融入世界经济的进程，外贸依存度持续增加，至 2005 年已经超过 70%。

4. 中国服务贸易发展速度加快

改革开放以来，在国际和国内经济增长强劲、国内货物贸易高速增长和外商对华直接投资稳步上升的推动下，我国服务业实现了持续、稳定、健康发展，为拉动经济增长、扩大居民消费、缓解就业压力做出了贡献。

但我国服务贸易由于受基础差、内部结构不合理、自由化程度较低、立法不健全、缺乏国内的相应产业支撑等诸多因素的影响，与其他国家尤其是发达国家相比仍存在很大的差距，主要表现在服务贸易明显落后于货物贸易的发展。

5. 外贸商品结构日趋高级化

改革开放以来，我国出口商品的结构发生了巨大变化，不仅实现了从以初级商品出口为主向以制成品出口为主的转变，而且实现了从以一般机电产品出口为主转向以电子通信产品出口为主的飞跃。由于出口商品的技术含量、附加值提高，我国在国际贸易中享受到的利益稳步提高，我国的外贸运行质量有了大幅度提高。

6. 外贸增长方式逐步转变

改革开放以来，我国对外贸易取得了长足发展。从进出口贸易的贸易数量与贸易金额来看，我国已经成为名副其实的贸易大国。但是，从贸易结构、商品结构、贸易方式及贸易环境来看，我国的对外贸易仍处于粗放型增长的阶段。在国际产业分工体系中，我国位于产业分工链的低端，55%以上的出口贸易额来自加工贸易。我国经济快速增长与资源约束的矛盾日渐突出。经济贸易快速发展也使国内重要原材料供给存在明显不足。由于我国高投入、高消耗、低效益的粗放型增长方式没有得到显著改观，经济贸易的快速发展使国内对各种资源的消费量也在急剧增长。

科学发展观要求实现经济社会全面、协调、可持续发展。根据这一要求，我国的对外贸易要转变粗放型的增长方式，通过集约型增长实现可持续发展。今后一个时期，是我国全面提高对外开放水平、积极融入经济全球化的重要时期，也是我国经济持续快速发展、为实现第三步战略目标创造条件的战略机遇期。

本章小结

本章首先介绍了当代发达资本主义国家对外贸易的基本情况和其所面临的国际形势，对战后美国、日本、欧洲联盟对外贸易的发展趋势及各自所采取的措施分别进行了阐述。同时也介绍了发展中国家 20 世纪 90 年代以来对外贸易出现的变化特别是中国对外贸易的发展趋势。

思考与练习

1. 战后美国对外贸易的发展趋势是什么？
2. 简述日本对外贸易的现状。
3. 欧盟的对外贸易政策与措施有哪些？
4. 发展中国家对外贸易的基本特征是什么？
5. 试分析我国未来外贸政策的走势。

技能实训

查阅资料，分析讨论 2007—2008 年金融危机发生的原因及对世界各国的影响，着重讨论对中国的影响以及中国所采取的对策。

案例讨论

※全球经济一体化将改变中国的要素禀赋结构

从改革开放至今，中国实际 GDP 增幅几乎已达到 700%。在世界经济史上，还找不到任何别的国家可以在这么短的时间内取得如此大的经济成就。有观点认为这种发展不能持续，因为高增长只是因为原来经济基数低。这种说法理据薄弱，古代中国经济基数也很低，而据经济学家麦迪逊（Angui Miaddison）的估计，汉朝至 1952 年，中国人均收入增长不足 20%。

问题在于，怎样才能持续这种发展呢？在这个问题的各种论争中，比较中肯的理论是要按照中国的比较优势来选择其发展战略。也就是说，一个国家经济发展的成败取决于它生产的商品是否符合自身比较优势，而后者又与其生产要素的禀赋紧密相连。生产要素禀赋是指该国拥有多少劳动力、资本、土地、人力资本等生产要素，而尤为重要的是不同要素间的相对比例。中国的劳动力远比资本丰盈，应当发展劳动密集型产品；在资本比劳动力更充足的国家，则应集中生产资本密集型产品。

在开放的经济环境下，多种生产要素可以自由流动，中国的比较优势因此具有非常强的动态性。因此，必须认真研究中国比较优势的变化条件以及由此带来的新挑战。全球经济正经历着一次深刻的变化，各国之间的贸易量增加，跨国投资随处可见，国与国之间的信息来往非常频繁，各国经济的联系变得空前紧密。运用传统比较优势理论的分析虽然正确，但对这个新现象没有详细讨论。研究当前中国发展的策略，绝不可忽视全球一体化的影响。

全球经济一体化始于20世纪后期，在21世纪延续，这是不可阻挡的历史潮流。中国加入世贸组织，是一个重要的里程碑，但也只应被视为全球经济一体化这一进程的一部分。这个大潮流会对中国的发展策略产生什么影响？

首先，因为国际分工会更加明确，中国更应注意生产其拥有比较优势的产品，不能勉强依靠政府补贴去支持一些与生产要素赋有量不相适应的产品。过去的经验表明，比较优势理论应用于中国经济的发展，仍然有效。

更重要的是，全球经济一体化会改变一个国家的要素禀赋结构。生产要素在全球流通，某些要素是相对稀缺还是充足会变得不那么明确。例如，中国的资本本来稀缺，但假若外资流入障碍消失，资本会变便宜，可动用的资本增加，产品的结构也会改变。在各种生产要素中，资本的国际流动性最大，所以它的禀赋将来最不重要。由于受各国主权及移民政策的限制，全球经济一体化不会太大地改变劳动力禀赋。不过，人力资本是经济发展中比普通劳动力更为重要的资源，其流动性或许比不上资本的流动性，但比劳动力的流动性要大得多。在重要的生产要素有流动性的条件下，中国的发展策略应有什么调整？

全球经济一体化及科技的进步会对未来国际分工带来什么变化，现在很难预料。政府若要选定某些行业刻意扶持，很容易犯错误，而且吃力不讨好。不过，不容置疑的是，一个国家的人民愈能掌握到更多的知识，收入便愈有保障。提高人力资本的投资，是最重要的经济发展策略。

思考与讨论：

试分析全球经济一体化将如何改变中国的要素禀赋结构？

参考文献

[1] 孙丽云，王立群．国际贸易［M］．上海：上海财经大学出版社，2003.
[2] 刘庆林，孙中伟．国际贸易理论与实务［M］．北京：人民邮电出版社，2003.
[3] 鲁丹萍．国际贸易理论与实务［M］．北京：清华大学出版社，2006.
[4] 高成兴．国际贸易教程［M］．北京：中国人民大学出版社，2007.
[5] 郑兰平，季铸．国际贸易规则与政策［M］．济南：济南出版社，2007.
[6] 薛荣久．国际贸易［M］．北京：对外经济贸易大学出版社，2003.
[7] 胡波，罗农．国际贸易简明教程［M］．北京：对外经济贸易出版社，2002.
[8] 张相文．国际贸易学［M］．武汉：武汉大学出版社，2004.
[9] 苏科五．国际贸易［M］．北京：人民教育出版社，2006.
[10] 毛筠，孙琪．国际贸易理论与政策［M］．杭州：浙江大学出版社，2003.
[11] 张锡嘏．国际贸易［M］．北京：对外经济贸易大学出版社，2006.
[12] 郭兰．国际贸易理论与实务［M］．北京：中国商业出版社，2006.